JN308607

スクールカウンセリングの基礎と経験

・

Kenichi Baba
馬場謙一
Kyosuke Matsumoto
松本京介
[編著]

日本評論社

はじめに

　本書は、スクールカウンセリングとはどのようなものかに興味をもちはじめている大学初年の学生たち、ならびに心理学や臨床心理学を学びながら、学校臨床やカウンセリングの実際を知りたいと望んでいる人々を対象として書かれたものである。
　現在の学校をめぐる状況を見ると、学校間の格差の増大や進学競争の激化と並行して、教師の心身の過労と生徒の無気力、不登校、いじめ、ひきこもり、さらに非行や学級崩壊などが著しく増加していることがわかる。このような状況がなぜ生まれたのか、その解明を学校臨床心理学に寄せる期待は大きい。また、それらの解決を、スクールカウンセラーに求める期待もまたきわめて大きいものがある。文部科学省が全国の中学校にスクールカウンセラーを配置したのは、その期待の端的なあらわれであろう。
　しかし、学校臨床心理学・スクールカウンセリングが、それらの期待に十分に応えるだけの成熟を遂げているとはいいがたい。「これが学校臨床心理学だ」「これがスクールカウンセリングだ」といえるだけの定まった理論や方法が、いまだ確立されているわけではない。分析やカウンセリングの方法と、その方法の基礎となる理論は、研究者やカウンセラーによって異なっている。この、方法と基本となる理論が多様であることが、むしろ現在の学校臨床心理学の特徴といえるだろう。
　そのため、学校臨床心理学は、はじめは何かいろいろな理論や、社会学や教育学など諸科学の寄せ集めのように見えるかも知れない。しかし、何よりもまず学校現場での経験を重視し、自らの経験の分析を深め、各種の諸理論との照合を重ねてゆけば、やがてさまざまな立場をこえた独自のものが見えてくるはずである。私たちは、学校現場の経験に立った、統合的な立場を築きたいと願っている。
　私は、横浜国立大学在職中から、心理学科の大学院生を中心に、カウンセ

リングの症例研究会をつづけてきた。その研究会は、私の退職後もほぼ毎月1回継続されている。本書の執筆者は、いずれもその研究会のメンバーであり、多年にわたって学校その他の分野で心理臨床の仕事に携わってきており、臨床心理士として、十分な知識と経験を備えた人たちばかりである。

　本書では、系統的な理論や知識の記述は必要十分な範囲にとどめ、執筆者にはむしろそれぞれの臨床現場での経験とその分析や反省に力点をおいて書いていただいた。学校臨床心理学の現状では、臨床現場での経験の共有こそ最も大切であり、それがまた初学の方々に、この学問に親しむうえで有益であろうと考えたからである。

　本書が学校臨床心理学やスクールカウンセリングを学ぼうとする人々に、必ずや役立ってくれるものと確信している。

2008年3月

馬場　謙一

● CONTENTS

はじめに 3

第Ⅰ部　スクールカウンセラーをめざして

第1章　スクールカウンセラーになるために

1-1　スクールカウンセリングとは何か……………19
　1　スクールカウンセリングへの要請　19
　2　スクールカウンセリングの特徴　21
　　(1)　面接構造の変化　21
　　(2)　スクールカウンセリングの対象　23
　　(3)　スクールカウンセリングの目的　24
　　(4)　学校教育への提言　24
　3　家族のカウンセリング　25
　4　関連する諸機関との連携　25

1-2　職業としての心理臨床──心理臨床の心がまえ……………27
　1　心理臨床の実務に就く一人の先輩として　27
　2　正直に、誠実に　27
　3　専門家として　29
　4　自分自身の点検　31

5　教育・訓練を受けている人に　32

　　6　力動的立場に関して　34

　　7　組織の一員として　36

第2章　スクールカウンセリングの基礎知識

2-1　**力動的理解の重要性**……………………39

　　1　「この子はお父さんがいなくてねえ」　39

　　2　力動的な立場とは　40

　　3　「先生がこわいから、学校に行けない」　42

　　4　「心的現実」という概念　43

　　5　「親がいない」子どもたちの理解　45

　　6　「心的現実」を変化させるために　48

　　7　力動的な立場からのアプローチ　50

2-2　**発達についての理解**………………………53

　　1　生育史からわかること　53

　　2　発達のながれ　54

　　　(1)　思考・記憶など知的機能の発達　54

　　　(2)　情緒と対人関係の発達　54

　　　(3)　社会性の発達―環境への適応のための心の工夫　57

　　3　発達段階ごとの概観　58

　　　(1)　0〜1歳半（乳児期）　58

　　　(2)　1歳半〜3歳（幼児前期）　60

　　　(3)　3歳〜6歳（幼児後期）　61

　　　(4)　6歳〜12歳（学童期）　62

　　　(5)　12歳〜　（青年期）　63

2-3 子どもの問題行動・心の病い……………………65

1 学校で見られる子どもの問題行動　65
   (1) 不登校　65
   (2) いじめ　66
   (3) 児童虐待　67
   (4) 非　行　68
   (5) 発達の遅れ・偏り―LD、ADHD、高機能広汎性発達障害　69
   (6) 自傷行為　70
2 児童期・思春期・青年期の「心の病い」　71
   (1) 内因性精神障害―統合失調症、気分障害　72
   (2) 人格障害　73
   (3) 神経症　74
3 学校でしかできない指導や配慮　75

2-4 学校における心理検査……………………77

1 心理検査とは　77
2 心理検査の歴史　77
3 知能検査　78
4 性格検査　80
   (1) 質問紙法　80
   (2) 投影法　81
5 心理検査の実際　83
   ［事例1］友達に暴力をふるうAちゃん　83
   ［事例2］学校を休むようになったB君　84
6 心理検査についての注意点　85

2-5 スクールカウンセラーの姿勢と態度……………………87
 1 スクールカウンセラー事業のあらまし　87
 2 スクールカウンセラーのスタンス　88
  (1) 学校現場に適合する有効な支援　88
  (2) "異質性"を発揮する　89
  (3) 教員・保護者・外部機関との「連携」　90
  (4) 相談者の秘密を守る　91
 3 スクールカウンセリングの実践　91
  (1) "黒衣"の役割　91
  (2) 適切な見立てで児童・生徒をサポートする　93
  (3) アクティブに教員や児童・生徒の中に入っていく　93

(閑話休題) 子どもたちの人生にかかわるということ……………………96

第Ⅱ部　スクールカウンセリングの実際

第3章　子どもとのかかわり

3-1 相談室での予約面接……………………103
 1 相談室の位置づけと利用方法　103
 2 事例：発達の遅れを抱えながら中学卒業を果たしたA君　105
  (1) 事例の概要　105
  (2) 面接の経過　106
 3 心理的支援の内容　111
 4 支援を支えた予約面接　115

3-2　**家庭訪問**……………117
　1　スクールカウンセラーの役割についての葛藤　117
　　(1)　「能動性」と「受動性」の葛藤　118
　　(2)　「専門性」と「素人性」の葛藤　119
　　(3)　面接対象についての葛藤　119
　2　「見えすぎる」こと　120
　3　事例：学校に行けないＡ君への家庭訪問　122
　　(1)　事例の概要　122
　　(2)　面接の経過　123
　4　事例の考察　128
　　(1)　家族力動の観点から　128
　　(2)　Ａ君の身体表現の意味　130
　　(3)　「見えすぎる」という観点から　131
　　(4)　Ａ君の成長と「ギター」の意味　133
　　(5)　家庭訪問をするスクールカウンセラーの責任　135

3-3　**自由来室**……………138
　1　自由来室活動とは　138
　2　事例：登校渋りの小６女児　139
　　(1)　事例の概要　139
　　(2)　面接の経過　140
　3　自由来室のメリット　149

3-4　**いじめへの対応**……………151
　1　いじめの実態　151
　　(1)　いじめ体験　151
　　(2)　いじめ問題の要因と解決のむずかしさ　152

(3) いじめの分類と見立て　153
        (4) スクールカウンセラーのいじめへの対応　154
    2　事例の紹介　155
        ［事例 1 ］からかいや悪口がその子の心の世界では著しく傷つけら
              れる体験となる場合　156
        ［事例 2 ］部活動の中で起こるターゲットの移動するいじめの場合　157
        ［事例 3 ］いじめ非行—解決をめざすことがとくに必要になる場合　159
    3　今後の課題　160

第 4 章　保護者とのかかわり

4-1　保護者と会うときの心がまえ······163
    1　基本的な姿勢　163
        (1) 保護者を尊重すること　163
        (2) 保護者の心を理解しようとすること　164
        ［事例］泣き虫の泉ちゃん　164
    2　保護者と会うときには　165
        (1) 面談の準備　166
        (2) 会うときには—まず人間的な関係をつくる努力をする　166
        (3) 面談後—関係を継続する努力をする　170
    3　さまざまな家庭、さまざまな保護者の理解　171
        (1) 保護者のスクールカウンセラーへの態度さまざま　171
        (2) 子どもへの養育態度の問題　173
        (3) 家庭の事情への配慮　173

4-2　保護者との面接(1)——保護者と共に子どもをみる面接······175
    1　保護者に会うときに心がけたいこと　175
        (1) 保護者と信頼関係を築くことからはじめる　175
        (2) 保護者を労う気持ちをもって聴く　176

(3) 家族の日常のやりとりを丁寧に聴く　176
　　　(4) 子どもについて保護者と理解を共有し、共に歩む　177
　　2　保護者と共に子どもをみるということ　177
　　3　保護者に会うときに生じる逆転移感情　179
　　4　見立てと見通しを共有すること　180
　　　[事例] 長年にわたるいじめを主訴に来談した中学生のケース　181
　　5　子どもを育てる親の機能を支える視点　186

4-3　保護者との面接(2)──保護者自身をみる面接　188
　　1　保護者面接とは　188
　　2　事例1：母親の現在の葛藤が主題となった面接　188
　　　(1) 事例の概要　188
　　　(2) 面接の経過　189
　　　(3) 事例1の振り返り　190
　　3　事例2：母親の過去の葛藤が主題となった面接　191
　　　(1) 事例の概要　191
　　　(2) 面接の経過　191
　　　(3) 事例2の振り返り　193
　　4　事例3：子どもの支え手である母親個人を支える面接　194
　　　(1) 事例の概要　194
　　　(2) 面接の経過　195
　　　(3) 事例3の振り返り　197
　　5　母親の投影から自由になることが子どもを成長させる　199

第5章　教員との連携・研修会

5-1　教員へのコンサルテーション　201
　　1　子どもとのかかわり方　201
　　　(1) 先生方から受ける相談　201

(2)　教員の子ども理解とスクールカウンセラーの子ども理解　203

     ［事例1］暴力をふるう小学校4年の男児・耀ちゃん　204

     (3)　教員を支えるとは　206

  2　保護者への対応　207

     ［事例2］欠席が多い三郎君の担任、20代の女性教員からの相談　207

     (1)　教員とスクールカウンセラーの直接の話し合い　208

     (2)　スクールカウンセラーの心の中での作業　209

  3　教員の個人的な問題　210

     ［事例3］休職後にうつ的になった青木先生　210

5-2　**担任・養護教諭との連携**……………………213

  1　学校現場のカウンセリング　213

  2　事例：受験を控えて身体症状が激化したA子　215

     (1)　事例の概要　215

     (2)　面接の経過　215

     (3)　事例の検証　219

  3　担任との連携　221

  4　養護教諭との連携　222

  5　保護者との連携　222

  6　医療機関との連携　223

5-3　**教師への心理教育**……………………226

  1　コーディネーション行動とは　226

     (1)　そこにある環境の一部に参加していく　226

     (2)　学校現場に即した実践的な集団とのかかわり方　227

     (3)　とりまく環境にはたらきかけて変化を促す　228

  2　事例の紹介　228

     (1)　A君の問題行動とB先生のかかわり　228

(2)　スクールカウンセラーの見立てとかかわり　230
　　　(3)　改善のための関係づくり　232
　　　(4)　児童自立支援施設への入所　234
　　3　カウンセラーの存在意義　235
　　　(1)　システムそのものがもつジレンマ　235
　　　(2)　スクールカウンセラーの貢献　237

5-4　教員との研修会……………238

　　1　研修会へのニーズの高まり　238
　　2　研修会の実践例　239
　　　(1)　研修会の目的・対象・方法　239
　　　(2)　研修会の設定とお知らせ　239
　　　(3)　事例提供者の選定　240
　　　(4)　当日の準備と進行　240
　　3　一般的な注意事項と工夫など　242
　　　(1)　研修会の目的について　242
　　　(2)　研修会の設定とお知らせについて　243
　　　(3)　事例提供者の選定について　245
　　　(4)　当日の準備と進行　245
　　4　研修会の力動　247
　　　(1)　「構造」という視点　247
　　　(2)　場の中の序列と役割　248

第6章　外部機関への紹介と連携

6-1　医療機関との連携……………251

　　1　医療機関につなげるために　251
　　　(1)　いつ、だれを、どのようなかたちで橋渡しするのか　251
　　　(2)　広いネットワークをもつこと　252

2 事例の紹介　254
   (1) 印象の薄い中3のA君　254
   (2) カウンセラーの面談　255
   (3) 統合失調症の疑いが濃厚と判断　256
   (4) 医療機関との連携　258
  3 教育と医療をつなぐカウンセラー　259

6-2 **教育相談機関との連携**……………………261
  1 教育相談所とは　261
  2 教育相談所での相談活動　262
   (1) 児童・生徒の遊戯療法・カウンセリング　262
   (2) 心理検査　262
   (3) 教師のコンサルテーション　263
   (4) 他機関への紹介　264
  3 教育相談所とスクールカウンセリング　265

6-3 **適応指導教室の意義**──サナギとしての不登校……………268
  1 不登校の現状　268
   (1) 不登校とは何だろうか？　268
   (2) 心の居場所　269
  2 思春期心理と不登校　270
   (1) 無気力型の不登校　270
   (2) 思春期内閉　271
   (3) サナギの時期　272
  3 適応指導教室の実際　273
   (1) オカズかご飯か　273
   (2) カサブタの尊重　274
   (3) トンカツよりお粥　275

4　サナギのおわり　277

6-4　児童相談所との連携……………279
　　1　虐待の増加とその取り組み　279
　　　(1)　児童相談所とは　279
　　　(2)　虐待発見のむずかしさ　280
　　　(3)　役割分担をしながらサポートする　281
　　2　事例の紹介　282
　　　(1)　長期不登校の中１のＡ子ちゃん　282
　　　(2)　学校につなげることを最優先　283
　　　(3)　民生委員・保健師や学校のサポート　285
　　　(4)　本格的な心理療法の導入　286
　　3　援助する側のための「連携」も　287

6-5　大学における学生相談……………289
　　1　「学校臨床」の具体化　289
　　2　どのような相談があるのか　289
　　3　学内外における連携の必要性　292
　　　(1)　各学部教員との連携　292
　　　(2)　各部署職員との連携　292
　　　(3)　保健室の医師との連携　293
　　　(4)　地域の医療機関との連携　293
　　　(5)　守秘義務とネットワークづくり　293
　　4　カウンセラーとしての専門性　294

あとがき　297

第Ⅰ部

スクールカウンセラーをめざして

第1章

スクールカウンセラーになるために

1-1 スクールカウンセリングとは何か

1 スクールカウンセリングへの要請

　心理学には、教育心理学、社会心理学、犯罪心理学、実験心理学、集団心理学その他、さまざまな分野があるが、その一つに臨床心理学がある。この臨床心理学は、心や行動に障害がある人々を対象として、その障害の原因や援助の方法を研究し、研究結果を現場で実践することを志す学問である。

　学校臨床心理学は、このような臨床心理学の一部門である。したがって、学校臨床心理学もまた、現実の問題の解決に役立とうとする、実践的な目的をもっている。

　そもそも臨床心理学は、きわめて実際的・実践的であって、現実の問題解決のために役立つ方法を積極的に採り入れてゆこうとする柔軟性に富んでいる。哲学、社会学、教育学、精神医学などから、有益な知識と方法を摂取してゆく、開かれた態度が特徴である。したがって、その一部門である学校臨床心理学もまた、柔軟で開放的な、学際的な態度をもつ。

　他面からいえば、学校臨床心理学は、それに携わる人々に、哲学や教育学や精神医学を積極的に学び、それらの成果を柔軟に採り入れていく努力を要請しているともいえよう。実際、学校臨床心理学を学んでゆくためには、精

神医学の知識も必要であるし、発達心理学、教育心理学も学ばなければならない。少年非行を扱うためには、社会心理学や犯罪学の知識も必要となるし、いじめや学級崩壊を理解するには、集団心理学も学ばなければならない。学校臨床に携わる者には、これらの関連する種々の学問領域に踏みこんで、進んで勉学を深めてゆく姿勢が求められるのである。

　もう一つ、学校臨床心理学がわれわれに要請するものとして、「個の独自性の尊重」を挙げておきたい。これは、客観的・科学的な法則や統計的数値よりも、個人の一回きりの人生と、そこでの経験を大切に考えるということである。個人の実際の生活史や、心の中の生活史（しばしば現実と異なる「内的生活史」）を詳しく聴き、客観的にはありそうでないことでも、それが本人にとってもつ意味を尊重して、みだりに否定せず、心理的事実（psychic reality）として受け入れてゆく。

　たとえば、不登校の生徒がいたとしよう。学校臨床心理学全体としては、現代の不登校の発現頻度や地域差、学校制度の影響などの研究も大切である。しかし、不登校の生徒の抱える悩みを解決し、その心を癒してゆくには、それらの知識はいったん心にとどめておく。そして、むしろその子の独自の発達史に照らして、幼児期からの親子関係の中でどのように自我が育成され、社会性が発達してきたかを理解する。そして、そのような理解に立って、子どもが学校という組織にどんなイメージを投げかけているのか、教師やクラスメイトにどんな感情を抱いているのかを共感的に受けとめる。さらにまた、現実の学校のあり方、クラスの人間関係の中で、どんな悩みが生じているかを子どもの立場に立って理解してゆくときに、新しい出発の契機が見いだされると期待するのである。

　学校臨床心理学に要請される、最も基本的な事柄について述べたが、スクールカウンセリングは、この学校臨床心理学を実際に学校場面で実践する部門に相当する。したがって、以上に述べた事柄は、そのままスクールカウンセリングにも要請されているといってよい。

2　スクールカウンセリングの特徴

　20年来、児童・生徒間に種々の問題が多発し、不登校のみならず、いじめ、非行、さらに傷害や自殺など、社会的に深刻な影響を及ぼす事例が頻発している。このような状況に直面して、学校内部でも各種の対応策が検討されているが、学校臨床心理学の立場から、そのような学校の変革の試みや、児童・生徒の悩みに、直接、協力ないし援助する方策がスクールカウンセリングである。

　カウンセリングとは、一般にクライエントとカウンセラーの間に生ずる人間関係や感情関係を手がかりにし、言葉を媒介にして、クライエントの悩みや困難を軽減しようとする方策であり、心理療法とも呼ばれるものである。

　スクールカウンセリングは、このようなカウンセリングの一分野であるが、いまだはっきりと確立された理論と技法をもつわけではない。現状では、各種のカウンセリング、たとえばロジャーズのクライエント中心療法、精神分析、行動療法などが、それぞれの立場から学校現場に関与しているといってよい。学校現場の特殊な状況や問題に適する、さらに有効性に富むカウンセリング技法が、今後各カウンセラーの経験と思索を経て生み出されてゆくことが期待される。これは、スクールカウンセラーに課された大きな課題の一つである。

　その場合、心に留めておくべきスクールカウンセリングの特徴を挙げておこう。

(1)　面接構造の変化

　カウンセリングを行なうさいの、心理的・物理的な枠組みを「構造」と呼ぶが、スクールカウンセリングでは、この「構造」について、一般カウンセリングといくつかの相違点がある（表1参照）。そのため、一般カウンセリングとは異なった配慮が必要となる。

　たとえば、一般のカウンセリングにおいては、クライエントは自分の生活の場から離れたクリニックや相談所の面接室に、毎週約束の時間に通い、一

表1　一般のカウンセリングとスクールカウンセリングの違い

	一般のカウンセリング	スクールカウンセリング
場　所	クリニックなどの面接室	学校内の相談室
時　間	決められた一定時間のみ	いつでも会える
対　象	一般人、たがいに未知	児童・生徒、たがいに既知
費　用	有　料	無　料
カウンセラー	私的側面は秘匿	私的側面がしばしば洩れ伝わる

定時間（通常は約50分）の面談を行なう。クライエント同士はたがいに未知の関係にあり、カウンセラーの私的生活はクライエントに秘匿され、知られることはない。面接室での通常一対一の面談が終われば、カウンセラーとクライエントは、次回の約束時間まで会うことはないし、またクライエント同士が情報を交換する機会もない。

　これに対し、スクールカウンセリングは、児童・生徒の生活の場である学校内に設置された相談室で行なわれる。通常、扉をつねに開けていて、児童・生徒の必要に応じて、いつでも面談を受け入れる態勢を整えている。カウンセラーは、学校スタッフの一員とみなされ、勤務期間が長いために、しだいに私的生活のあれこれが児童・生徒間に洩れ伝わってゆく。カウンセラーと来談児童・生徒が相談室以外の場所で顔を会わせる機会は多いし、相談児童・生徒同士がたがいに情報を交換する可能性も高い。

　このような構造上の差異に基づいて、スクールカウンセリングには種々の特質（短所と長所）が生じる。

　短所としては、学校内に相談室があるため児童・生徒が他人の目を恐れて来談しにくいこと、また教師や校長に知られるのを警戒してなかなか真実を告げる気になれないこと、カウンセラーの匿名性や中立性が保ちにくいため転移（無意識的な感情関係）が形成されにくく、児童・生徒はむしろ評判などに影響された予断や偏見に支配されやすいこと、構造を一定に保ちにくいので病像の変化をクライエント・カウンセラー関係の関数として捉えにくいこと、等々である。

しかし、一方、長所もまた多い。スクールカウンセラーは、児童・生徒の場である学校内部でカウンセリング業務にあたる。したがって、担任教師などから、多くの情報を入手できるし、児童・生徒を日常の生活や人間関係の中で直接観察しやすい。カウンセラーが相談室から出て、学校内のあらゆる場所と機会を捉えて、児童・生徒と治療的交流を深めることも可能である。相談室で緊張気味で寡言だった子どもが、体育の時間に見違えるほど生き生きと球技に興じているのを見て、驚かされたことがある。また、あるヴェテランの生活指導の教師は「生徒を教員室に呼んで話しても何も話そうとしないが、一緒に教室で掃除をしながら話しかけると、すぐに打ち解けてくれる」と語っていたが、確かにうなずけるところがある。

また、不断に児童・生徒に接することを通して、問題の早期発見や予防に役立てることができるし、児童・生徒をその環境との関係で理解することが容易なので、環境調整を行なって治療に資することも可能である。また、学級組織のもつ矛盾点や問題点も、カウンセリングの過程で明らかとなることが多く、カウンセラーはその知見に基づいて教育行政に提言して、学校教育の改善に資することができる。

一般に、学校所属のカウンセラーは児童・生徒に警戒心を起こさせ、学校全般に向けられた反感を投射されて、敵意の対象にされかねない。しかし、秘密の保持の約束を一貫して守り、児童・生徒の立場に立って傾聴しつづけるなら、やがて信頼をかちえて、良好なカウンセラー—クライエント関係を確立できるはずである。

(2) スクールカウンセリングの対象

スクールカウンセリングの対象は、もちろん児童・生徒が中心となるが、心の問題を生み出す背景となる両親などの家族、環境要因をなす学校システムなどを総体的に捉えることが大切である。

さらにまた、近年教師の間に心の問題を抱える人たちが急増している。文部科学省によると、全国の公立小・中・高校で病気で休職した教師のうち、心の病気によるものの数が激増している。生徒指導など過重な業務や職場の人間関係によるストレス、子どもたちの変化に対応できない悩みなど、原因

はさまざまだが、これらの教師の心の健康保持もスクールカウンセリングの重要な対象である。

(3) スクールカウンセリングの目的

　一般のカウンセリングにおいては、情緒的問題や不適応状態に悩むクライエントの心理的治療、すなわち「治療的カウンセリング」を行なうことが主な目的となる。しかし、スクールカウンセリングにおいては、これ以外に、児童・生徒の精神的健康の増進と、健全な人格形成を促進するための「開発的カウンセリング」も大きな目的となる。そのため、カウンセラーには情緒障害や疾病についての知識だけでなく、カリキュラムや教育方針、その他、学校内における日常生活全般への深い理解が求められる。

　さらにまた、児童・生徒の学習効果をいかにして上げてゆくか、学習に対する援助を行なうことも大切である。また、前項で述べたように、教師の個人的悩みや、生徒指導上の悩みに適切な助言をしてゆくことも重要である。

　これらの営みをいかにしたら有効に進めてゆけるか、まず経験を積み重ね、それらを検討して一定の理論を構築してゆくことが、今後の課題となろう。

(4) 学校教育への提言

　現在の学校教育が、いわば危機的状況に直面していることは、だれしも認めるところである。このような状況を生んだ背景に、学校教育自体のあり方が関係していないか、子どもたちの示すさまざまな病的現象を手がかりに、学校のあり方を捉え直し、教育のあるべき姿を求めてゆく必要がある。

　これまで学校は、全人教育を目標として、知育、徳育、体育のすべての面での向上をめざしてきた。しかし、現実には、知育への偏重が起こり、知的競争に遅れた児童・生徒は、親にも仲間にも軽んじられて、しだいに劣等感をもって自棄的になっている。さらには、進学率をめぐって、学校間にも激しい競争や格差が生まれ、子どもたちは少しでもよい学校に進むために毎日塾通いをして、慢性的な疲労状態に陥っている。

　このような歪んだ学校教育のあり方を正してゆくためには、知育偏重の社会風潮や父兄の考え方が変わらなければ困難と思われるが、学校臨床心理学

の立場から、学校の職員会議やＰＴＡの場に積極的に参加して、児童・生徒の直面する過大な心理的ストレスについて情報を伝えるのも、スクールカウンセラーの重大な仕事である。さらに子どもたちのストレスを少しでも軽減するために、学校全体として具体的にどう取り組んだらよいか、その方法も積極的に提言してゆく必要がある。

3　家族のカウンセリング

　子どもたちの情緒障害には、両親との関係が深くかかわっている。母親による愛情の撤去と拒否が、子どもの不登校やひきこもりの原因になっていることも少なくない。そのため、家族との面接、ないし家族自身のカウンセリングが必須となることもある。
　たとえば、ある情緒障害の生徒で、本人が登校もせず、カウンセリングにもいっさい応じないため、母親のカウンセリングを定期的に行なったことがある。その過程で、母親は子どもに対して拒否的な感情を秘かに抱いていたこと、そしてその感情は母親自身の幼児期の恵まれぬ母子関係に由来していたことを自覚していった。そのような自覚は、子どもに対する態度の変化を生み、それと共に、しだいに子どもとの関係が改善されていった。その母子関係の改善に支えられて、やがて子どもが情緒障害から立ち直ったのを経験したことがある。
　このように、学校臨床の実践には、それと深いかかわりのある家族についての心理学的理解と、家族カウンセリングの技法の修得が必須となる。学校臨床心理学は、今後ますます家族心理学と連携を深め、その知見を採り入れてゆかなければならない。

4　関連する諸機関との連携

　スクールカウンセラーは、以上のように種々の役割と課題を担っているが、いずれも困難であり、ときには力量を越える問題に直面するかもしれない。もとより平素から学校臨床の理論と実際について研修を深める努力を怠って

はならない。

　しかし、力量に余る問題は、関連する専門諸機関に委ねる姿勢も大切である。熱心さのあまり問題を抱え込みすぎて、手遅れになる危険もあるからである。そのため、近接する関連諸機関と普段から連携を保ち、いつでも相談できる関係をつくっておかなければならない。このような関連諸機関と、どのような連携をつくるのが望ましいかもまた、学校臨床心理学の研究課題の一つである。

　また、学校の抱える問題は、周辺地域の生活意識や文化状況と密接にかかわっている。ある学校の校長先生が、自然の潤いある学校環境と、クラブ活動の活性化をめざして努力してきたが、それが成功したのは、地域の人々の支持と協力があったからだと語ってくれた。校長先生は、もし、周辺地域の人々が都会地のようにまとまりがなく、成績と進学のみを求めていたら、おそらく成功はむずかしかっただろう、と述懐している。このような学校をとりまく状況にも目を向け、地域の人々との協力体制をどのように築いてゆくか、その方法論を考えることも、スクールカウンセラーの今後の大きな課題となろう。

（馬場　謙一）

1-2　職業としての心理臨床―心理臨床の心がまえ

1　心理臨床の実務に就く一人の先輩として

　私は臨床心理士として精神科クリニックに勤務している。臨床心理士になるまでは、看護職、精神科ソーシャル・ワーカー、精神障害者を対象とした職業リハビリテーションの指導員などを経験してきた。ただ残念なことに、スクールカウンセラーを経験する機会には恵まれなかった。そのような私の言うことを、読者のみなさんは受け止めてくださるだろうかと、迷いや不安も胸をかすめる。しかし、その一方で、心理臨床の実務に就く一人の先輩として、これからスクールカウンセラーの世界に入ってきてくれる若い人たちに向けて、何かを伝えたいという思いは強い。

　そこで、役不足とは知りつつ、私の考えてきたことを述べさせていただくことにした。ふだん物書きを生業としているわけではないので、文章も稚拙であろうと思う。ご容赦いただきたい。いってみれば、ここで述べることは私からみなさんに宛てた手紙のようなものである。不器用で粗野な味わいかもしれないが、私の気持ちを受けとっていただけたら嬉しい。

2　正直に、誠実に

　私は精神科クリニックで心理臨床の仕事に従事している。しかし、臨床の分野がどこであれ、基本の精神は変わらないものと信じる。私が大切に思っている基本の精神は「正直に、誠実に」ということである。ロジャース流の言い方をすれば「関係の中で"真実"であること」ということになるのかもしれない。

　もちろん、正直ではいられない場合もある。それにはさまざまな理由があ

るだろう。もっとも多く考えられるものの一つは、対象となる人が、こちらの正直な気持ちの表明に耐えられないと判断される場合であろう。スクールカウンセラーの場合でいえば、その対象者は児童・生徒や保護者、あるいは教員ということになる。しかし、そのような場合でさえ、できるだけ正直な返答ができることをめざして、努力と工夫を重ねてみてほしい。もちろん、対象となる相手がこちら側の正直な気持ちの表明に耐えられないかもしれないという感触や見通しを無視しないようにしながら、努力や工夫を重ねる必要がある。一つの工夫は、そこでカウンセラーが感じる身動きのとれなさ、答えがたさ、あるいは相手が傷つくかもしれないことへの迷い、などを表明の中心に据えることだと思う。

　多くのクライエントに共通することであるが、とりわけスクールカウンセリングで対象とする年頃の児童・生徒は、周囲の大人から「正直に、誠実に」接してもらう機会が少ないように思う。文字どおり「子ども扱い」されたり、あるいは責任を負って真剣にかかわろうとはしない大人の対応に慣れさせられているのではないだろうか。そして、そのような大人の姿勢を、この年頃のクライエントは決して見逃さないだろう。

　ただ、正直に、誠実に接していこうとすると、当然ながら、カウンセラーのほうも現実の壁にぶつかることが多いだろう。いかんともしがたい現実の前に、無力感を感じたり、ときには罪責感さえ抱くかもしれない。おそらくは、カウンセリングを職業にしようと思うに至った、カウンセラー自身の個人的な必然性とも絡んで、さまざまな反応をカウンセラーの内に引き起こすだろう。それは精神分析の用語を借りれば、広い意味で「逆転移」と括られるものかもしれない。けれども、カウンセラーの内に惹起されたこの反応は、対象となる児童・生徒の内で起きているであろう無力感や（親に対する）罪責感などと相似形となっている可能性もある。そうであれば、これは「共感」と呼び変えてもいいのかもしれない。少なくとも「共感」の基盤となる感覚であるとはいえそうである。

　自分と同じように現実の壁にぶつかり、打ちのめされ、あるいはこれを前に戸惑うカウンセラーの姿は、児童・生徒の目に「頼りないけど信頼できる大人」として映るのではないだろうか。仮に、目の前の壁を乗り越えること

ができなかったとしても、そうした大人に出会えたことは、その児童・生徒にとってかけがえのない体験として心の内に納められ、次に彼らが人生の歩みを進めていこうとするときの大切な支えとなるのではないかと思う。そう信じたいと思っている自分を感じる。

　スクールカウンセラーは、単にカウンセリング・サービスの提供者であることにとどまらず、対象となる児童・生徒にとっては大人というもののモデルでもある。「このような大人になりたい」と思ってもらえるなら、それは人生の希望を与えるにも等しいのではないだろうか。

3　専門家として

　「正直に、誠実に」といった心構えは、必ずしも前面に押し出される必要はない。むしろ、前面に出してはいけないものなのかもしれない。ギラギラと表に出すよりも、深く静かに、心の芯に置くような姿が美しいと思う。

　ここで、さらに付け加えなければならないことがある。前述の姿勢が、いわば「善意の素人」の姿勢であるのに対して、付け加えるのは「専門家」としての姿勢である。

　こちらは、いくらか冷静に突き放した見方が求められる。冷静に突き放すのは、対象となる児童・生徒だけではない。児童・生徒を取り囲むすべての状況・環境が、「専門家」の目で見直されなければならない。とくに、その状況・環境の重要な構成要素の一つとして、スクールカウンセラー自身も見直しの対象の中に含まれている。こうした理解の仕方は、本書の採っている力動的立場であれ、行動療法的な立場であれ、変わるところはない。変わるところがあるとすれば、力動的理解の立場ではその方法として、精神内界を深く観察するという視点をとっていることである。カウンセラー自身と対象者、双方の精神内界を深く観察し、その変化と、外界に表出される行動や身体状態の変化の対応などを丹念に（クライエントと共同で）見つめていくというのが、力動的理解の本来的な姿なのであろう。

　さて、専門家の視点から得られた理解は、ときに第一に挙げた心構えと対立することもある。実際、往々にしてこの年頃のクライエントは、あまり言

葉に出して話してくれなかったり、何の関係もないような他愛ない話をえんえんとしていく人が少なくない。そこには、他者とのかかわりを求めつつ拒否する、アンビヴァレントな心のありようが滲んでいることもあれば、他者とのかかわり以前に、自分の心と向き合うことへのアンビヴァレント、あるいは戸惑いや困惑があるようにみえる場合もある。共感というものは、心の全体に対して行なわれるべきものであろう。アンビヴァレントがあれば、そのままに受け止めてあげてほしい。かかわりを求める気持ちには焦点を当てるが、拒否する気持ちは受け入れない、といったことがないように。

　他に、専門家の視点から出てくるものとしては、前述のように、対象となる人がカウンセラーの表明を受け止めきれるかといった見通しに関するものもある。「手術は成功したが患者は死んだ、というブラックジョークは、外科手術よりも心理療法の世界でこそ実際に多く見られる」（神田橋）という指摘は重い。正しいことを、不適切なタイミングで行なうことは、正しさがもつ破壊力ゆえに深刻な混乱を招く。すべてを見切ることはとうてい適わないが、及ぶかぎりの注意深さで、児童・生徒とその置かれた状況のもつ「正しい介入に耐えられる力」を推し量る努力を払ってほしい。

　他にも「専門家」という項目で語るべきことは数多い。何より専門書のおびただしい数が、それを物語っている。あるいは、この項目に関しては、何かを教えるということより、何かを問いかけることのほうが、みなさんにとって益が多いのかもしれない。たとえば「受容・共感」という言葉はよく用いられるが、では「受容なき共感」とか「共感なき受容」とはどんなものであろうか？　あるいは「受容＝共感」となるような対応とはどのようなものであろうか？　さらにはまた「受容・共感」しないことのもつ肯定的な意味はないのであろうか？　いろいろと問いつづけ、迷いつづけ、感じつづけてほしい。

　よく、心理臨床は一生勉強であるといわれる。それは何も、一生、本を読んだり勉強会に出つづけるといったことばかりを意味しない。むしろ本質的には、一生問いつづけ、迷いつづけることを指す言葉ではないかと私は理解している。

　誤解のないように付け加えておくが、こうした姿勢を私自身が過不足なく

守れているということではない。専門家としての姿勢と、素人としての姿勢の両方を抱え、葛藤的でありつづけようとすることは、努力の方向性に関する一つの指針なのである。だれの言葉であったか、私の好きな言葉があるので紹介しておきたい。

　理想とは星のようなもの。そこに辿りつくことはできないが、船人たちはそれを見て、自分の今いる位置を摑み、進むべき針路を知る。

　さいわい熟練した、優れたカウンセラーは星の高みにまで昇りつめることも可能であるようだ。おたがい、いつかその域に到達したいものだと思って修練を積むことにしよう。

4　自分自身の点検

　このように見てくると、心理臨床という営みは、つくづく二つに分かれた世界をつなげるものなのだと思えてくる。教員という大人の世界と、生徒・児童が生きている子どもの世界、精神内界のありようと外界でのありよう、素人の姿勢と専門家としての姿勢、等々である。二つの世界の間にあって、どちらか一方だけには決して偏らないありように、心理臨床という営みの特色とむずかしさがあるのではないかと思い、自分の日常の活動を振り返ってみるとよいかもしれない。おそらく、日々の業務をこなすに当たって心の内が煩わしく騒ぐことが減ってきた、ベテランになったころに見つめ直してみると、いつのまにか二つの世界の間に立つことを忘れて、どちらか一方にのみ依って立っている自分が見つかるかもしれない。

　いま、このときの私を例に挙げるなら、本来は現場の実務者であるはずの自分が、この文章を書いているあいだ、ともすれば「物書き」になりきってしまおうとしていることに気づく。形の見えにくい現場の実務の心構えを、形あるものにまとめようとするために、そのような意識の変化が起きそうになる。それに耐えて、二つの自分の間に心を置きつづけることがどれだけできるかで、私の書いたものが生命をもちうるか否かに分かれてくるのだろう。

その判定は読者のみなさんにお任せしなければならない。

　さて、自分自身を点検するのは、力動的理解の立場云々を超えて、広く専門家として必要な態度である。いろいろなことがいえるであろうし、そつなくまとめられたものも多いのではないかと思う。同じようなことをなぞる趣味もないので、ここではいまの私がとくに感じていることを挙げておこう。

　それは、「自分の長所を理解しているか」ということである。肥大した自己愛を抱えているのでもなければ、今日ではむしろ自分の長所を認めることに臆病な人が多いように感じる。事例検討などの場でも、ときに過剰なほど「よくない点」「できていない点」の指摘を求める傾向があるように感じる。自分のやっていることに対する自信のなさ、不安からなのであろう。けれども、何事かをなしていこうとするときに大切なのは、自分を信じられるということであり、根拠を伴った正当な自己評価としての自己肯定感ではないかと、私は思う。

　あるいは、こう言い換えてもよい。自分の長所をさえ認める勇気をもてない者が、どうして自分の短所を厳しく見つめることができるだろうか。そのような者は、最も気にかけるべき短所からは遠く離れた、枝葉のような瑣末な"欠点"をチマチマと気にかけるだけにとどまるように思う。そのようにして、いちばん肝心な短所からは逃げているともいえるだろう。そうならないためにも、"歯を食いしばって"自分の長所を認めてほしい。健全な自己愛、適切な自己肯定感を育ててほしい。その努力は、決してみなさんを裏切らないだろう。

5　教育・訓練を受けている人に

　本書の想定している読者は、スクールカウンセリングに関心を寄せて学習している学部生と大学院生であろう。そこでとくに、この時期にある方々にお伝えしたいことがある。

　先に、健全な自己愛や自己肯定感が大切である、と述べた。その関連からいうと、大学や大学院でみなさんが受けている教育や訓練は、この健全な自己愛や自己肯定感を育んでくれているであろうか。それは、大学や大学院で

の教育・訓練の質を測る一つの指標であろう。もちろん、無駄に増長させることを指して言っているわけではない。それゆえに「健全な」と繰り返し述べている。

　当たり前すぎるほどの前提でありながら、ふと不安に思う。学生や院生の自己愛を傷つけることが指導であると考えている教員はいないであろう。けれども、実際にはそこかしこで、大学時代・大学院時代に指導教官との関係に苦しんだ、という話を聞く。何かが両者の間でズレているのではないか。両者にとって、それはやはり不幸なことであろう。「教員は熱心に指導しているが、学生のほうが成長しない」という主張は受け入れがたい。それは「カウンセラーは熱心に面接しているが、クライエントのほうがよくならない」という論理と変わらない。教員には厳しい意見かもしれないが、自らを厳しく克己する姿勢をこそ、学生・院生のみなさんにモデルとして提示してほしいと願う。

　一方で、学生・院生のみなさんには、指導教官に対する寛容さをお願いしたい。教職は聖職である、と昔は言われた。なぜであろうか？　どのような学問的成果であれ、いずれは否定され、批判的に乗り越えられていく運命にある。その意味では、どのような指導教官も、"間違ったこと"を教えることから逃れられない。そして、いずれその間違いを指摘し、批判的に乗り越えていくのは、他でもない、自分が手塩にかけて育てた人たちであることが多いのではないか。将来、自分の積み上げた成果を批判的に乗り越えていく人たちを自らの手で育てているという意味で、教育というのは本質的に自己犠牲的であるように私には思える。その自己犠牲の姿勢ゆえに、教職とは聖職なのではないだろうか。そして、何のことはない、教職に就くかどうかは別にしても、いずれはみなさんもまた、大切な後輩たちから同様に乗り越えられていくのである。

　私自身は、優れた指導教官に恵まれたと感じている。ただ、私は少し恵まれすぎていたかもしれない。大学院外にも優れた師匠を得ることができた。そして、二人の師匠の教えるところは、必ずしも一致していなかったのである。

　私は二人の師匠が好きだった。「好き」という気持ちには不思議な力があ

る。そこには、つなぐことへの願いにも似た想いがある。私は、二人の師匠の異なる教えを、共に「正しい」ものとして自分の内にまとめようと努力した。どちらかだけが「正しい」のではなく、二つの「正しい」が見えてくるためには、どのような視点で見ることが必要であるかと悩むことが増えた。それがよかったと思っている。二つ共に「正しい」と見える理解の仕方が摑めたとき、師匠の教えをより深く理解できたように感じることができたからである。

　まだ教育・訓練の課程の最中にある学生・院生のみなさんには、ぜひお勧めしたい。直接にお会いすることはなくても、本との出会いなどを通して、心の中で師匠と思える人はいるであろう。幾人もの師匠に惚れ込みながら、「先生たちの意見は、どれも正しいとしたら」と深く・広く考えてみてほしい。きっと努力に見合うだけの果実をもたらしてくれると思う。

　話のついでにもう一点、言及しておこう。よく、だれかのコピーになることを恐れる人がいる。実際、「あの人は〇〇先生のコピーのようだ」といった話を聞くこともある。私の経験からいうと、複数の師匠に惚れ込んでいると、そうしたことが起こりにくいように思う。実際には個々の師匠の味を採り込んでいるのであるが、純粋な味わいにならず、ブレンド風味になるからであろう。どのような割合でブレンドしていくかは、自分の資質や個性が反映されるから、それはやはりオリジナルの味になる。さらにいえば、自分には自分の欠点や、師匠との資質の違い、能力の限界があるのだから、どう頑張ってみたところで完璧なコピーになどなれはしない。師匠の与えてくれたもののうち、自分が拾いきれないものは自然と脱落していく。完璧なコピーになれるほど資質に恵まれた人は稀であろうから、安心して師匠に惚れ込んで深く学んでほしい。

6　力動的立場に関して

　「力動」や「精神分析」に対しては、食わず嫌いな人もいるであろう。「食べて、なお嫌い」という人も少なくない。淋しい話である。しかし、真摯に受け止めなければならないとも思う。この点について、私なりに思うところ

を述べておきたい。

　ザックリと言って、「力動」や「精神分析」と名のつく文献は、多くの場合、難解で観念的にすぎる印象を与えるのであろう。現場の実務者が直面するのは"現実"である。高度に抽象化された観念を縦横に駆使して事例の流れを説明したところで、"現実"に対して無力であるなら、実務者としては虚しくなる。その虚しさに十分に応えてくれるものが少なかったことが、「力動」離れ、「精神分析」離れを生んだいちばんの理由なのかもしれない。

　私の周りでは、自家撞着とも思える「逆転移」への固執に違和感を覚えるという声をよく聞く。あるいはまた、対象とする人の病態や置かれた状況などを考慮せずに、ともかく内省促進一本槍で行こうとする態度に、臨床家としての柔軟性の欠如——もっといえば、自分の信奉する理論を中心に置いて、クライエントをその証明のための供物のように扱うこと——を見て、厳しい言葉をかける人もいる。基本的な誤解もありそうに思うが、十分に知的に洗練され、経験豊富な臨床家からさえもこうした声が聞かれることに対して、私自身、襟を正して臨む必要を感じている。

　クライエントに内省を促し、カウンセラー自身も自分を深く見つめていくのは、あくまでも援助のための"方法"であって、"目的"ではない。当然ながら、「いま、この状況で内省を促していくことが最も援助的であるのかどうか」という点は、折りに触れ、繰り返し検討される必要がある。それをせずに、無意識のままに「力動」や「精神分析」の立場を採りつづけることは、「力動」や「精神分析」から最も離れたあり方といえるであろう。やはり、必要に応じて自在でありたい。

　ことにスクールカウンセリングの場合、時間という制約も大きい。対象となる児童・生徒が卒業するまでのあいだに、どこまでの援助ができるのか、あるいは、してはいけないのか。時間は元には戻らない。その後の人生になにがしかの影響を及ぼすという意味で、とても大切な時期にお会いしているという責任がある。いたずらに精神内界のことだけに時間を空費してはいられないという現実感覚も忘れてはならないだろう。

　本書を読んでくださった読者が、もし力動的立場に立とうと考えてくださるなら、こうした反省点も忘れずに傍らに置いてほしいと願う。そして、本

書に挙げられている、他の執筆者による実践例（経験）の中に、単に観念的でも自家撞着でもない、力動的な視点を活かして何とか対象者を援助しようと努力している臨床家の姿を見出してほしい。

7　組織の一員として

　これまで触れてきたことは、基本的に個人の次元に関するものであった。しかし一方で、学校は組織であり、スクールカウンセラーとしてそこに入っていくということは、組織の一員になるという面をもっている。もちろん、ここでも二つの世界の間に身を置いている感覚を忘れないでほしい。スクールカウンセラーは紛れもなく、学校組織の一員であるが、同時にそこに染まりきり、埋没しきってしまっては存在意義がなくなってしまうであろう。学校組織の一員でありながら、同時に組織の文化・空気といったものに、なにかしら創造的な変化を起こせる可能性をもちつづけることを諦めないでほしい。それが決して容易ではないことはよく承知しているが、その狭間にあって葛藤を抱えつづけるなかで、少しずつ可能性の芽も見えてくるのではないだろうか。「和して同ぜず」である。

　みなさんの武器は「結果を出す」ことであろう。現場に入ったとき、対象となる児童・生徒は、それぞれが大切な事例であり、価値的な意味での軽重はない。しかし、問題の切迫度はそれぞれであろうし、みなさんの資質や能力に応じて、得意・不得意の別もあるだろう。教員や保護者、なにより児童・生徒から多くを学んだり、助けていただきながら、できることを一つ一つ丁寧にやっていけばいいのだろうと思う。誤解を招く表現かもしれないが、できないことに憧れるよりも、できることを誠実にやっていくことのほうが実務では大切なのだ。状況的に許されるかどうかはあるが、可能であれば、結果を出せるところから出していくといい。結果を積み重ねていくなかで、少しずつ周りからの評価や信頼も得られるであろう。

　ただし、ここで一つだけ心に留めてほしいことがある。変化を強いられる側は痛みを負うのである。学校現場に変化を起こそうとするみなさんが、この痛みに無神経であったり、鈍感であることで、いっそう変化を困難にさせ

てしまう場合がある。先に「共感は心の全体に」と述べた。「心」を「組織」と置き換えても同様であろう。少なくとも、そういう心構えでいることがよいように思う。

　以上、思うところを自由に書かせていただいた。繰り返すが、これは私からみなさんへ宛てた手紙のような気持ちで書いたものである。もしいくらかでも、あなたの心に届くものがあったら、嬉しい。

（福森　高洋）

第2章

スクールカウンセリングの基礎知識

2-1　力動的理解の重要性

1　「この子はお父さんがいなくてねえ」

　ここでは、スクールカウンセリングの基礎知識として「力動的理解」について解説する。ただし、力動的な立場の心理臨床について、総論的に述べることはしない。力量不足もあるが、何よりも「基礎知識」ではなくなってしまうからである。そのため、ここでは、力動的な立場による心理臨床の概念のなかでも、主として「心的現実」という概念について取り上げることにする。それは、児童・生徒理解のために「心的現実」という概念を参照することが役に立つことが多い、と思うからである。なお、スクールカウンセラーとしてのかかわりであるので、ここでは、援助者を「カウンセラー」、被援助者を「クライエント」と呼ぶことにする。

　スクールカウンセラーの初任者として学校現場に入ったときの経験である。勤務の初日から「不登校」状態の子どもについて、担任の先生から相談があった。子どもの学校に行けない状態にまつわるさまざまなことについて、先生は丁寧に説明してくださった。そして最後に、先生は「実は、この子はお父さんがいなくてねえ」とつぶやかれた。

私は、この先生のつぶやきに一瞬、戸惑った。それは、「父親がいない」ことが、この子どもの「問題行動」の根源であるかのように、この先生が語られたからである。もちろん、常識的な立場からすれば、このような考え方は、とくに疑問を感じるものではないかもしれない。新聞やテレビでも、「親がいない」ことがまるで子どもの「問題行動」の原因であるかのように報道されることがある。この先生はベテランの方であり、「父親がいない」ことと、「学校に行けない」ということが生徒指導の経験のなかで結びつくことが多かったのかもしれない。

　だが、力動的な立場からすると、父親が実際に「いる」「いない」という状況だけでは、そのことを「問題」にしないことが多い。あるいは、育ての親が、実父であるか実母であるかについても同様である。もちろん、このような考え方は、一般的には馴染みがないものかもしれない。そこで、力動的な立場では、なぜ、このように考えるのかについて説明していきたい。

2　力動的な立場とは

　まず、力動的な立場について説明しよう。馬場（2002）は、力動的な立場について、以下のようにまとめている。

　「力動的な立場とは、どのようなものか。それは、人間を生物・心理・社会的（bio-psycho-sociological）に規定される存在として捉える、いわゆる全体論的（holistic）な考えに基づいて、あらゆる精神現象の背後に、身体的要因、心理的要因、社会的要因が、どのように作用しているのかを考える。そして、症状や疾病などの異常現象は、これらの生物・心理・社会的要因が影響し合ったり、重なり合ったりして生み出されたものとして理解しようとする。そして、このようにすれば、大よその症状や疾病は、なるほどそういう意味があったのか、と了解できるようになるはずだ、と期待する」

　このように、人間の行為や症状の「意味」をとても大切にする点が、力動的な立場の特徴の一つである。そして、この立場は、フロイトによって創始された精神分析学が端緒となっている。もちろん、このような立場は、数ある心理臨床の立場の一つにすぎない。また、短所も指摘されている。それは、

子どもの「問題」とされる現象について、すぐさま解決できる方法をこの立場がもっていないことである。けれども、子どもの「問題」とされる現象の解決のためにも、まずは子どもの心を理解することが必要なのではないか、そのように考える立場である。

　次に、馬場の上記のまとめのなかの「理解しようとする」「了解できるようになるはずだ、と期待する」という微妙な表現に注目したい。それは、力動的な立場を勉強したての人間が勘違いを起こしやすいからである。たとえば、「すぐに先生にケンカを売るのは〈エディプス・コンプレックス〉が強いからかもしれないね」とか、「タバコがなかなかやめられないのは、〈口唇期〉に〈固着〉があるからだね」などと、他人の行為の意味を自分勝手に精神分析の専門用語で押し込めてしまうことがある。実は、これは私の大学時代の仲間内での懐かしい経験である。

　しかし、このようなやりとりをカウンセリングの現場で行なったとすると、クライエントを無用に傷つける結果となってしまうだろう。なぜなら、カウンセラーが専門用語を乱用することは、クライエントを「対等な人間」というよりも、単なる「観察対象」にしてしまうからである。カウンセラーとクライエントの関係について、熊倉（2002）は「対等な出会いと専門的関係が、二重に重なって出来ている」と述べ、神田橋（1997）は「専門家とクライエントとの関係は、わたくしたちの社会での、常識的な人と人との関係を基盤にして、その上に築かれる」と述べている。つまり、「カウンセリング」という専門的な行為は、対等な人間関係が基盤となってなされるものだといえよう。そのさい、専門用語は、カウンセラーがクライエントを面接後に把握するときに用いる言葉であり、面接時にクライエントに語りかけるときに用いる言葉ではない。もしも、カウンセラーがクライエントに向けて専門用語を乱用した場合、そのカウンセラーは専門家としての役割を果たす以前の、クライエントとの対等な人間関係の基盤を崩してしまうことになるだろう。

　力動的な立場は、人間の行為の「意味」を考える立場ではあるけれども、その「意味」は仮のものであるという謙虚な姿勢で、「理解しようとする」「了解できるようになるはずだ、と期待する」という態度こそが重要であると思う。また、クライエントの行為の「意味」はカウンセラー側だけから考

えるものではなく、カウンセラーとクライエントとの交流のなかで、立ち現われてくるものであろう。

3　「先生がこわいから、学校に行けない」

　クライエントの行為の「意味」について考えるためには、「心的現実」という概念を理解することが役に立つと思われる。そこで、「心的現実」という概念を考えるために、あるエピソードを紹介したい。
　中学校の入学式でのことである。新入生がざわついているのが目立った。そこで、式のあと、あるクラスで担任が「お前ら、いつまでも小学生気分でいるんじゃないぞ」と厳しく注意した。この学校は、数年前まで「荒れ」が目立ち、教師や保護者が一丸となってその問題に取り組んでいたという。その成果もあり、私が着任したころには、学校全体が落ち着きを取り戻していた。つまり、この担任の指導は妥当なものであったと考えられる。だが、その翌日に、そのクラスの一人の男子生徒が学校を休んだ。そのまま一週間が過ぎ、担任からスクールカウンセラーに相談があった。生徒の話を聴いてみると、「担任の先生がこわいから、学校に行けない」ということであった。
　さて、ここではこの事例の詳細を述べることをせず、次のことを考えてみたい。それは、担任から厳しい指導があったとはいえ、とくに個人を叱ったわけではないので、クラスの40人は同様の体験をしているはずである。それにもかかわらず、翌日、そのうち39人は学校に来ているのに、ある一人はそのことがきっかけとなり、学校に行けなくなったという現象である。この違いをどのように考えたらよいのか。
　この男子生徒の側だけから考えると、「先生に叱られた（原因）」→「学校に行けない（結果）」という、因果関係が想定されるかもしれない。けれども、因果関係を考えるだけではよくわからない現象である。それは、クラスのみんなが「先生に叱られた」体験をしているからである。それにもかかわらず、他の39人は学校に来ている。つまり、このような現象を考えるときに、この男子生徒が「先生に叱られた」ことをどのように体験していたのかを理解することが必要となってくる。そして、「先生がこわいから、学校に行け

ない」という言葉でこの生徒が何を訴えているのか、そのことに想いを馳せることが重要であろう。「心的現実」という概念は、そのようなことを考えるために生まれたものである。

4 「心的現実」という概念

「心的現実」という概念はフロイトが提唱した。フロイトは1896年当時、ヒステリーの原因は幼児期の性的外傷にあり、それは実際の出来事であるという「心的外傷」説を唱えていた。ところが、クライエントの語る性的外傷が、しばしばありのままの事実ではなく、クライエントの思い込みであったり、ファンタジーであったりすることをフロイトは経験した。その経験から、たとえファンタジーであったとしても、クライエント自身がそう思い、そのように語ることに意味があるのだとして、フロイトは「心的外傷」説の考えを修正した。そして、クライエントの思い込みや、ファンタジーのような主観的に捉えられた現実のことを「心的現実」と呼んだ。そして、(厳密には存在しないかもしれないが) いわゆる客観的な現実を「物的現実」として、「心的現実」と区別した。

フロイト (1917) は、「心的現実」について以下のように述べている。

「これらの心的な産物もまた一種の現実性を持っているのであって、患者がこのような空想を生み出したということは、あくまでも一個の事実であり、この事実は神経症に対して、患者がこれらの空想の内容を実際に体験した場合とほとんど変わらないだけの意義を持っているのです。これらの空想は、物的な (materiell) 現実性とは違った心的な (psychisch) 現実性を持っているのであって、われわれはしだいに、神経症の世界においては心的現実性 (die psychische Realität) こそ決定的なものであるということを理解するようになるのです」

このような考え方について、同じく精神分析家であるクリステヴァ (1969) は以下のように述べている。

「精神科医が身体的傷害を探し求め、それを病因とするのにひきかえ、精神分析医の参照するのはもっぱら患者の語ることに限られる。しかし、それ

は、傷害の《原因》となるはずの客観的《真実》をそこに暴き出すためではない。患者が彼に話す内容のなかで、事実に則したことにも、作り話にも、同じ程度の関心をもって彼は耳を傾ける。というのも、双方はともに等しい言述上の現実性を有しているからである」

つまり、「心的現実」という概念をとおして見ると、カウンセラーはクライエントの語りを「ファンタジー」として捉える視点が得られる。もちろん、これは、クライエントの言葉はすべて「ウソ」なのではないか、と疑うことではない。むしろ、クライエントの言葉のすべてをクライエントにとっての「リアリティ」として聴くことである。事実か、空想かにとらわれず、クライエントの語りにはすべて真実性があると捉えることである。自然科学的な考え方とは馴染まないかもしれないが、フロイトの拓いた次元である。それは、人間の行為を「結果」として、その「原因」を説明するというような「原因→結果」の図式で捉える視点ではない。人間の行為を「メッセージ」として、他者に開かれたものとして理解しようとする視点であるといえよう。

馬場（2004）は「力動的心理療法では、人間から切り離された症状を取り扱うのではなく、症状の背後に存在する人間自体を心理療法の対象にするのだといえよう」と述べている。

先の男子生徒の場合、「先生がこわいから、学校に行けない」と訴えることによって、どのような「メッセージ」を伝えているのか。生徒の語りに耳を傾け、「学校に行けない」という行為の背後に存在する人間関係を理解しようとすることが、「心的現実」という概念を重視する力動的な立場であるといえよう。社会一般の「常識」からすると、一見、訳のわからないとされるような児童・生徒の行為であっても、児童・生徒にとっての現実であると捉えること。カウンセラーは、クライエントの行為を「ファンタジー」として捉えることによって、その意味の理解へと近づくことができるのである。また、そのようなかかわりによって、ゆきづまった事態が開かれることがある。

5 「親がいない」子どもたちの理解

　さて、ここで最初の問いに戻りたい。子どもの「問題行動」と「親の不在」の関係である。力動的な立場では、「親の不在」という状況だけでは、そのことを「問題」としないことが多いのはなぜなのか。

　結論からいうと、力動的な立場では「親」が物理的に存在していることが重要なのではなく、心理的に存在しているのかどうかという点に注目するからである。なぜなら、子どもの行為に影響を与えるのは、親が実際に存在しているのかどうかではなく、親にまつわる子どもの「イメージ」や「ファンタジー」だからである。

　神田橋（1992）は、このことを以下のような例を挙げて説明している。

　「『お母さんは、お買い物に行ってきます。三時には帰ります』、どこどこのスーパーに行ってます、と伝言板に書いている母親は多いでしょう？　今は、共稼ぎの人が多いからね。すると、子どもが帰ってきて、お母さんはあそこに行ってて、三時には帰ってくるんだな、と思うと、すでに、そこのスーパーにこの子も行ったことがあれば、そのスーパーの記憶イメージに、お母さんをはめ込んで、イメージが作られる、しかも、三時には帰ってきてここに居る、というイメージも作れるでしょう？　そうすると、この子にとって、精神内界的には、母不在ではないのよ。ただ、健康な淋しさがあるだけだ。健康な淋しさというものは、決してその子の発育に障害的にはならない。

　何が障害的になるかというと、『よく分からない、不確かだ、イメージを造るための、確かな資料が足りない』という状態に置かれると、子どもは、いろいろなことを、不安な空想やらをするの、いろいろ考えるの」

　このように神田橋も母親が物理的に存在しているかという状況よりも、子どもの「イメージ」に注目している。そして、子どもの「イメージ」をつくるためには、「確かな資料」が必要であると述べている。この「確かな資料」を子どもに与えるためには何が必要であるのか。それは、子どもの場合、親とのかかわり、なかでも親からの子どもへの「語りかけ」が重要であると私は思う。親からの発話にこだわるわけではないが、親からの能動的なはたら

きかけによる子どもとの「イメージ」の共有が必要であると思う。

　ここで、最初に取り上げた、ある担任の先生の「この子はお父さんがいなくてねえ」という言葉について考えてみたい。父親が実際に「いる」「いない」という子どもの「物的現実」の状況と、「父親イメージ」の「ある」「なし」という子どもの「心的現実」の状態を図にまとめてみた（図1参照）。なお、物的現実の状況として父親が「いる」「いない」にかかわらず、「父親イメージ」がまったく「ない」状態は稀であろうが、ここでは説明のために、単純化して図示した。

　　　　　　　　　「物的現実」の状況　　　「心的現実」の「父親イメージ」

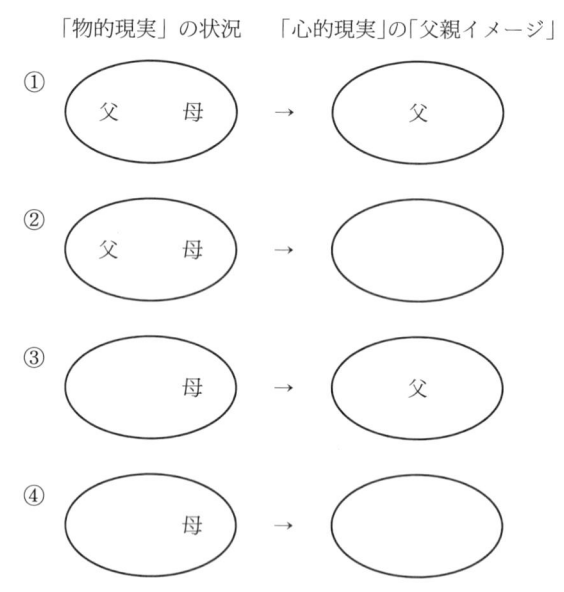

① 　　　　　　父　　母　　→　　　　父

② 　　　　　　父　　母　　→

③ 　　　　　　　　母　　　→　　　　父

④ 　　　　　　　　母　　　→

　図1　子どもの「物的現実」の状況と「心的現実」の「父親イメージ」

　図1の①②については、実際に父母が存在しているにもかかわらず、「父親イメージ」に違いがある場合である。とくに、②については、実際に父親がいるにもかかわらず、「父親イメージ」がないことに、不思議に思われる読者がいるかもしれない。これは、たとえば父親は実際にいるけれども、いつも仕事で不在のことが多く、ほとんど会話もしないような父子の場合が考えられるかもしれない。あるいは、父親との直接的なかかわりが少ないこと

よりも、家族のだれもが「父親」について語ってくれない場合、子どもは「父親イメージ」をつくることがむずかしくなるだろう。たとえば、母親が父親について何も語らない場合である。極端な場合、子どもが「お父さんは何してるの？」と母親に尋ねたとしても、母親は「うるさいわね！」などと、つねにとりあわないような状況が想定されるかもしれない。このような場合、子どもは「父親イメージ」をつくる「確かな資料」が与えられないままである。「心的現実」の状態としては、②のような「父親不在」となってしまう可能性がある。

次に、図1の③④について考えてみたい。③の場合を不思議に思われる読者がいるかもしれない。実際に父親がいないにもかかわらず、子どもには「父親イメージ」がつくられているからである。力動的な立場では、実際に父親がいない場合でも、母親が子どもに父親についての「確かな資料」を与えているかどうかが重要であると考える。それが、子どもの「父親イメージ」をつくるのである。たとえば、③の場合、父親について母親が「お父さんは〇〇の仕事をしていたのよ」「お父さんはあなたが生まれたのをとても喜んでいたのよ」などと子どもに語りかけていたと想定しよう。そのようなかかわりがあれば、子どもは実際の父親に出会ったことはなくても、「父親イメージ」をつくりあげることができるだろう。①の場合も同様である。一方、④の場合、②と同じように、子どもが父親について母親に尋ねたとして、つねにはぐらかされている場合、あるいは、なんとなく父親について聴いてはいけない雰囲気のある場合、子どもの「父親イメージ」は形成されにくいままとなってしまうだろう。

もちろん、物理的に「父親不在」となったいきさつが複雑であったり、否定的な内容であったりして、子どもにありのままを伝えることが困難だと大人が判断する場合もあるだろう。けれども、どのような内容であっても「確かな資料」が与えられていないままでは、子どもはあることないことを空想せざるをえない。しかも、状況がはっきりしないので、子どもは現実的に対処する方法も持てないままになってしまう。残された親にとって、ありのままの真実を伝えることは、ときとして苦しいことがあるかもしれない。けれども、それによって現実の状況がはっきりするため、その時点から、子ども

は現実的な対処としての一歩を踏み出すことができる。また、体験を共有することで、少なくとも子どもにとっては一人ぼっちの体験でなくなる。

そのさいに、親から子どもへの「語りかけ」が重要であると先に述べた。だが、それは親と子どもが面と向かって対話することをめざすものではない。たとえば、亡き父親のお墓の前で一緒に手を合わせることでもよいかもしれない。なぜなら、お墓の前で手を合わせる行為は文化であり、文化とは広い意味で人間の言語活動であるから、この行為は「語りかけ」となりうるのである。

もちろん、これらの行為は慎重になされるべきであることはいうまでもない。また、ここでは、残された親として「母親」を例にあげたが、子どもに真実を伝える存在は「母親」でなくてもかまわない。子どもにとって重要な他者であることが大切である。

6 「心的現実」を変化させるために

それでは、いろいろなすれ違いによって「確かな資料」が与えられないまま、子どもが「親イメージ」をつくれなかった場合、あるいは、何らかの出来事で「親イメージ」が混乱した場合、子どもを支援するためにはどのようなかかわりが必要であろうか。「心的現実」を変化させるためのかかわりについて考えるために、川幡（2005）の事例を紹介したい。

「母親が妊娠し、出産のために入院したので、親戚の家に預けられた3歳の男の子は、食べたものを吐いたり、大便をもらしたりして、大いにてこずらせていた。そこで、大学院で臨床心理学を専攻するその家の息子MKは、一枚の紙を与えて、好きなものを描かせてみた。

男の子は、まだ絵を描くだけのスキルが発達していないのか、鉛筆を5本指で握り、腕をグルグル回すだけで、取り立てて何かを描き出したわけではなかった。腕の回転の跡だけが、紙の上に残された。そうとしか思えなかった。こんなものでは、治療の役に立たないと思ったが、MKは気を取り直して何を描いたのか聞いてみた。

すると、『お母さん』とかすかな声で答えた。どこを見ても母親らしき姿

は見えてこないが、『お母さんはどこにいるの』と聞いてみると、色が少し濃くなっているところを指して、『お母さん』という。MKはすかさず、『お母さんの顔はどこなの』という質問をして、母親のイメージを明確なものにした。このあとで、男の子は、お母さんの絵を何枚か描くうちにすっかり元気になり、以後吐くことも大便をもらすこともなくなった。

　生まれて初めて母親から分離させられた男の子は、不安のあまり母親のイメージが思い描けなくなり、対象喪失によるうつ状態に陥った。そこで、不安を防衛するために、赤ちゃん返りをした。赤ちゃんに戻れば、母親も戻ってきて、昔のように自分のことを胸にいだいてくれるというのである。母親との別離に対する悲嘆反応には、こうした意味が隠されていた。

　男の子は、絵画によって母親のイメージを自由に操れるようになると、赤ちゃん返りという身体言語を用いなくても、母親の不在に耐えられるようになった」

　「心的現実」という観点から、この事例について考えてみたい。まず、母親が入院したために、この男の子の「物的現実」では、実際に「母親不在」となった。そのことで、「不安のあまり母親のイメージが思い描けなく」なったことから、「心的現実」という点からも「母親不在」となっていたことが考えられる。このときの男の子の心の世界を絵画イメージとして表わせば、「腕の回転の跡」のようなものであったのだろう。そして、カウンセラーの役割を担ったMKが何を描いているのかを聴いたことにより、男の子に変化が生じた。ここが治療の転機であろう。この男の子は自分の内面から湧きあがってくるイメージを「お母さん」と言葉にすることができた。それは、カウンセラーの問いかけにより、促進された内省の芽のようなものであるかもしれない。そして、カウンセラーの「お母さんはどこにいるの」「お母さんの顔はどこなの」という質問により、「腕の回転の跡」のような絵から、「お母さん」を表わす絵に変化していき、男の子の「母親イメージ」は明確なものとなった。そのことで、男の子は自身の「心的現実」の中の「母親」を「不在」から「在」に変化させることに成功したのだろう。だからこそ、「物的現実」として「母親不在」という状況に変化はなくても、この男の子は「母親の不在に耐えられるようになった」のだと考えられる。このように、

他者とのかかわりによって、「心的現実」を変化させることができるのである。

7　力動的な立場からのアプローチ

「心的現実」を重視する力動的な立場からのクライエントへのアプローチについて明確にするために、「物的現実」を重視するアプローチと比較検討したい。そのさい、前述した川幡の男の子の事例を参照する。

この男の子の「問題」は「食べものを吐くこと」「大便をもらすこと」であった。「物的現実」を重視するかかわりであれば、まずは「問題」の「原因」を追究するようなアプローチとなるだろう。「問題」の「原因」を個体内に求めるのであれば、この男の子の場合、「何か悪いものを食べた」のが「原因」で、「結果」として「胃腸の不調」をきたしているのではないかと考えるかもしれない。そうだとすれば、まずはこの男の子に抗菌薬か整腸薬を飲ませてみるかもしれない。もちろん、個体内の生理学的な問題であれば、このような対処によって問題は解決されるであろう。

また、「問題」の「原因」を環境に求めるのであれば、この男の子の場合、実際に「母親がいない」ことが「原因」であると考えるかもしれない。そうだとすれば、だれかが「母親代わり」になることで、実際に「母親がいない」状況を埋め合わせしようとするかもしれない。このようなかかわりが子どもにとって治療的になる可能性も否定できない。けれども、人生のなかで、だれもがだれかの代わりになることは絶対に不可能である。このようなかかわりを選ぶカウンセラーは、ある種の覚悟が必要であると思われる。また、平素から十分な自己分析を深めることが求められるだろう。

なぜなら、だれかの代わりになろうとすることが、ときとしてカウンセラー側の秘かな願望であったりするからである。そのような場合、クライエントにネガティブな影響を与えかねない。たとえば、自分は母親に愛されてこなかったと思っているカウンセラーが、自身の理想の母親を演じることでカウンセラー自身の子ども時代に満たされなかった想いを代償しようとするような場合である。そのような場合、カウンセラーは理想の母親を演じること

が目的となってしまい、クライエントを「子ども」のままにしてしまう可能性がある。そのようなカウンセラーの行為は、結果的にクライエントの主体性を奪ってしまうことになるだろう。

　一方、「心的現実」を重視する力動的な立場では、実際に「親」のいないクライエントに、カウンセラーが「親代わり」をして埋め合わせることをしない。この事例の場合も、カウンセラーの役割を担ったMKは、男の子の「母親代わり」にはならなかった。カウンセラーは、男の子の「母親イメージ」をつくることを支えただけである。カウンセラーは、男の子の描いたものについて質問し、男の子は「お母さん」とかすかな声で答えた。カウンセラーは、この男の子の「かすかな声」をしっかりと聴きとめ、「お母さんはどこにいるの」「お母さんの顔はどこなの」と質問した。このようなカウンセラーの行為や語りかけにより、男の子の「母親イメージ」は明確なものとなり、男の子は「母親不在」に耐えられるようになったのである。つまり、力動的な立場では、カウンセラーは問題とされる行為を「メッセージ」として理解しようとするため、問題の原因を追究し、それをじかに除去したり、補ったりしない。カウンセラーは「親代わり」をするのではなく、「親イメージ」をつくることを支持するのである。

　ときとして、「親イメージ」をつくる作業にとりかかるまえに、カウンセラーはクライエントと一緒に「親」が「不在」であることを一緒に確認し、そのつらさを共有することがあるかもしれない。あるいは、クライエントが失ってしまったものが何なのか、カウンセラーは、それをはっきりとさせるようなかかわりをすることもあるかもしれない。

　このような考え方は、どこか悲観的に思われるかもしれないが、しかしそうではない。「物的現実」は失ってしまったら、取り戻すことは不可能であるし、その代わりを埋め合わせることもできない。けれども、「心的現実」はいつになっても変化させる可能性を秘めているものであるし、だれかがそのイメージづくりを支えることも可能である。そこに、カウンセリングの無限の可能性をみることもできよう。力動的理解が重要なのはこの点にあると思う。つまり、過去は変えることも、埋め合わせることもできないが、過去についての認識はいくらでも変わる可能性があるということである。

[引用文献]

馬場謙一（2002）：学校臨床心理学の方法①―力動的な立場　馬場謙一（編著）　学校臨床心理学，p.32．　放送大学教育振興会

馬場謙一（2004）：力動的な心理療法　馬場謙一（編著）　スタートライン臨床心理学，p.104．　弘文堂

Freud, S.（1917）：Introductory Lectures on Psycho-Analysis.　Standard Editions, London: Hogarth.　井村恒郎・馬場謙一（訳）（1994）：精神分析入門（下），p.200．　日本教文社

神田橋條治（1992）：治療のこころ2，p.99．　花クリニック神田橋研究会

神田橋條治（1997）：対話精神療法の初心者への手引き，p.28．　花クリニック神田橋研究会

川幡政道（2005）：心のはたらきがわかる心理学，p.106．　三恵社

Kristeva, J.（1969）：Le langage, cet inconnu.　Paris: Seuil.　谷口勇・枝川昌雄（訳）（1983）：ことば―この未知なるもの，p.384．　国文社

熊倉伸宏（2002）：面接法，p.70．　新興医学出版社

（松本　京介）

2-2　発達についての理解

1　生育史からわかること

　同じ状況にあっても、人はみな同じ行動をすることはない。それは人がそれぞれ固有の生活の積み重ねをもち、そこからその人のかけがえのない個性・性格がつくられ、思考も言動もその性格から生まれてくるからである。いま目に見えている子どもの言動はどのような心の動きから生まれてきたのかは、その子が生まれてからどのように発達してきたかを知ると、ある程度推測できるようである。ここでは、子どもの心を理解するために、標準的な発達の流れを整理しておくことにする。

　子どもの行動は、誕生後しばらくのあいだは生理的欲求から生じているが、やがてその子をとりまく環境や周囲の人々と、その子自身の生来のものとの相互作用の中を遍歴することによって、複雑な心のはたらきが生じるようになる。その過程を知ると、その子の独特の行動と思考のあり方が納得できることが多い。

　さて、ある子どもの生育の歴史からその子を理解しようとするには、一般的な発達の進行様式を把握しておき、それに照らしていくとわかりやすい。それは、一つにはその子の発達が年齢相応に進行しているかどうかが比較できるからである。たとえば、3歳の幼児が母親との添い寝を求めるのはよくあることであるが、中学生の少年が母親と寝たがるとすれば、なんらかの発達の遅れか、あるいは病的な不安があって退行していると考えるのが普通である。二つ目には、生育史上の出来事がその子の心に与えた影響を知ると、問題や病理発生の源の理解と治療・援助の方策に有益な指針を得られるからである。

　発達についての研究は、さまざまな領域で行なわれているが、ここでは子

ども理解に役立つ思考や記憶など知的な側面、情緒と対人関係の面、社会性の指標の一つである適応機制の発達について述べてみよう。

2 発達のながれ

(1) 思考・記憶など知的機能の発達

ピアジェによれば、人の思考は4段階を経て発達する。もっとも幼稚な段階では、目の前の物を使って具体的に考えるが、小学校を終えるころには、目の前に物がなくとも抽象的・観念的に筋道を追って論理的に思考できるようになる。この4段階をまとめたのが表1である。知的機能では、4段階の中で2番目の2〜7歳の時期がたいへん重要に思われる。この2番目の時期、子どもは自分を中心に置いて、周囲のものを自分とのかかわりによって把握する。また自分と自分でないものとを区別し、自分とは何かを把握する基盤をつくる。それは、人にとって重要な人生のテーマである自我同一性を獲得するための土台を獲得することである。

さらに、この時期は想像力を発展させていく時期でもある。この時期に育まれる想像力は、他者の立場への思いやりや、創造力の源となり、文化的・芸術的な飛躍へと発展するものであるが、また一方では魔術的で非現実的な恐怖をもたらす源泉になることもある。この時期に好奇心を十分満足させてもらえた子ども、お話や絵本によって自由な空想の世界で遊ぶことのできた子どもは、しだいに空想と現実の区別をつけながら、ときに空想の世界で遊び、非現実を楽しむことのできる子どもになるだろう。

(2) 情緒と対人関係の発達

感情や情緒は単純なものから複雑なものへと発達する。それは対人関係を軸とする愛と憎しみ、あるいは親和と反発が絡みあってできる渦、その渦から生まれてくる不安や恐怖、自他への信頼と依存心と自立心の相互作用の中で発達していく。以下は、フロイトとその後継者たちの考えをもとに情緒と対人関係の発達を表にしたものである（表2）。

表2からわかるように、無力な存在である子どもは、人との関係の中で守

表1　思考の発達（ピアジェによる）

年齢	思考方法	思考の様式	他者とのかかわりなど
0〜2歳	・感覚 ・ふれる 　見る 　聞く	・目の前にあるものを見、触れ知識を獲得 ・単純な思考はできる ・基本的な自己と他者の意味を理解する	
2〜7歳	想像力をつかえる	・目の前に物がなくても、ことばやイメージを使って知的活動はできる ・論理的思考はできない ・想像することができる ・原始的思考がある 　①生物と無生物の混同 　②観念世界のものが実存する 　③社会的自己中心性 ・しだいに自分が見ている世界を他人が必ずしも同じようにみているわけではないことが理解されてくる	・まねる ・ごっこ遊び ・お話世界が現実にあると思うので、人形も生きている、お化けがいると思う ・自分の思うことは相手も同じように思っていると思い込んでいる
7〜11歳	具体的な物や状況の中で考える	・論理的思考の萌芽があり、具体的な物や状況であれば、筋道をたてて考えられる ・善悪の判断は動機でなく目に見える結果で行なう ・他人の行動と、その行動が起こっている場面を見て、行動の背後にあるその人の気持を推察できる	・わざとコップを1個割った子より、うっかり5個割った子のほうが悪いと思う
11歳〜	抽象に思考できる	・具体的な物や状況なしに、例をあげたり仮説を想定したりして、言葉や記号を使い、抽象的観念的に論理的思考ができる ・一つの問題に対して、さまざまな見方を試みることができる	・他者の立場から見られる ・人の立場を思いやれる

られて、信頼や競争や努力などの心理的な活力を順に体得し、心の土台を築く。その土台の形成には0〜6歳、厳密にいえば0〜3歳の時期が最も重要である。3歳までに父母と愛と信頼のある関係をしっかりもてているかどうかが、その後の対人関係のとり方と大きくかかわっていく。

表2　フロイトらによる情緒と対人関係の発達

年齢	対人関係	発達に関る主な身体器官	不安感情	情緒 心理的な活力	後の行動との関わり
0〜1歳半	・母親との一体感（一人の人との深い愛情関係） ・母親からの分離 ・一者関係から二者関係へ	口 皮膚	・破滅不安（見捨てられ死ぬのではないか） ・自信がない ・他人を信頼できない	・快と不快の区別 快いものを取り入れ吸収する 不快なものは吐き出す、拒絶する ・自分の存在に自信を持つ ・他者を信頼する ・依存する ・希望を持つ	・甘える ・すねる ・ひがむ ・いやみをいう ・ひきこもる
1歳半〜3歳	・母と父 ・二者関係から三者関係へ	排泄器官	・分離不安（自分の思うようにすると怒りを受け見捨てられる恐れと罪悪感） ・恥をかく不安	・好きな人を喜ばせるために我慢する意志を持つ ・身体のコントロールを覚える	・自律 ・頑固 ・潔癖 ・だらしない ・強迫的思考や行為
3〜6歳	・三者関係から小集団	性器	・処罰不安（競争することによる処罰を恐れる）	・男女の区別を知る ・同性の親との競争、真似 ・力を持っている感覚 ・目的を持ち実現しようとする	・自立 ・自己顕示 ・性的アピール
6〜12歳	・仲間 ・集団 ・リーダーへの忠誠心		・失敗不安 ・仲間との比較で優越感と劣等感	・コツコツ努力して技術と知識を吸収する ・仲間との交流 ・自分の適性能力を知る	・勤勉性 ・嫌なものにも取り組む
12歳以上	・仲間集団 ・個々の親友		・道徳的不安 ・現実的不安	・両親からの解放 ・信じる人、思想への傾倒 ・異性との親和	・自分がわかる ・自分がわからない

　情緒の発達がほどよく進んできた子どもでも、環境に適応しきれない場面に遭遇することがあるだろう。その場合、子どもはその場に適応すべくさまざまに心をはたらかせる。それが適応機制と呼ばれるものである。欲求を満

足させるときに社会に適応的でない方法をとらないよう自分の欲求不満や不安をなだめ、適応的な行動に変えるものである。これは対人関係を保つためでもある。次に、この適応機制を社会性の発達の視点から述べてみる。

(3) 社会性の発達―環境への適応のための心の工夫

　子どもは、誕生したときの繭に包まれたような時期から、しだいに覚醒し、生まれつき備わった成長への衝動を欲求というかたちで現わして周囲にはたらきかけ、生存に必要なものを手に入れていく。とくに生まれて最初の1年半は欲求を思うままに充足することが許される時期であるが、一人では生きていけないことも感じとる。2歳を過ぎるとしつけを受けることになる。これによって、子どもは社会にはさまざまな制約があること、生きるためには養育者の要求を入れなければならないことを知り、欲求を周囲に許されるかたちに修正して出すとか、抑えるとか、諦めるようになる。

　幼稚園に通う年頃になると、遊びの中で個性を発揮していくが、小学校に入ると集団生活の規則に従わなければならなくなり、わがままを抑制することを覚える。中学生・高校生になると、内的な衝動の高まりから、周囲への配慮より自分へ強い関心を向けるようになる。自分とは何か、どのようにして人生を生きていくか、自分なりの価値観をもつようになっていく。これを図示したのが図1である。

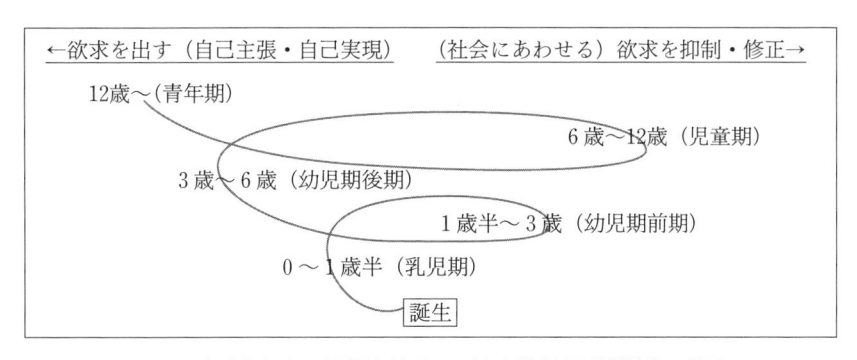

```
←欲求を出す（自己主張・自己実現）　　（社会にあわせる）欲求を抑制・修正→
12歳～（青年期）
　　　　　　　　　　　　　　　　　　　6歳～12歳（児童期）
　　　3歳～6歳（幼児期後期）
　　　　　　　　　　　　1歳半～3歳（幼児期前期）
　　　　　　　0～1歳半（乳児期）
　　　　　　　　　　　誕生
```

図1　自分らしさの発揮と社会への適応機制（防衛機制）の発達

　この過程で、子どもは欲求阻止による不快感や怒り、恐怖感、不安から自

分の心を守るために、さまざまに知恵をめぐらす。ときには自分自身の心にウソをついて安心しようとする。そんな出来事はなかったことにしたり、忘れようとしたり、代わりのものを見つけたりする。こうした心のはたらきは柔軟に社会へ適応するためという側面からみれば適応機制と呼べるが、自分の心が不安や恐怖に圧倒されないために事実を捻じ曲げてはたらくという側面からみれば防衛機制である。これらの機制も心の発達に伴って、幼稚で場に即さないものから成熟した健康的な方法にまで発達していく。

　健康なやり方であれば、もはや心につくウソではなく、意識的に感情をコントロールし、場合によってはより人間的発達を可能にする適応的な機制となる。幼児期までにあまりに不安にさらされることが多いと、この時期に身につけた未熟な防衛のやり方が固定化し、その後の発達が進まず、大人になっても子どものような機制を多用して、その結果、不適応を生じることがある。たとえば嫌なことがあると"いつも"逃げるとか"いつも"言い訳をする、"いつも"ウソをつく、"いつも"黙り込むなど。この機制が年齢にふさわしく発達した子どもは、多くの機制を用いることができ、苦境に柔軟に対処していけることになる。表3は主な適応（防衛）機制である。

3　発達段階ごとの概観

(1)　0〜1歳半（乳児期）

　知的には、まだ生物的に組み込まれた感覚と本能的な運動が主で、感覚で敏感に感受するが、考えることはさほどない。

　対人的にはまったく母に依存している。必要なものを要求する手段は、泣く、表情を変える、声を出す、手足を動かすことしかなく、それだけで養育に当たる母親に要求を汲み取り、応じてもらわなければならない。要求が満たされれば、自分は必要なものを手に入れられるという感覚（自信）、求めれば与えられるという感覚（他者への信頼）をもつことができ、自分の存在価値を肯定し、生きる希望をもつようになる。また、ときとして母の応答が欲求どおりでないことで、欲求の出し方への工夫の必要や人生にはうまくいかないときもあることを知るようになる。この時期の子どもが母へ向ける絶

表3　発達時期と主な適応（防衛）機制の発達

発生時期	名称	内容	表れ方の例
乳児期前半	退行	今の発達段階より以前の状態に戻る	赤ちゃんがえり
乳児期後半	投影	自分が相手に感じる感情を相手が自分に向けていると思う	相手が嫌い→相手が嫌うから仲良くできない
	取り入れ	相手の持っているものを自分に取り入れて自分のものとするき	人の真似、学習
	拒否	嫌なものを回避したり無視する	見ない・聞かない
幼児期	抑圧	苦痛な感情や記憶を意識から締めだし抑えこむ	忘れる
	否認	事実はわかっているが意味を受け入れない	留守番は「寂しくない」
	反動形成	持っている感情と反対の態度や行動をしても本当の感情をさとられまいとする	甘えたい気持ちをおさえて年下を可愛がる
	打ち消し	罪悪感や不安を感じることをしたり考えたあとでその感情を消すようなことをする	悪口を言ったあとで逆にその人をほめる
	分離	思考と感情、行為と行為などの関連を切って関係ないとみなす	「叱られたけどべつに怖くない」
	置き換え	欲しいものが手に入らないとき、他のもので間に合わせる	「ケーキが欲しいけどないならアメでいい」
学童期	合理化	行動のあとでそれによる不安や罪悪感を逃れようと理屈をこねて正当化する	いいわけする
	知性化	あるものに対する本来の欲求や感情を抑えて、それについての知識を得、理論的な思考にふける	理屈をこねる正当化する
	昇華	自分で認められない、または反社会的な欲求や感情を自分や社会に受け入れられる形で実現	怒りや悔しさをエネルギー的に勉強する

対的な依存は母性行動を引き出し、母子の間に濃密な愛情関係をつくる。これが愛着・愛情の絆であり、ここで愛着が形成されることが、その後の健康な成長には必要不可欠なのである。それは将来一人の人との深い愛情関係を築くもととなる。

　フロイトは、乳幼児から幼児期に身体のある一部分の器官に刺激を求める欲求があると考えた。それぞれの時期に当該の部位で十分に欲求が充たされないと、その欲求は生涯にわたって充たされようとして生きつづけ、その子どもの性格形成に大きな影響を及ぼし、深刻な場合には後年の心の病いの発症を導くという。たとえば、０歳から１歳半の幼児は主として口（唇、歯、舌）を通して欲求満足による快と、不満による不快を知ると共に、口に入れたものが自分の発達にとって必要か不要かを区別する（食べ物の好き嫌い）こともする。口に関して欲求不満のまま成長すると、口に関する癖が出やすいという。噛みつくという攻撃をするかもしれない。小学生になっても指しゃぶりをしたり、大人になっても爪を噛んだり、がみがみと口（言葉）で攻撃したりするかもしれない。

　この時期に母親と健康的な愛情の絆を形成できないことは、のちに他者との信頼関係がもてない、被害的になりやすい、関係念慮を抱く、ひきこもる、自傷行為をするなどの重篤な精神の病いや人格障害の諸症状と深く関連すると考えられている。

⑵　１歳半〜３歳（幼児前期）

　知的な思考がかなりできるようになっている。言葉やイメージを使ってコミュニケーションがとれるので、子どもはしつけを受けるようになり、頻繁に欲求の制止や禁止を受け、ときには厳しく叱責されることも起こる。フロイトはこの時期に排泄器官への刺激に気持ちが集中することを指摘したが、この時期の最大のしつけは排泄の訓練である。母親の要求する時と場所で排泄すること、言葉やしぐさで尿意や便意があることを伝え、準備ができるまで待つという「身体をコントロールすること」が求められる。乳児期に母親との愛着がしっかり形成されていると、子どもは母親の求めに応じることが嬉しく、また期待に応えたいと思う。母親が喜ぶと晴れがましい気持ちにな

る。そして、母親に誉められれば自信につながり、失敗しても「今度こそ」と思える。そうするうちに身体をコントロールする感覚を知っていく。自分の身体が自分のものであるという自覚も生まれる。そして、うまくやろう、という意志の力も手に入れることができる。

　しかし、愛着の形成が不十分なままに厳しいしつけを受けると、幼児はその意味もわからず、ただ恐怖感から、言われるとおりにしようとするだけである。喜ばせたいという意欲がなければ失敗もしやすいし、叱責を受ければ自信を失い、恥や罪責感を感じ、また失敗するのではないか、もう失敗したのではないかという疑い惑う心や不安や恐怖感を抱いてしまう。

　愛着を基盤としない厳しすぎる排泄訓練からくる性格傾向には、しつけされることへの拒否としての頑固や強情、恥や叱責への恐怖からくる極端なきれい好き、不潔恐怖、神経質、ささいな失敗まで恐れる完全主義などが考えられている。さらには、強迫神経症などの発症の一因にもなるといわれている。

(3)　3歳〜6歳（幼児後期）

　この時期は運動能力がめざましい進歩をとげ、言葉も発達する。つまり、したいことをし、言いたいことを言えるようになる。好奇心はなおいっそう旺盛になり、子どもは自分で工夫して遊ぶこともできるようになる。遊びの種類もふえるが、まず真似をすることを覚える。大人の真似をして「ままごと」をしたり、物語のヒーローに同一化したりして冒険を楽しむ。この「真似」が、男の子らしさ、女の子らしさの土台となる。さらに自発的に何かを思いつき、自主的に工夫して、目的に向かって積極的に取り組んでいく本格的な遊びの面白さも知るようになる。むろん、これは思いもよらぬ失敗や悪戯という結果になることもあり、そこで反省や失望も味わうことになる。この過程で子どもは、前の段階で身につけた身体のコントロールの上に、積極的に目的に向う自発性や積極性を養うが、一方ではやり方のまずさから他者やモノを傷つけて罪悪感を知り、心のコントロールの仕方も学んでいく。

　さらに、この時期の発達と深い関係を示す性格傾向は、性に関するものである。フロイトはこの時期の子どもは、とくに性器に関心をもつ、という。

生まれついた性を受け入れているかどうか、男らしさ、女らしさを自然に身につけ発達させているかどうかなど、のちの性同一性とのかかわりが深く、それは両親との関係から発達するという。

たとえば、女の子は父に母より先にビールを運び、「ママ、気が利かないわ」と言ったりする。これは同性の親と競争し、異性の親の愛を得ようとする傾向だが、やがて母親にかなわないことを納得し、また大好きな母親と競争することもつらくなり、子どもらしく一歩引いて両親と親和する。これが自分の性を受け入れることにつながるが、うまく過ごせないと過度に女らしさや男らしさを誇示するとか、逆に女の子のような男子、男の子のような女子になることもある。権威的である、威張る、腕力を示すことで男らしさを、甘える、依存する、弱々しく見せるなどで女らしさを強調するかもしれない。さらには、演技的な振る舞いで注目を浴びようとするとか、誘惑的な態度で他者の気を引くことにもつながる。

両親と仲良くすることは良好な三者関係を学ぶために重要である。両親とのよい関係が、複雑な三者関係で成り立つ人間集団の中での良好な関係のとり方を教えてくれる。だれか一人を占有しようとすることなく、自分の位置を定めること、他者との適切な距離を見つけて関係をつくることを教えるのである。

(4)　6歳～12歳（学童期）

生まれて6年間に愛情の絆と心身のコントロールを知った子どもは、いよいよ学校という集団生活に入る準備ができたことになる。知的には筋道に沿って考えることができるようになっている。

学校では好きなことばかりでなく、嫌いなこと、関心のもてないことでも取り組み、知識や技術を身につける努力をしなければならない。これまでに心と身体のコントロールの力を身につけていれば、教室で椅子に坐って先生の話を聞くことができるはずである。フロイトは身体器官への関心は抑えられ、もっぱら知識・技術の習得にエネルギーが向けられるとした。

基礎的技術の習得をとおして、子どもは努力すれば成果が出ること、また自分が同じ年頃の友人より上手にできることもあれば、より劣ることがある

ことも知るようになる。こうして勤勉性、劣等感、有能感（自分はこれができるという具体的な能力への自信）、達成感が獲得される。高学年になると、自分の有能感や劣等感の自覚から友達への思いやりの気持ち、寂しさ悲しさに共感する気持ちもわかってくる。特定の友達と深く交流する思春期に入る準備ができていくのである。

⑸　12歳〜（青年期）

　言葉で抽象的に考えられるようになり、「自分とは何か」という哲学的な問いにも向き合いはじめる。自分を見つめはじめ自分の全体像を把握する時期である。これまで発達してきた自我は、親や教師を頼ることに反発しはじめる。大人は自立を阻む疎ましい存在と感じるが、未熟な自分は一人で考えるには心もとなく、親に依存したい気持ちも残っている。自立か依存かの葛藤の中で、心の中を話せるのは、同じ悩みをもつ同じ状況の友人しかいない。友人と悩みを語るうちに、しだいにさまざまな状況で異なる姿をみせる自分であるが、そのどの場面にもいる自分、幼いころからずっと変わらずにある自分の中核部分、いわば最大公約数的自分がおぼろげに形をなして見えてくる。そして、自分の興味、価値観、能力が自覚され、これから進む道が浮かんでくる。自我同一性が獲得されるのである。

　この時期にひきこもりや不登校、非行などの問題が生じやすいのは、人間関係が過渡期にあることから説明することが可能になる。友人は何よりも大切であり、友人関係の不足からいつまでも同一性を獲得できず、「何をすればよいかわからない」「自分がわからない」という同一性拡散の状態に陥る人もめずらしくはない。

　人は生涯発達しつづける存在であり、発達は生後の変化成長の上に積み上げられていく。子どもを理解するには、その子どもの心にこれまで積み重ねられてきたもの、それらの総和からいまの言動が生まれているということを忘れてはならない。

[参考文献]
A．フロイト　外林大作訳（1958）：自我と防衛　誠信書房
馬場謙一編（1995）：臨床心理学　弘文堂
岡元彩子（2004）：心の発達と障害　馬場謙一編　スタートライン臨床心理学　弘文堂
住田正樹・高島秀樹（2002）：子どもの発達と現代社会―教育社会学講義　北樹出版

（岡元　彩子）

2-3　子どもの問題行動・心の病い

1　学校で見られる子どもの問題行動

　スクールカウンセラーは学校現場で実際にどのような子どもたちと接し、どのような相談を受けるのだろうか？　学校現場でスクールカウンセラーがかかわってゆく子どもの問題行動について、主なものをいくつか挙げる。

(1)　**不登校**
　不登校とは、児童・生徒が学校を長期に欠席することである（ただし、病欠や経済的理由による欠席は除く）。子どもの心の病いを考えるうえで、とくに重要な課題の一つであり、学校現場でもスクールカウンセラーに相談が持ち込まれることが最も多いと思われる。
　文部科学省の学校基本調査では、小中学校で年間30日以上欠席した不登校の児童・生徒は、平成18年度は12万6,764人で、とくに中学校では35人に1人という過去最多で、1クラスに1人以上の割合で不登校生徒がいるという結果であった。
　日本で初めて不登校が問題になったのは1950～60年前後で、当時は「学校恐怖症」と呼ばれていた。このころの不登校は、親子関係、とくに母子関係の病理が原因として考えられていた。1960年代になると、それだけでは不登校のすべてを捉えられないという考え方と同時に、不登校の児童・生徒にはいくつかのタイプがあるという指摘がされるようになった。
　そして、1970年代頃からは「登校拒否」と呼ばれるようになった。それまで考えられてきた母子分離に葛藤のあるタイプ、集団に適応できず未熟なタイプのほかに、一見適応していながらも周りの期待に応えすぎるタイプの「優等生の息切れ型」という子どももいるということが認識されるようにな

った時期である。タイプは異なるが、子ども本人が葛藤しているのが見えるのが、それまでの不登校であった。しかし、1980年代になると、「明るい不登校」が増加した。学校に行かない以外は、家族や友人とも明るく接することができ、一見状態がよさそうに見えるが、関係がうわべだけで、なかなか心の通う関係がとれず、葛藤を自覚できない子どもたちで、治療も困難になりやすい。

このように不登校の児童・生徒数が増加し、類型が多様化していること、学校に行くことができないのが拒否ではなく、「気持ちとしては学校に行きたいのに行かれない」という心理が理解されてきたことなどから、「不登校」と呼ばれるのが一般的になったのは1990年代のことである。

不登校の背景は単一ではなく、個人病理(子ども本人の性格の問題や精神疾患の有無)、家族病理(家族関係、生い立ち)、社会病理(学校風土、いじめなどの社会問題)など、さまざまな視点から考えていく必要がある。そして、子どもの経過・心理過程についてよく知っておくことも大事なことである。

本人が学校にまったく来られない場合、スクールカウンセラーが直接会う機会は限られてしまうが、子どもの状態によっては、別室登校や家庭訪問などのかたちで面接を行なうことが可能であろう。また、保護者面接や教員からの相談というかたちでの対応も求められる。他の相談機関とは異なり、学校現場という日常の空間でスクールカウンセラーが行なう臨床活動の実際については、本書の諸事例を参照していただきたい。

⑵ いじめ

いじめは、「児童・生徒が一定の人間関係のある者から、心理的・物理的な攻撃を受けたことにより、精神的な苦痛を感じているもの」と定義される。具体的には、身体的な暴力、言葉の暴力、物品や金銭の要求、仲間外れや無視、持ち物を隠すなどのいやがらせ、携帯電話やパソコンを使っての誹謗中傷などのいわゆる「ネットいじめ」などが挙げられる。

いじめを受けた子どもは、自尊心が傷つく、情緒的に不安定になる、対人関係を困難にする、抑うつ状態になるなど、心身や生活にも影響する。最悪

の場合は自殺にまで追い込まれることがあり、深刻な社会問題となっている。

　森田・清水編『いじめ―教室の病い』によると、いじめは被害者・加害者の二者間だけの問題ではなく、被害者・加害者・観衆・傍観者の4つの層から構成され、一見無関係な観衆・傍観者も事態を促進したり抑制したりする役割を果たし、集団全体のあり方が問われるものである。スクールカウンセラーは、被害を受けている児童・生徒のカウンセリング、家族への対応など、カウンセラーとしての基本的な役割を担うことになる。また、問題が落ち着いたあとも、クラスの中に残る相互不信感などから新たな問題が発生することにも気をつけておかなければならない。被害者への対応、加害者への対応、そしてクラス全体への対応も求められるということである。

　また、緊急対応のみではなく、いじめを予防するという観点もある。スクールカウンセラーができることの一つは、教員を対象に行なう「いじめ」をテーマとした校内研修である。さらに、スクールカウンセラーは、教員と協力して、給食を子どもたちと一緒に食べる、「心の授業」という一コマを担当させてもらうなど、教室に入っていくことが可能である。そのような機会に、集団をよく見ること、クラス内の信頼関係を築くためのかかわりをすることもスクールカウンセラーがいじめ予防に寄与できることの一つであろう。

(3) 児童虐待

　児童虐待とは、保護者が18歳未満の子どもに対して、身体的虐待（殴る、蹴るなどの暴力）、ネグレクト（子どもの保護・養育を放置する）、性的虐待（子どもに性的行為や性交に及ぶ）、心理的虐待（言葉の暴力、脅しなど）の行為を行ない、子どもが安全で健やかに育つ権利を侵害することである。

　厚生労働省調べによる児童相談所での児童虐待処理件数は、平成2年度1,101件、その後増加しつづけ、平成18年度は37,343件となっている。もちろん、これまで隠されていたものがのちに表面化するケースもあるので、この増加が虐待自体の増加を示しているとはかぎらないが、虐待が増えつづけている背景に、社会状況の変化や、家庭の形の変化などが挙げられる。

　虐待を受けた子どもは、発育不全や身体的外傷のほかに、心にも大きな傷を負うことになる。それは、「基本的信頼感」の形成という、人生早期の発

達課題につまずくからである。一見問題がないように見えても、児童期・思春期、あるいはそれ以降に、虐待のトラウマがさまざまな問題行動となって現われやすい。

たとえば、自己評価の低下、暴力的な行動、自己破壊的な行動（自傷行為や自殺企図）などの心理的問題が挙げられる。また、非行、うつ状態、多動などになる確率が高いことも知られている。これらの問題行動や症状は、子どもの言葉にならない、救いを求めるサインであるという認識をもつことが大切である。

児童相談所などの専門機関で支援が行なわれている。学校の対応としては、まず早期発見に努めること、虐待を発見したら速やかに通告すること、そして関係諸機関との連携をはかることである。そのさいスクールカウンセラーが虐待の兆候を認識すること、子どもの話を聴くこと、他機関とのネットワークなど、臨床心理学の知識や技術を学校現場で提供することが望まれる。

(4) 非 行

非行とは、一般に20歳未満の青少年が法律に触れる反社会的・反道徳的な行為をすることである。犯罪を犯した14歳以上20歳未満の者を「犯罪少年」、触法行為をした14歳未満の者を「触法少年」、行為自体は犯罪触法行為ではないが性格・環境からみて将来犯罪・触法行為をする恐れがある20歳未満の者を「虞犯少年」という。

警視庁調べの戦後の刑法犯少年検挙人員・人口比の推移を見ると3つのピークが見られる。村松（2002）によると、第一のピークは1951年で、「生きるための」という動機が多く、窃盗・強盗など、背景に「貧困」がむすびついた犯罪が多かった（生存型非行）。第二のピークは1964年で、傷害・暴行・恐喝といった粗暴犯や強姦などの性非行が増加した（反抗型非行）。第三のピークは1983年で、年少少年の非行が増加し、万引きなど遊びの延長としての非行が増えた（遊び型非行）。そして、1999年をピークとして現在も進行している現代型の非行の特徴は、「ムカツク」「キレる」など個人的な感情で、その感情が周囲の者と共有困難で幼児性の強いものである。少年事件は量的に拡大し、初犯の少年が重大事件を起こす「いきなり型」が増加して

いる。
　スクールカウンセラーが学校に配置された当初、期待されていたのは不登校・いじめ対応であった。学校側もスクールカウンセラーもその認識があり、また非行少年当人の自発的意識がない場合が多いこともあり、スクールカウンセラーが非行のケースに携わることは少なかった。しかし現在は、不登校・いじめだけでなく、さまざまな問題に対応することがスクールカウンセラーに求められるようになった。スクールカウンセラーが学校で非行問題にどう取り組むかは、警察・家庭裁判所・少年鑑別所などの非行臨床と異なる側面をもっている。
　植山（2002）は、非行問題が顕在化している学校でスクールカウンセラーが担える役割として、「親や教員には言えない生徒の欲求不満の捌け口として、ガス抜き及び補助自我的機能」「緊迫した事態の中で孤立感を深めたり、疲弊したりしている教員のサポート」「共揺れし混乱する保護者のサポート」「他罰的傾向が強まり不満を持ちながらも相手に伝えられない保護者と教員の調整機能」「緊迫した事態下で手薄になりがちな内閉するタイプの生徒への対応」「外部者としての全体状況に対する認識の提示と、外部機関への援助要請や代弁」の6つの機能を挙げている。かつては敬遠されがちであったが、生活指導担当の教員と連携をとり、積極的に支援や予防に取り組むべき領域である。

(5) 発達の遅れ・偏り―LD、ADHD、高機能広汎性発達障害
　発達障害とは、大多数は脳の先天性の機能障害であると考えられており、それ以外でも比較的低年齢で生じた他の障害の後遺症によるものであると考えられている。主な発達障害について、①精神遅滞、②学習障害、③運動能力障害、④コミュニケーション障害、⑤広汎性発達障害、⑥注意欠陥および破壊性行動障害、⑦チック障害などがある。
　とくにスクールカウンセラーが学校と知恵をあわせて対応することが求められるのは、知的な遅れを伴わない発達障害の児童である。具体的には学習障害、注意欠陥多動性障害、広汎性発達障害の中でも、とくに高機能広汎性発達障害を指し、軽度発達障害と総称されることもある。

学習障害（Learning Disorders：LD）とは、知的な遅れはないが、中枢神経機能の部分的障害のため、読字、書字、計算などの特定分野が極端にできない障害である。

注意欠陥多動性障害（Attention Deficit Hyperactive Disorders：ADHD）とは、幼児期以降に不注意、過活動、衝動性といった行動特性を現わし、極度に落着きや集中力がなく、社会生活に困難が伴う。

高機能自閉症とは、自閉症の中で知的障害を伴わないもの、アスペルガー障害とは自閉症と同様の障害をもちつつも知的障害を伴わず、言語発達の遅れがないものを指す。ちなみに、自閉症（自閉性障害）・高機能自閉症・アスペルガー障害を一連の障害として、「広汎性発達障害（Pervasive Developmental Disorders：PDD）」という。PDDでは社会性・コミュニケーション・想像力の3領域に障害があり、その多くは知的障害（IQ70以下）を伴う自閉症である。

一見すると発達上の問題が見えにくいことで、本人の怠けやわがままと誤解され、「常識がない」「性格が悪い」「親の育て方に問題がある」といった非難や叱責を受けやすい。その結果、本人が周囲から孤立する、自己評価や自尊心が低くなるなど、本来の障害による困難だけでなく、二次的な情緒や行動の問題が生じることがあり、これを二次障害という。適切な対応がなされないと、児童期・思春期には不登校やうつ状態、青年期以降はそれに加えアイデンティティ形成の困難や就労の問題など、年齢を経るにつれて二次障害は深刻になる。

学校でスクールカウンセラーが児童とかかわる場合は、二次障害の緩和や軽減に重点を置く必要がある。また、教室で適応できるための工夫や配慮を、スクールカウンセラーも入って学校全体で考えることも必要である。正確な診断と今後の対応についての指針を得るためには、専門機関への紹介が必要になることが多いが、地道に、慎重に行動観察をつづけたうえで紹介することが望ましい。

⑹　自傷行為

自傷行為とは自らの体を傷つけることである。最も有名なのは手首を切る

リストカットであるが、そのほかには腕、肘、足、腹部などを切るケースもある。

自傷行為は正式な疾患名ではないが、深刻な症状である。自傷行為には伝染性があるので、とくに学校では伝染に対する配慮が必要である。

自傷の背景は子どもによってさまざまであるが、ほとんどの場合、自尊心が低く、自分のストレスをうまく言葉で表現できないことが多い。背景に虐待や不適切な養育などが潜んでいる場合もあり、寂しさや満たされなさ、空虚さ、生きている実感のなさなどを抱えていることもある。学校でスクールカウンセラーがそのような子どもに対応する場合、切る行為そのものだけでなく、このような背景をきちんと読みとれること、子どもがそれを自分の言葉で表現できることを助けることなどが必要になる。

自傷行為をする者には、境界性人格障害、うつ病、摂食障害などが疑われる場合が多いので、その点でも正確な見立てが求められる。

2　児童期・思春期・青年期の「心の病い」

これまで述べてきた問題の中で、治療が必要な心の病いを抱えているときに、スクールカウンセラーが適切な治療・相談機関へとつなげる入口になる場合がある。そして、必要な配慮・対応を学校側に伝えられるよう、それぞれの心の病いについての特性を知っておくことが求められている。

精神医学における疾病については、アメリカ合衆国精神医学会の定めたDSM-IV-Rと、世界保健機関（WHO）によって公表されたICD-10が、代表的な診断基準の一つとして使用されている。

スクールカウンセラーとして学校臨床に携わるには、これらの概念・分類・症状について、さまざまな成書から学び、現場での経験を積むことが必要である。学齢期はちょうど思春期という時期を挟んでおり、いわゆる精神疾患の好発期である。とくに高校における精神医学的問題としては、①精神病（統合失調症、躁うつ病、てんかん、非定型精神病）、②人格障害（境界性人格障害、解離性同一性障害など）、③神経症（パニック障害、強迫神経症、ヒステリー性神経症、抑うつ神経症、対人恐怖症など）、④その他、摂

食障害や睡眠障害がある。

スクールカウンセラーをめざすには、以下のような疾患についても学んでおくとよい。

(1) 内因性精神障害—統合失調症、気分障害

脳の機能など個人の素因が発病の原因と考えられているが、はっきりした原因は未だ解明されていないものである。

統合失調症は、現実と非現実の区別をつけるための現実検討能力の障害を最大の特徴とし、思考・知覚・自我意識・意志・感情など、多彩な精神機能の障害がみられるもので、2002年までは「精神分裂病」と呼ばれていた。

妄想や幻覚を「陽性症状」、支離滅裂な会話や行動を「解体症状」、感情が鈍くなり、ひきこもりや自閉がみられるのを「陰性症状」という。思春期〜青年期が好発期であるが、小児期の発症も稀ながらあることが報告されている。薬物治療が中心となるので、早急に医療機関と連携をとる必要がある。治療は、抗精神病薬を用い、幻覚や妄想、あるいは不安や興奮を抑える。症状は落ち着いたが、意欲減退や感情が鈍くなるなど陰性症状が目立ってきた場合には精神療法やリハビリテーションで社会能力の低下を防ぐ治療法が行なわれる場合がある。

気分障害は、気分の高揚ないし抑うつといった気分や感情の変化を症状とするもので、躁病、双極性障害(躁うつ病)、うつ病に分けられる。躁うつ病の場合は、躁状態とうつ状態を繰り返し、自分でコントロールできなくなる。治療は、うつ状態のときは抗うつ薬を、躁状態のときは抗躁薬を使用する。薬の効果が比較的出やすい病気であるが、再発することもある。病気に振り回されず、本人が自覚してうまく病気をコントロールできるような支援が望まれる。

うつ病の場合、抑うつ気分、意欲の減退、集中力と注意力の減退、睡眠障害、罪悪感が特徴で、それらが数週間から数カ月以上つづき、日常生活に支障が出る。かつては大人の病気とされていたが、思春期以降からみられるようになった。子どものうつ病の特徴としては、「気分が落ち込む」ではなく、「何となく調子が悪い」「頭やお腹が痛い」「だるい」というように体の異常

として訴えてくることが多い。治療は抗うつ薬によって行なわれる。時間はかかるが、適切な治療を受ければ治る病気である。

　未治療のまま放置しておくと悪化するが、きちんと服薬し、無理のない生活を送るよう心がければ、大きな破綻なく学校生活を過ごすことができる。病状によって入院が必要な場合、あるいは学校をしばらく休ませて精神的にも肉体的にも治療に専念させることが必要になる場合もある。それが本人にとって苦痛となる場合もあるので、入院や休養を勧める場合、学校を休むことに本人が罪悪感を抱かずにすむ配慮、学校へ復帰するさいに快く受け入れられるような環境を整えることが大切である。経過が長期にわたることが多く、状態が変化することもあるので、スクールカウンセラーは医療と連携をつづけられるとよい。

⑵　人格障害

　人格障害とは、その人のもっている人格、つまり、ものの考え方や行動が平均の範囲から大きく偏っていて、本人が苦しんだり、社会生活に適応できなくなったりするものである。他の精神障害と比べて慢性的であり、全体としての症状が長期にわたり変化しないことが特徴である。病因は解明されていないが、人格の形成期における家庭内環境や文化の価値基準などの環境要因が、本人のもつ気質的な要因とあいまって表面化するといわれている。中枢神経の障害、神経伝達物質の異常などのかかわりも指摘されている。

　人格障害は最も目立つ性格行動の傾向によって、分裂病質人格障害、境界性人格障害、演技性人格障害、自己愛人格障害、反社会性人格障害、強迫性人格障害、回避性人格障害、依存性人格障害などに分類される。青年期以降に始まることが多いが、人格の偏りは児童期〜思春期に顕在化していることが多い。

　人格障害で中心となるのは「境界性人格障害」であり、一般人口の1〜2％にみられるとされている。感情の不安定さ、慢性的な空虚感、結果を考えない衝動的な行動、自分を傷つける行為や自殺企図などの危険な行為、基本的な信頼感に乏しく、絶えず愛情飢餓感にさいなまれるなどの特徴をもつ。

　学校で人格障害の特徴を示す児童・生徒とかかわる場合、スクールカウン

セラーは対応のポイントを日頃からよく知っておくことである。そのポイントを教員や保護者に伝えられるとよい。すなわち、受容はするが、どこまでも望みどおりにするのではなく、叱ることもするが見捨てるわけではないという、程よい距離を保ち、決して振り回されないというかかわりである。学校という日常の場で、一定のルールと限度の中で際限のない愛情欲求を満たし、本人の力で適応に向かえるような支援が望まれる。スクールカウンセラーが継続的に面接を行なう場合、本人が自己理解できるような援助も望ましい。人格を完全に変えるということはむずかしいので、自分の特徴をよく知りながら、よりよく生きていくことをめざすのである。

　感情のコントロールができず衝動的な行動が著しくなること、逆に抑うつ的になること、一過性に精神病に近い状態になることもある。必要に応じて医療機関への紹介を行なうことが望ましい。

⑶　神経症

　神経症とは、心因性に発現する障害で、その心的過程が了解可能である。病識があり人格も保たれているが、強い不安を内包している。DSM-Ⅲ以降、記述的な診断基準により、「神経症」という言葉を使わず、「不安障害」「全般性不安障害」「解離性障害」などの用語が使われるようになった。

　不安障害には、パニック障害、全般性不安障害、社会不安障害と特定の恐怖症、強迫性障害が含まれる。パニック障害では、なんの脈絡もなく突然不安に襲われ、その不安により身体症状を引き起こす。成人の場合は、頻脈・息苦しさから「死ぬのではないか」という恐怖を感じることがあるが、子どもの場合はそこまで明確な自覚症状がない。単に不安感と共に息苦しさや腹痛が起こるという心身症的な症状であるが、それが原因となって学校へ行けなくなるという事例もある。強迫性障害は、自分でバカげているとわかっていても、意思に反して心に浮かぶ強迫思考にとらわれ、それに基づく行動をやめられなくなるものである。幼児期から児童期に発症する場合もあるが、子どもの場合は、不合理であるという意識をもちにくい。また、不安を十分に処理できないため、親など周囲の人を巻き込みやすい傾向がある。年齢が低いほど強迫行動が、年齢が高いほど強迫観念が前面に出る。

身体表現性障害には、身体化障害、転換障害、心因性疼痛などが含まれる。身体症状を訴えるが検査をしても異常が見つからず、精神的な原因で身体症状が出現していると考えられるものである。この場合、病気の症状は心のサインとして受けとり、症状の背景にある寂しさや不安に目を向けることが重要である。ストレスにより頭痛や腹痛を訴えるという事例を含めると、不登校児童の2割近くに身体化障害や転換性障害の傾向をもつ児童が存在するといわれている。

　解離性障害には心因性健忘や多重人格などが含まれる。意識や記憶の連続性が途切れることを解離と呼び、器質性や中毒性など他の病因によらず解離を反復する状態である。強い精神的ストレスやトラウマが背景にあることが多い。

　神経症全般の予後は自然によくなるもの、言葉の援助で改善するもの、服薬治療の必要なものなど、さまざまである。よって、治療も多岐にわたる方法の中から必要なものを選択する。学校や家庭など、児童をとりまく環境の中で、調整可能なものは調整する。スクールカウンセラーが丁寧に話を聴き、カウンセリングを継続することも内的な葛藤を解決する手助けになる。完全に守られた枠の中で心理療法を行なう必要性、補助的手段として薬物療法の必要性がある場合は専門機関を紹介することになる。

3　学校でしかできない指導や配慮

　スクールカウンセラーには、児童期・思春期の心の病いについて幅広く知識をもち、学校で児童・生徒の面接や行動観察をとおして、あるいは教員から見たふだんの教室での様子や保護者から聴取した生育歴などの情報から、その児童・生徒について素早く、正確に見立てをすることが求められる。とくに服薬治療や療育が必要な病気である場合は、専門機関との連携ができるようにしておきたい。

　しかし、本人や保護者の抵抗が強く、なかなか受診へと至らないことも多い。外部の専門機関では本人と保護者が来所したときに初めて話を聴くことになる。そこにたどりつくまで、保護者が子どもの問題についてある程度受

け容れるようになるまで悩みや迷いに沿うことができるのは、スクールカウンセラーならではの仕事ともいえるだろう。だからこそ、スクールカウンセラーとして保護者に専門機関を勧める場合、親が子どもの病気や障害を受容するのは簡単なことではなく、ある程度の時間を要することを知っておくべきである。

　専門機関への紹介が必要ということは確かであっても、学校で「病気や障害だから専門機関に任せておけばいい」と考えることは危険である。児童・生徒が心の病いを抱えている場合、日常の場である学校でしかできない指導や配慮の仕方がある。児童・生徒の抱える問題と障害の特性を捉えながら、スクールカウンセラーが教員と一緒に学校でできる配慮を考えていけるようになることが望まれる。

［参考文献］
Alvin E.House（2002）：DSM-IV Diganosis in the Schools-updated 2002. The Guilford Press.（上地安昭監訳（2003）：学校で役立つDSM-IV　DSM-IV-R対応最新版　誠信書房）
森田洋司・清水賢二編（1994）：いじめ―教室の病い　金子書房
村松励（2002）：少年非行―最近の動向　臨床心理学，2(2)，pp.154-162．金剛出版
植山起佐子（2002）：非行とスクールカウンセリング　臨床心理学，2(2)，pp.184-189．金剛出版
山中康裕（1999）：精神医学的問題行動への対応　小川捷之・村山正治編　心理臨床の実際　第2巻　学校の心理臨床，pp.143-176．

　　　　　　　　　　　　　　　　　　　　　　　　　　（板橋　登子）

2-4　学校における心理検査

1　心理検査とは

　児童・生徒の心を知るための方法の一つに心理検査がある。
　さて、「心理検査」というと、どのようなものを思い浮かべるだろうか。雑誌やインターネットには、つねに新しい「性格テスト」や「心理テスト」が紹介されている。最近では、「脳年齢」を測定できる検査がゲームとして発売され、ブームになっている。このような検査と、ここでいう心理検査との違いはどこにあるのだろうか。
　スクールカウンセラーなど心理臨床に携わる専門家が使う検査は、多くの人のデータをもとにした統計的な基準が示されていたり、繰り返し使われることで検査の有効性が経験的に確認されてきたものである。この点が、雑誌などで取り上げるゲーム感覚の検査と違う点といえる。
　心理学では、知能や性格を知るために用いられる検査を総称して「心理検査」と呼ぶ。ここでは、心理検査の歴史を振り返ったあとに、心理臨床の専門家が使う検査の中でも児童・生徒に対して使われる検査について紹介する。なお、ここで紹介されている項目例や事例は、すべて架空のものである。

2　心理検査の歴史

　初めて心理検査をつくった人は、フランスの心理学者であったビネ(Binet, A.)といわれている。ビネが登場する19世紀以前にも、人間の「頭のよさ」の測定を試みる者は多かった。しかし、感覚や反応時間、握力の測定や、頭蓋骨の大きさの測定によって頭のよさを説明することが主流で、現在の知能検査とは大きくかけ離れたものであった（佐藤，1997）。

ビネは、能力に適した教育を行なうために知的障害児を選別する方法を模索し、1905年に知能検査を発表した。ビネの知能検査は、何かを新しく開発したものではなく、使われてきた問題を寄せ集め、簡単な課題からむずかしい課題へと並べたものであった。そして、正答する項目によって、被験者の知能を「精神年齢」のかたちで表記した点が画期的であった。ビネの知能検査は、賞賛と同時に批判を浴びつつ、世界各国に紹介された。

　第一次世界大戦時には、人材を効率よく選別する目的で集団知能検査が開発された（高石、1992）。1921年には、スイスの精神科医ロールシャッハ（Rorschach, H.）が、偶然できあがったインクのシミを刺激に使って、精神病患者が図版から何を見いだすかを実験した。この検査は「ロールシャッハ・テスト」と呼ばれ、投影法による性格検査の代表となった。その後、1945年には「PFスタディ」、1949年には「バウムテスト」が発表された。これらの検査は現在でも広く使われている。

　なお、「樹木画テスト」や「ロールシャッハ・テスト」などの投影法の検査については、検査発表当時と比べて施行方法の変更は少ない。しかし、知能検査や質問紙法による性格検査は、時代に合うように、必要に応じて改訂版がつくられている。心理検査を実施する場合には、できるかぎり新しく改訂された版を用いることが、正確な判定を行なう上での必要条件となる。

3　知能検査

　知能検査とは、知的能力や認知機能を客観的に捉えるための検査である。検査は、検査者と被験者が一対一で行なう個別式検査と、集団で受験する集団式検査に分けられる。現在、知能を測定するための検査として使われている「ウェクスラーベルビュー知能検査」と「ビネー式知能検査」は、共に個別式知能検査である。検査時間が1時間～2時間と長時間にわたり、検査者が検査施行や解釈に習熟する必要があるため、児童相談所や教育相談、病院などの専門機関で使われることが多い。

　「田中ビネー知能検査」は、ビネー式知能検査の日本改訂版の一つである。課題は難易度順に構成され、通過した課題によって精神年齢が示される。さ

らに、次の式を使って、生活年齢と精神年齢の比から知能指数（IQ）が算出される。

知能指数(Intelligence Quotient：IQ)＝精神年齢(Mental Age：MA)／生活年齢(Chronological Age：CA)×100

なお、2005年に改訂された「田中ビネー知能検査Ⅴ」では、同年齢集団の中での相対評価としてDIQ（偏差知能指数）が算出される。成人級の問題については「結晶性領域」「流動性領域」「記憶領域」「論理推理領域」の4つの領域から、被験者の知能を分析的に診断することが可能である。

「ウェクスラーベルビュー知能検査」は、言語性検査と非言語性検査から構成される検査で、5歳から16歳まではWISCⅢ（ウイスク）、16歳以降はWAISⅢ（ウエイス）が用いられる。全検査IQのほかに言語性検査IQと動作性検査IQ、4つの群指数が、それぞれ同年齢集団の平均を100として算出されるため、集団における相対的な被験者の能力を把握しやすい。また、同じ種類の検査課題（下位検査）ごとに、プロフィールとして評価点が図示されるため、被験者個人の得意な能力と不得意な能力を見ることができる。

検査内容は、たとえば言語性検査では「朝ごはん」「やきもち」といった単語の意味を説明する課題や、「宿題を家に忘れてきたことに気付いたらどうしたらよいか」など、常識的判断を問う課題がある。言葉の理解や、言葉を用いた表現が得意な児童・生徒、聴覚的記憶が優れた児童・生徒は、言語性検査の得点が高くなる。動作性検査には、積木やパズル、絵の中の欠けている部分を指摘する課題などがある。いずれも言葉を必要としない課題であり、正答数と共に、課題への取り組み方や答えるまでの時間から被験者の非言語的な能力を推定する。非言語性検査からは、論理的に考える能力や、部分と部分の関係から全体を見通す能力、絵や図から物事を理解する能力、素早く的確に行動に移す能力が把握できる。

4　性格検査

　性格検査とは、情緒や適応能力、態度、欲求、興味、精神病理などを知るための検査の総称である。性格検査は、多くの質問項目から被験者が自分に当てはまる回答を選び、その回答の集計から被験者の性格を推定する質問紙法、曖昧な刺激に対する被験者の自由な反応から被験者の性格を推測する投影法に分けられる。

(1)　質問紙法

　数多くの質問紙法にある心理検査の中で、児童・生徒に用いられる検査としては「矢田部ギルフォード性格検査（YG性格検査）」と「東大式エゴグラム（TEG）」があげられる。

　「矢田部ギルフォード性格検査」は、120項目の質問への回答から、被験者の性格特性が判定される検査である。性格特性は、12の特性（抑うつ性、回帰性、劣等感、神経質、客観性の欠如、協調性の欠如、愛想の悪さ、一般的活動性、のんきさ、思考的内向、支配性、社会的内向）に分かれており、回答の集計結果からプロフィールが描かれ、5つの型に判定される。項目が多いために検査の施行には30分程度かかるが、集団で実施することが可能である。

　「東大式エゴグラム」は、交流分析の考えに基づいてつくられた心理検査である。50項目の質問への回答を集計し、被験者の自我の状態を「批判的な親：CP」「保護的な親：NP」「大人：A」「自由な子ども：FC」「順応した子ども：AC」の5つに分けて捉える。結果は、プロフィールと、プロフィールの形から判定されたパターンによって示される。

　質問紙法は、統計的なデータをもとに作成された検査であり、だれが行なっても一定の水準で結果を処理し、解釈できる長所がある。その意味で、質問紙法は客観的な心理検査といえる。また、いくつかの選択肢から自分に当てはまる回答を選ぶため、消極的な児童・生徒にとっては、自由な回答を求められるよりも取り組みやすいこともある。

質問紙法の短所は、被験者が自分に当てはまるかどうかを意識して回答するため、結果が歪む可能性をもつことである。たとえば、「自分をよく見せたい」と思う児童・生徒が検査を受けた場合、本来の姿と違う「理想の自分」が結果として示されることがある。また、質問紙法では、質問項目を正確に理解したうえで回答する必要がある。そのため、言葉が十分に発達していない児童や、知的な弱さをもつ生徒にとっては、項目を理解できず、結果が歪むことがあるので注意する必要がある。

⑵　投影法

　児童・生徒に対して簡便に用いることのできる投影法の検査としては、「文章完成法テスト（SCT）」「PFスタディ」「描画検査」があげられる。

　「文章完成法テスト」は、書きかけの文につづけて被験者が文章を書き入れる検査である。たとえば、「私の家族は　　　　　」「もし出来るならば私は　　　　　」「私がかなしいのは　　　　　」といった刺激文につづけて、下線の部分に、被験者が自由に自分の思うことを記入する。解釈に決まった見方はないが、記入されている内容などから、被験者の知的能力、情緒や葛藤、自己像、家族との関係、対人関係などを推測することができる。

　「PFスタディ」は、欲求不満を感じる24場面の絵を見せて、被験者がセリフを吹き出しに記入する検査である。たとえば、学校で先生から「なぜ友達をぶったんですか」と責められる場面や、お店で親から「買ってあげません」と言われる場面などのストレスを感じる状況が提示され、どのように答えるかを被験者が自由に書き入れる。回答は、だれに向けられた言葉か、欲求不満を表現するか我慢するかの2つの方向から整理され、被験者のストレス処理法やストレスへの耐性が推測される。約半数の場面では、一般的な答えが設定されているので、ストレス状況で一般的な対応ができるかどうかという観点から、被験者の集団への順応性を知ることが可能である。

　「描画検査」とは、被験者が描いた絵から、被験者の心の状態を知る検査法の総称である。よく知られている描画検査としては「樹木画テスト（バウムテスト）」「HTP」「風景構成法」が挙げられる。

　「樹木画テスト」は、四ツ切りの画用紙に、鉛筆を使って、木を1本描く

検査である。描画には被験者の無意識が投影され、画用紙は被験者の置かれている環境を、樹木は被験者自身を表わすと考えられている。筆圧や描線の強弱、画用紙内の樹木の位置、樹木の幹や樹冠、枝や葉の状態、実や花の有無などから、被験者の情緒、知的能力、衝動、発達、他者とのかかわり方などが解釈される。精神的な病気の有無についても大雑把に把握できる検査といわれている。

「HTP」は、3枚の画用紙に、①家屋画、②樹木画、③人物画の順番で、鉛筆を用いて絵を描く検査である。樹木画については「樹木画テスト」と同じように解釈されることが多いが、家屋画からは被験者の家庭状況が、人物からは対人関係が見立てられる。「樹木画テスト」「HTP」といった描画検査では、描画についてのイメージを被験者に聞き、そのイメージも含めて被験者の心の状態を解釈する。

「風景構成法」は、精神科医の中井久夫が箱庭療法から着想を得て考案したものである（山中，1984）。この検査では、検査者が囲った枠の中に、指定されたアイテムを被験者がペンで描き入れて彩色し、全体として一つの風景になるように仕上げる。他の描画検査では、題材以外は被験者の自由にゆだねられるが、この検査では枠の中に風景をつくるという課題が明示されているため、不安の強い被験者にとってはとりかかりやすい検査といえる。また、描画全体のバランスから、被験者の空間構成力を推定できる点が優れている。

投影法の長所は、被験者が言葉で表現できないことや、意識できない無意識の世界を理解できることである。質問紙法と違って、被験者が意図的に回答を歪めることはむずかしく、被験者の本来の姿を捉えることが可能である。また、描画検査は、言葉を用いた表現がむずかしい児童や知的な問題をもつ生徒から多くの情報を得ることができるのも大きな利点である。

投影法の短所は、知能検査や質問紙法のように採点の基準が明示されていないため、解釈が検査者の主観に左右されやすいことがあげられる。とくに描画検査では、解釈が検査者の直感にゆだねられることが多く、人によって異なった解釈が示されることもある。また、子どもは素直に絵に取り組むことができても、大人になるにつれて絵を描くことを恥ずかしいと感じ、真面目に取り組めない人も多い。以上の限界があることを十分に考慮したうえで、

検査を用いる必要がある。

5　心理検査の実際

　これまで述べてきたように、心理検査では検査によって測定できるものが異なる。たとえば、知能検査では被験者の知的能力や認知機能を、質問紙法では意識できている被験者自身の姿を、投影法では無意識の姿をみることができる。そのため、心理検査を使って被験者を理解する場合には、いくつかの異なった側面を測定する検査を組み合わせ、多面的・総合的に理解するように努めることが必要である。このような検査の組み合わせはテストバッテリーと呼ばれる。
　ここで、テストバッテリーを用いた二つの事例を見てみたい。

[事例１]　友達に暴力をふるうＡちゃん
　Ａちゃんは、小学校２年生の女の子である。とても明るい女の子だが、ここ３カ月ほど学校で友達に乱暴をしたり、腹痛で遅刻することがあったため、担任の先生がスクールカウンセラーに相談をもちかけた。カウンセラーは、友達と相談室に遊びに来たＡちゃんと話をしたり遊んだりしたが、ふっと寂しそうな表情をする以外には、他の子ととくに変わったところのないように感じた。
　「心と気持ちって一緒？」とＡちゃんの友達が尋ねたことをきっかけに、カウンセラーは絵や文を使った心探しゲームをすることを子どもたちに提案した。そして、カウンセラーが質問することについて、子どもたちが絵や文で答えるゲームの一貫として、HTPとSCTを実施した。このようなゲームの中で、Ａちゃんは、ドアのない小さな家屋画と、大きく茂った樹冠とリスの棲むウロのある樹木画、年相応の元気な女の子の人物画を描いた。SCTでは、「友達と　学校がえりにあそびます」「学校では　たいいくがたのしみです」「大人になったら　ケーキやさんになりたいです」など、元気で学校を楽しみにする様子が表現されたが、その一方で、「お父さんは_____」「弟は_____」など、家族に関する項目では回答できな

いことが目立った。カウンセラーは、Aちゃんが家族のことで悩んでいるのではないかと考えた。

後日、腹痛を訴えるAちゃんへの対応について相談に来たAちゃんの母親に、心探しゲームの中からカウンセラーが感じたことについて伝えた。そして、家庭で何か困ったことがないか話を聞いた。すると母親は、自分が病気がちな弟の世話にかかりっきりになっていること、お父さんは仕事が忙しく家にいる時間が少ないこと、そのためAちゃんは家では一人で遊んでいることを話された。また、友達から家族のことをしつこく聞かれたり、家族と過ごした休日を自慢されると、「言わないでほしい」と言えずに、つい乱暴をしていたことが理解された。カウンセラーは、Aちゃんと親に〈Aちゃんは、おうちで寂しいこともあるんだろうね。お友達のことは好きだけども、おうちのことをたくさん聞かれたり自慢されると、つい悲しくなったり、イライラしちゃったりするんだろうね〉と伝えた。カウンセラーから説明を受けた学校の先生も、Aちゃんや友達の様子を注意して見守るようになった。それ以降、Aちゃんが友達に乱暴をすることはなくなり、腹痛も消え、Aちゃんは学校へ楽しんで通うようになった。

[事例2] 学校を休むようになったB君

B君は中学校2年生の男の子である。成績は中程度だが、少し不器用で体育や音楽が不得意なところがある。ふだんは穏やかなタイプだが、友人や先生に対して嘘をつくことがあり、そのために友人関係がうまくいかなくなった。嘘をついたことを友人から責められたのをきっかけに、学校を休むようになった。

学校の先生のすすめで教育相談を訪れたB君は、「B君がどんな人か一緒に知ってみましょう」と説明を受けたうえで、WISC III、TEG、PFスタディ、樹木画テストの心理検査を受けた。WISC IIIからは、全体的な知能は平均程度の水準であるものの、言葉に関する知識は豊富であるのに比べて動作を用いた課題が不得手なこと、とくに与えられた絵から話の流れを推測することがむずかしいことがわかった。

TEGやPFスタディでは、自分の気持ちを我慢して相手に合わせること、

ストレスがあると自分を責める傾向をもつことが理解されたが、PFスタディでは奇妙な回答が目立った。たとえば、人にぶつかって怪我をさせたと責められる場面では「じゃあ、警察を呼んで目撃証言を探してから考えましょう」と回答したり、借りたゲームをなくしたと謝罪をうける場面では「どうもお疲れさまです」と答えたり、友達が自分の悪口を言っていたと伝えられる場面では「それなら今度一緒に遊びに行こうよ！」といった回答があった。樹木画テストでは、用紙の中央に、枝を手のように広げた樹木を描いた。

　これらの4つの検査から総合的に判断すると、B君は自分の気持ちを我慢して他人に合わせ、自分を責める傾向が強いので、ストレスを溜めやすい性格の持ち主と考えられた。知的能力は平均程度なので学習面で目立った問題はないが、さまざまな場面を直感的に理解し、その状況に合った適切な対応をすることが苦手なところがある。このような苦手な側面を考慮すると、独特の不器用さや、友人とうまくやっていけないところは、B君が発達的な問題をもっているためかもしれない。B君は得意分野である言葉を使って状況を理解できないままに言い訳をして、それが周りの人にとっては「嘘」と思われ、関係の悪化につながっていると、心理検査からは推測された。

　この後、B君は、病院の発達障害専門外来を受診して、長い時間をかけて問診を受け、アスペルガー障害と診断された。B君や両親と共に、学校の先生も担当医から説明を受け、学校としてのB君への対応を考え実践することになった。その後、B君は学校を長く休むことはなくなり、中学校3年生になるころには毎日通えるようになった。

6　心理検査についての注意点

　心理検査は、被験者の心の状態を「検査」という道具を通して客観的に理解できるという大きな利点がある。カウンセラーが子どもに会ったときに感じた印象や、家族や学校の先生から得た情報とは異なる多くの情報を、心理検査は提供する。

　しかし、便利な道具だとしても、使い方を誤ると被験者の心を深く傷つけることになりかねない。とくに学校の中でカウンセラーが心理検査を使用す

ることは論議が分かれる問題である。カウンセラーによっては、児童・生徒の生活場面である学校では「検査」は行なわず、必要な場合には外部の機関を訪れるよう児童・生徒や親にすすめる方針の者もいる。それでも、相談機関へ行くことを親や児童・生徒が拒否したり、家庭に医療機関を受診するだけの経済的余裕がない場合には、カウンセラーが心理検査を行なうこともあるだろう。学校の中でカウンセラーが心理検査を実施する場合は、児童・生徒との信頼関係（ラポール）をつくったうえで、児童・生徒本人や親に対して十分に説明をする必要がある。ラポールが築かれず検査の目的が説明されないままに検査がすすめられれば、児童・生徒は「質問攻めにされた」と感じて二度とカウンセラーに会いたくないと感じるだろう。

　また、心理検査の結果を学校や親に伝えるときには、子どものよさも十分に伝え、検査結果から導かれる具体的な対処法を提案する必要がある。たとえばIQの値だけを伝えて、「この子は能力が足りないから」とレッテルを貼るように検査を利用する伝え方は避けるべきである。むしろ、〈この子は場面の空気を読むことは苦手ですが、言葉を使って自分を表現することは得意です。いまどのような状況にあるのか、何が必要なのかを言葉で説明してあげるとわかりやすいでしょう〉などと、対処法も含めて説明するほうが、がんばって検査に取り組んだ被験者への利益につながると思う。

［参考文献］
佐藤達哉（1997）：知能指数　講談社
高石浩一（1992）：臨床心理アセスメント技法　氏原寛他編　心理臨床大事典, pp.428-432．培風館
山中康裕編（1984）：中井久夫著作集　別巻(1)　H・Nakai風景構成法　岩崎学術出版社

（鈴木　朋子）

2-5　スクールカウンセラーの姿勢と態度

1　スクールカウンセラー事業のあらまし

　これまで、スクールカウンセラーに必要であると考えられる基礎知識について取り上げてきたが、ここでは、カウンセラーが学校という現場で機能するにあたっての姿勢と態度について考えていきたい。
　まず、スクールカウンセラー事業について簡単に述べることにする。
　いまや周知のものとなりつつあるスクールカウンセラーは、「いじめ」や「不登校」などの問題に対する関心、危機的認識の高まりを受けて、1995（平成7）年度より文部省（当時）の「スクールカウンセラー活用調査研究委託事業」としてスタートしたものである。外部の専門家として、臨床心理士が学校現場に配置され、「こころの専門家」としてその能力を発揮してきた。当初、全国154校の公立小学校・中学校・高校に配置されたスクールカウンセラーは、調査研究委託事業としての最終年度であった2000（平成12）年度には全国2,250校に配置されることとなった。
　2001（平成13）年度からは、全国の中学校にスクールカウンセラーを計画的に配置するという目標で「スクールカウンセラー活用事業補助」が開始された。実績を重ね、スクールカウンセラーの配置は拡大しており、2006（平成18）年度には、全国の公立中学校のうち7,692校（76.0％）、また小学校には1,697校（7.6％）、高校には769校（19.5％）となっている。スクールカウンセラーへの期待は増し、同時に責任の重さも増しているといえるであろう。
　スクールカウンセラーの職務は、文部省（当時）の実施要項によれば、
　①児童生徒へのカウンセリング
　②カウンセリング等に関する教職員および保護者に対する助言・援助
　③児童生徒のカウンセリング等に関する情報収集・提供

④その他児童生徒のカウンセリング等に関し各学校において適当と認められるもの

とされている（平松，2004）。また、文部科学省の事業は公立学校に関するものであるが、私立学校にもカウンセラーとして臨床心理士が配置されてきていることを付け加えておこう。私立学校では、その採用は各校によるものであるが、カウンセラーは公立校のスクールカウンセラーのはたらきに準じて、さらにそれぞれの校風や教育理念、教育方針などに適って機能できるよう努めている。

2　スクールカウンセラーのスタンス

(1) 学校現場に適合する有効な支援

　さて、そのスクールカウンセラーのスタンスとは、どのようなものであろうか。学校という現場の特殊性を含めて述べることにしたい。

　馬場（2002）は「学校臨床心理学」の定義として、「児童・生徒と教師の直面する心理的諸問題と、それらを生み出す学校の組織と集団のもつ諸問題を、臨床心理学の立場から解明し、それらを解決するための有効な方法と、適切な対応の仕方を探っていく学問」と述べている。学校には学校現場ならではの特徴や特殊性があるため、既存の臨床心理学の理論や技法をそのまま適用するのではなく、学校現場の特殊な状況や問題に適合する有効な支援の技法を考えていく必要がある。児童・生徒の健康な心の発達をサポートすべく、学校現場をよく理解し、広い知識と柔軟性をもって、その学校に即して機能できるようにしたいものである。

　まず、人として「学校」という世界に入っていくこと、その学校の一員として動くことが重要である。スクールカウンセラーがその専門性を発揮することはもちろんのことであるが、とくに教職員と"チーム"となって児童・生徒の心にかかわっていくためにも、まずは教職員とのよい人間関係・信頼関係を築くことが肝要なのではないだろうか。いわば"聖域"の学校に、外部の専門家が入るということはたいへん画期的なことであろうし、教員にしてみればカウンセラーとはどういう人なのか、何をしてくれるのか、どのよ

うに活用したらよいのか、明確にならないままカウンセラーを迎えることになる場合もあろう。それぞれの学校の状況に応じて、まずは学校のスタッフの一員として受け入れられるよう心がける必要がある。公立学校と私立学校、そして採用の形態によっても可能性は異なるかもしれないが、具体的には学校組織・校務分掌に入ること、学校行事への参加などが考えられる。

(2) "異質性"を発揮する

さて、このような学校という環境に、カウンセラーは「外部性」をもった存在として入っていく。「外部性」とは、教員とは異なり成績の評価などを行なわない第三者的な存在であること、また児童・生徒、教員、保護者のそれぞれにとって公平な第三者的立場であるために相談しやすいといった特性である（平松, 2004）。すぐに答えや結果が求められる学校という現場で、どのように機能していくべきか、教員とは異なるスタンスにもふれて考えていくことにしよう。

鵜養（2001）は「教師とスクールカウンセラーの果たす心理的役割の可能性」について、以下のように示している（表1）。

表1 教師とスクールカウンセラーの果たす心理的役割の可能性

(鵜養（2001）より抜粋)

職種	心理的役割の可能性					
教師	枠付け	指導	牽引	分離	男性機能	父性性
SC	橋渡し	消化	後押し	繋ぎ	女性機能	母性性

鵜養によれば、「大方の教師の果たす心理的役割は、具体的・現実的な指導を軸に動く」もので、これは「教師の専門性であり、教員養成過程の訓練の賜物」だとされる。「じゃあ、"どうすればよい"と『短絡的に具体的な手だてに走る一般的特徴』は、児童生徒に、わかりやすく発達課題を、具体的・現実的な学校生活の日常の中で明白に切り取って呈示する教育技術＝養成過程で身につけた専門性に基づいている」のである。また、教員は「『待てない』のではなく、学校で日常茶飯におきてくる『緊急事態に即応して敏速に対応する』訓練を受けてきただけである」とも述べている。

スクールカウンセラーは、ともすると違和感や疑問を抱くかもしれない、教員の具体的な手立てや、答えや結果をすぐに求めるというような教員のスタンスを理解し、受け入れたうえで"異質性"を発揮すべきなのではないだろうか。

　また、教員は児童・生徒の"評価"をしなくてはならないが、スクールカウンセラーはそれとは離れたところで彼らとかかわることができる。学校である以上、児童・生徒たちにとって"評価"は避けて通れないものではあるが、そんな中での"評価されない相手"の存在は、彼らにとって新鮮であろうし、大切なものとなるのではないかと考えられる。スクールカウンセラーは、児童・生徒が（意識的・無意識的に）発するものを全身全霊をこめて聴き、受け止める。問題の原因追及をするよりも、まず目の前にいる児童・生徒を受け入れ、理解し、かかわり方を模索するという姿勢が重要なのである。これらが、心理職の基本的姿勢でもある「中立」「傾聴」「受容」「共感」といえるであろう。

　相談室という、学校の中にありながら教室とは違う空間で、教員とも家族とも違う存在となり、児童・生徒たちにとっての「逃げ場」的役割を担うことができたら……と考える。学校内で、家庭で、それぞれの場で、さまざまな人間関係をもつ彼らには、彼らなりに"抱えているもの"がある。それらがどのようなものか、その重さはそれぞれであろうが、そんな児童・生徒たちがまずはホッと安心できる場でありたい。

⑶　教員・保護者・外部機関との「連携」

　スクールカウンセラーのはたらきについて述べるにあたって忘れてはならないことは、教員・保護者・外部機関との「連携」である。学校現場の臨床において、とくに教員との連携はなくてはならないものであろう。その実際についてはのちに詳述するが（第5章）、ここでも取り上げておきたい。

　児童・生徒にかかわるさい、スクールカウンセラーは担任の教員をはじめ、管理職（校長・副校長・教頭など）との連携をとる。学校組織のどちらに配置されるかにもよるが、スクールカウンセラーが属する管理職や教育相談部門などの教員とも密接な連携をもつことが必要だと考えられる。担任（や関

係の教員）からよく話を聴き、児童・生徒に対するスクールカウンセラーの理解・見立てを伝え、どのようにかかわっていくつもりであるかを伝える。担任とスクールカウンセラーが共通理解をもち、児童・生徒へのかかわりについて同じ方向を向くことが重要である。

(4) 相談者の秘密を守る

　ここで特筆すべきは守秘の問題である。カウンセリングを行なうさい、相談者の秘密を守ることは大原則であるが、それを頑なにつらぬこうとすると学校現場では機能できなくなってしまうことがある。そこで、学校現場ならではの「チーム内守秘義務」というスタンスがある。スクールカウンセラーは学校におけるチームの一員として児童・生徒にかかわっているため、その守秘については「個人内守秘義務」ではなく、「チーム内守秘義務」または「集団守秘義務」を負うことになるのである（長谷川, 2001）。チーム内で秘密を守るという意識を高め、徹底させたうえで、必要な情報を共有するのである。そのさい、「守秘」についての意識・認識は、ときに教員とスクールカウンセラーとでは異なる場合があるので、細やかな配慮を得られるよう、努めたいものである。もちろんこれは、スクールカウンセラーが得たすべての情報を提供すべきだというのではなく、連携にあたり必要と判断した情報を提供・共有するということである。先にも述べたような教員との信頼関係が築けていれば、これはそれほど困難なことではないのではなかろうか。

3　スクールカウンセリングの実践

(1) "黒衣"の役割

　実際の学校現場でスクールカウンセラーは、病院臨床などの個人心理療法の場とは異なるかかわりをもつ。たとえば病院臨床でも他職種との連携をとることになるが、医師にしてもコメディカルスタッフにしても、一人の患者さんについて、共通の"基盤"を共有し（治療方針などの共通理解）、同じ方向を向いている感触を抱くことが多い。これに対して学校では、外部性や異質性を実感する経験をすることになるのではないだろうか。先に述べた

"聖域"に、突如、いわば"畑違い"の者が、ほとんどの場合一人で入っていくわけで、そしてそこで行なう臨床活動は、個人心理療法のように「枠」で守られることは少ないのである。自らが入った現場の状況をよく理解し、それに沿って可能な心理的援助を行なおうとする姿勢が重要となろう。

　スクールカウンセラーは、児童・生徒を中心に保護者、教員など、多くの人々とかかわり、橋渡し・つなぎの役割を担うことになる。ここで重視したいのが"黒衣"の役割である。決してスポットライトを浴びることはなく、しかし舞台になくてはならない存在として、役者から大きな信頼を寄せられるのが黒衣である。学校現場でのスクールカウンセラーは、陰ながら、でもしっかりと現場に根をはったサポートができる、そんな存在になれたらよいのではないだろうか。ふだん相談室でかかわりをもっている児童・生徒が、日常の場面（相談室外）でスクールカウンセラーと出会っても、それとなく他に気づかれないような態度になるということはよく見られることである。

　一方で、そのように"陰ながら"の存在ではあっても、スクールカウンセラーには、まずはその存在を児童・生徒に知ってもらい、気軽に来談できるようにするための、いわば周知活動も必要となる。

　たとえば、スクールカウンセラーがその活動の一つとして教室訪問をするさいには、相談室でかかわりをもっている児童・生徒がいる場合、「その訪問は全体に対してのことであり、あなたの様子を見に行くわけではない」ということについて十分に配慮する必要がある。相談室でだけ"素"の自分が出せたり、相談室が逃げ場になっていたりする場合、その大切な空間・世界を共有しているカウンセラーが教室にやってくることは"侵入"されたという感覚を抱く恐れがあるとも考えられるからだ。とくに授業中に教室に足を踏み入れる場合には、細心の注意が必要である。授業中の児童・生徒の様子を見る必要がある場合には、単独で授業中に教室を訪れることは避け、授業参観日や教員の研究授業として他の教員が参観するさいなどに同席するようにしたい。そして、児童・生徒がかかわりをもっていたころから数年のあと、卒業前にそっとあいさつに来てくれたりすると、そんなときには"黒衣冥利"につきると感じるのである。

⑵　適切な見立てで児童・生徒をサポートする

　さて、教師とは異なるスタンスのスクールカウンセラーも、学校の一員として、個人心理療法では躊躇するようなことを敢えてすることがある。たとえば個人心理療法では、できるだけ指示的なはたらきかけは避けるが、学校現場では、登校渋りの児童・生徒の背中をちょっと押すようなはたらきかけをすることもある。それによって、彼らが一歩踏み出せることがあるのだ。先述のような、管理職を含めた教員との連携をとりながら、適切な見立てのもと、児童・生徒をサポートするのである。また、個人心理療法の場合よりも広範囲にわたっての人間関係（児童・生徒本人とのかかわりのみでなく、環境調整や橋渡し、連携など）をもつこともあろう。当該の児童・生徒にかかわる者が、みんなで支えていく姿勢である。

⑶　アクティブに教員や児童・生徒の中に入っていく

　スクールカウンセラーには積極性も必要となる。"待ち"の姿勢ではなく、アクティブに自ら進んで教員や児童・生徒の中に入っていく姿勢である。スクールカウンセラーを必要とする何かが起こってからではなく、日常の何気ない場面でのかかわりも大切である。児童・生徒に対しては、スクールカウンセラーがその存在と役割とを伝え、彼らが気軽に利用できるように心がける。たとえば、全校向けの朝礼台からあいさつをするよりは、各クラスを訪問して近い距離で児童・生徒に接すること（昼食を共にするなど）が、スクールカウンセラーの存在と役割の認識を高めるのに有効である。児童・生徒の反応も、距離が近いと手にとるように感じられることが多い。その後、それとなく相談室をのぞきにくる児童・生徒などが現われたりして、児童・生徒の内なるニーズを感じとることにもなるのである。

　保護者に対しては"啓蒙"も含め、保護者会で話をしたり、学校通信のようなものでお便りをしたり、といった発信をしてゆく。保護者同士のかかわりが表面的なものになったり、核家族化や"父親不在"などといったことのために、意外に孤立しがちで、一人で悩みを抱えることになる保護者（多くは母親）を支えることも重要である。

　また、教員には、先述の「学校のスタッフの一員となる」姿勢で、すべて

の教員と中立性をもってかかわることであろう。そのさい、教員との役割やスタンスの違いをわきまえ、教育の場にズカズカと踏み込むようなことは避けなければならない。

　このように、スクールカウンセラーが"聖域"であった学校に入っていくにあたっては、キーパーソンとなる教員の存在、そして連携が重要になる。実際には、それは養護教諭との連携になることが多いのではないだろうか。養護教諭は、日々保健室での児童・生徒とのかかわりがあり、心身の健康についての意識も高い。何より、スクールカウンセラーが学校に入る以前には、心のケアは養護教諭に負うところが多かったであろう。非常勤であることが多いスクールカウンセラーにしてみれば、常勤で、児童・生徒や教員、学校のことをよく知る養護教諭とのコンタクトがとれ、率直な話ができるようになることは、とても大切なことであり、それは学校現場で機能する最初の一歩となろう。ぜひとも連携をとり、よい関係を築きたいものである。

　繰り返しになるが、物理的（身体的）にも精神的にも、配置された学校のスタッフの一員となること、これがスクールカウンセラーがまず心がけたい姿勢と態度である。教員（の考え方、スタンス）を理解し、受け入れ、同時にスクールカウンセラーの考え方、スタンスも教員に理解し受け入れてもらえるよう努力を惜しまず、そして共にチームとなって機能するのである。

　心理職として、専門知識や能力が高いことも重要ではあるだろうが、この姿勢と態度はカウンセラーの人間性にかかわる問題でもあり、ある意味、これもそのカウンセラーの"力"といえるであろう。そのうえで、配置されたその学校に適した方法で、自らの専門性を最大限に発揮していきたいものである。

[引用・参考文献]
平松清志編（2004）：現場に生きるスクールカウンセリング　金剛出版
馬場謙一編（2002）：学校臨床心理学　放送大学教育振興会
馬場謙一編（2004）：スタートライン臨床心理学　弘文堂
鵜養美昭（2001）：スクールカウンセラーと教員との連携をどう進めるか　臨床心理学，1(2)，pp. 147-152．金剛出版

長谷川啓三（2001）：コラム・集団守秘義務という考え方　臨床心理学, 1(2), pp. 159. 金剛出版
大塚義孝編（1996）：スクールカウンセラーの実際　こころの科学増刊　日本評論社

（三橋　由佳）

閑話休題────────────

子どもたちの人生にかかわるということ

＊

　大人の心理療法に携わっていると、心に悩みを抱えた人の子ども時代が、思いのほか順調であった場合が多いことに気づく。もちろん、いじめられたり、チックや強迫症状に悩まされていた人も多いが、成績もよく、クラスのリーダー的な役割をうまくこなし、先生から可愛がられ、信頼されていた人が少なからず見受けられる。また、家庭においても親が仕事から帰ってくるまで弟や妹の面倒をよくみたり、はては親の愚痴話の聞き役までこなしていた人もいる。それほどではないにしても周りから心配されることのなかった人は多いのである。おそらく、いまなら先生やスクールカウンセラーから問題のない子といわれる子どもたちだろう。

　そうした子どもたちが大人になって、どうして心が疲れ果て、行き詰って悩むことになるのだろうか。話を聴いていくうちに多くの場合、問題のない子であった子ども時代が、手放しで問題なく過ぎたのではないことがわかってくる。

　問題のない子どもたちの多くは、周りの状況にうまく対処するためのさまざまな適応パターンを身につけ、その一つ一つの適応力も大きい。そのため、多少無理のある状況でも自分を抑え、周りの求めに一所懸命応えるので、問題があっても表面化しにくい。無理をしているようにも見えず、喜んでやっているようにさえ感じられることもある。

　そして、周りにうまく受け入れられるにつれて、その適応パターンはますます磨きがかかり、その適応力はさらに大きくなっていく。すると、その大きな適応力を頼みに、子どもたちの中にはいくつかの使い慣れた適応パターンだけですべての問題を解決しようとする子も出てくる。そのようにして、人とのかかわりの中で新しい適応パターンを生み出すという自発的な試みが

知らず知らずのうちに衰えていくのである。

　それでも、適応力が大きいあいだは相当な無理もこなしていくことができる。しかし、大人になるにつれ、ひとたび無理がきかないほどの困難に直面したり、その適応力が落ちてきたりすると、代わりに使える適応パターンが少ないために、対応しきれず、行き詰って身動きがとれなくなってしまう。このように、子どもの頃の大きな適応力が使える適応パターンを減らしてしまい、後の人生においてかえって仇になるという皮肉な結果を招くことが少なからず見受けられるのである。

＊

　では、こうした結果を招かないためにできることは何だろうか。大雑把な言い方かもしれないが、それは子ども時代の体験をできるだけ豊かにすること、つまり人間関係における体験をできるだけ多く蓄積しておくことなのである。効率のよい一つのかかわり方だけでなく、他のかかわり方についてもなるべく多く体験しておくことによって、物事や人間を一面だけでなく、反対方向や斜め、さまざまな角度から柔軟に捉えることができるようになる。そして大人になって、使い慣れた適応パターンでは解決できない問題に直面したとき、子ども時代に蓄えた豊かな体験がそれを解決する新たな適応パターンを生み出し、行き詰って身動きがとれなくなった状態から救い出してくれるのである。

　それでは、現代の子どもたちの体験の豊かさはどうだろうか。夜遅くまで塾や習い事で忙しい子どもたちは、一見したところ日々多くの体験を味わっているように見える。しかしながら、少子化や核家族、共稼ぎの浸透で子どもたちが接する人の数は以前に比べて減ってきているし、その代わりにゲームやインターネットで過ごすことが多くなってきている。忙しいスケジュールの中ではスイッチを入れるだけですぐに始められ、いつでも中断できる、そうした遊びのほうが便利で都合がいい。だから広まっていくのも当たり前なのだろうが、それで体験が豊かになっているかといえば疑問である。バーチャルな世界では状況に合わせていくつもの「キャラ」を使い分け、演じ分けていく。そして行き詰ってどうにもうまくいかなくなるとリセット……。

別の世界に浸りきることができてそれなりに楽しめるのだろうが、そこでの体験はあくまで仮想であり、現実の機能の一部を切り取ったものでしかない。

一方、接する機会が減ってきたのはどういう人たちだろうか。兄弟姉妹、上級生、下級生、いつものんびりしているおじいちゃんとかおばあちゃん、通りかかると声をかけてくれる近所のおじさんやおばさん、顔見知りで、ときどきちょっかいを出してくるお兄さんやお姉さんなどといったところだろうか。こうした人たちはかかわりが減っても、それほど深刻な影響を受けない、あまり大きな役割をもっていない人たちである。そんな人たちだから、時間に余裕がなくなってくると真っ先に削られていくのも、これまた当然といえるだろう。

しかし、その結果が問題である。子どもたちの周りには簡単に削ることができない、大きな役割をもった限られた人たちだけが残っていくことになる。親や先生、仲良しグループの友達などである。子どもたちにとって必要でかけがえのない人であるだけに、そうした人たちとの関係は壊れた場合にダメージがとても大きい。だから、なるべく関係が悪くならないように子どもたちのほうも相手から求められる役割に合わせようとしてしまう。そうすると、そこでの体験は関係がなるべく安定する方向にしだいに偏っていき、硬直化してしまう。無駄を省き、どんどんと効率化していく子どもたちの日常生活の裏側で、先々の人生を支えてくれるかもしれない体験の豊かさがしだいにやせ衰えていくのである。

*

こうしてみると、あまり大きな役割をもたない人との触れ合いが体験を豊かにするために大切なものとして浮かび上がってくる。彼らとの関係の中では、子どもたちは比較的自由に振る舞うことができる。彼らを怒らせて関係がギクシャクしたり、また気分しだいでしばらく関係を中断しても、それほど大きなダメージを受けないからである。ときには、いたずら心からあえて彼らを苛立たせたり、興味本位に彼らがどんな反応を示すかを試してみることもできる。自分の中から沸いてくる「こうしてみよう」「ああしてみよう」にしたがって、いろいろと試行錯誤をおこなえるわけである。

また、そうした関係の中では彼らも子どもたちに対して自由に振る舞うことができる。その日の気分によっておせっかいになったり、そっけなくなったり、子どもたちへの対応はさまざまに変化する。そして、それに応じて子どもたちも臨機応変に対応を工夫していく。すると、たとえ一人の相手でもそこから数多くの体験が生まれてくるのである。
　さらに、こうした関係ははっきりした目的をもっていないので一つ一つの体験が成功や失敗で評価されることは少ない。だから、体験が限られた適応パターンに硬直化してしまうことがない。それぞれの体験が「こうすればああなる」とか「こういう人もいるんだな」といった、人生の先々でいくつもの新しい適応パターンを生み出すことのできる個別で独自な体験として子どもたちの中に刻み込まれるのである。

＊

　振り返って、学校におけるスクールカウンセラーの位置づけを見てみると、心に悩みを抱えた子どもたちにとっては心の専門家としてかかわるという大きな役割をもっている一方で、あまり問題のない子どもたちにとってはそれほど大きな役割をもたない存在である。この後者の位置づけは、ともするとスクールカウンセラーの仕事の余白部分、気分転換のための休憩時間として過小評価されているかもしれない。ときにはそんな時間はなるべく少ないにこしたことはないと考えられている場合もあるだろう。しかし、これまで見てきたように、あまり大きな役割をもたない存在こそが、子どもたちの体験を豊かにし、人生の危機に役立つ可能性をもっているのである。
　では、そうした意識をどこかに持ちながら、どのように子どもたちとかかわるのであろうか。相談室の扉を開けておくだけで、子どもたちは思い思いにやってくる。ゲームに興じながら話しかけてきたり、黙々と絵を描いては去っていったり、ただ友達についてきただけの子もいたりするだろう。そして、相談室の扉から一歩外に出れば子どもたちのお喋りやふざけあい、休み時間のさまざまな遊びの中に身を置くことになる。そうしたなかで、役割意識を取り払っていくにつれてカウンセラーには子どもたちが何かの対象ではなくなり、一人ひとりが個別な存在として立ち現われてくる。

すると、「この子にこうしてみたい」とか「この子とこうしていたい」というさまざまな思いが湧き上がってくるだろう。もしかしたら、そこにはカウンセラー自身の人生がどこかで重なってくるかもしれない。子どもたちが自分の人生にかかわってくるのである。そこでの自分は、丸ごとの人間という存在である。一人の人間として、感じ、想い、振る舞うのである。カウンセラーがこうして自由な存在となるにしたがって、子どもたちも自由になっていく。子どもたちとカウンセラーは、おたがいに役割から解き放たれ、それぞれが個別の存在として、それぞれの人生にかかわることになるのである。

　ただ、そのかかわりは面と向かいあった言葉のやりとりよりも、かたわらにいるだけの微かで微妙なものが多いかもしれない。それは言葉よりも表情やまなざし、雰囲気、手のぬくもりなどのほうが存在を伝え合うにはすぐれているからである。たとえそのかかわりが何かを伝えたり、はっきりと意識させるところまで至らなくても、そうした共にあるという体験が将来においても子どもたちの自由で自発的な試みを勇気づけていくのである。

　このようにスクールカウンセラーは、心の専門家という役割と、子どもたちの体験を豊かにする存在という二つの側面をもっている。スクールカウンセラーが相談機関にいて持ち込まれる問題を待ちかまえているのではなく、学校という子どもたちの日常に身を置き、子どもたちと共にある理由がここにあるのではないだろうか。

（北　良平）

第II部

スクールカウンセリングの実際

第3章

子どもとのかかわり

3-1 相談室での予約面接

1 相談室の位置づけと利用方法

　事例を紹介するまえに、相談室の学内での位置づけとその利用方法について説明しておきたい。
　私が勤務する学校は私立中高一貫校であるが、学内組織における相談室の位置づけは生徒指導部の管轄下にあり、生徒や保護者が面接を希望する場合は、事前に担任へ申し出ることになっている。すなわち、"完全予約制"である。私は面接終了時に次週の希望を確認し、来室希望者を相談室担当教師へ報告する。面接時間の調整は担任と担当教師に任されており、私は勤務日に初めてその日のスケジュールを知ることになる。相談室の開室時間は3時間目から放課後までで、1日6〜7人の生徒や保護者、あるいは担任と会っている。面接スケジュールは完全に学校側に管理されており、自由な来室は認められていないが、授業中のカウンセリングであっても欠課扱いされないという配慮がある。
　クリニックで行なわれるカウンセリングは、患者の日常（家庭や職場）を離れた非日常的な場所と、治療的な人間関係の中で展開される。その関係を支え、守るために重要になってくるのが治療構造である。治療構造には、面

接の場所、面接の回数と時間、治療料金、患者と治療者の配置、秘密厳守の約束、禁欲規則（acting out や acting in の禁止）などがある。カウンセリングがスタートする前に、あらかじめ患者と治療者の間で話し合われた治療構造が変更されることはなく、カウンセリングはこの安定した治療構造に守られて進展するといっても過言ではないだろう。

　しかし、生徒にとって日常生活の場である学校の中に、この治療構造の感覚をそのまま持ち込むことは困難である。学校という現実場面に合わせて、治療構造を変更し、緩和していかなければならない場合が多いが、この治療構造の緩やかさこそがスクールカウンセリングの利点の一つでもある。たとえば、廊下や校庭、売店など、校内のさまざまな場面での何気ない言葉かけや会話をきっかけにして、問題が深刻化するまえの予防的なかかわりがもてるのも学校現場ならではの特徴である。当初、相談室は“だれでも、いつでも、気軽にドアノックができて、ふらっと立ち寄れる場所”でありたいと願っていた私は、休み時間にドヤドヤと押しかけてきては「この部屋、何、何？　先生何してる人？」と冷やかし半分で覗いていく生徒たちを受け入れながら、学校現場に適した治療構造を模索していた。

　スクールカウンセリングは対象者の層がかなり広範である。1回の面接ですっきりして教室へ戻る生徒もいれば、数回の面接が必要な生徒もいる。さらには、医療機関へつなぐことが望ましい症状を抱えた生徒も少なくない。生徒がいつでも自由に来室できるシステムの場合、カウンセラーが数回の面接が必要だと感じても、生徒のモチベーションが低ければ継続したかかわりはもてない。さりとて、安定した治療構造にこだわって面接時間を固定してしまうと、一つの教科に集中して履修の遅れが生じ、生徒に不利益をもたらすことが危惧される。スクールカウンセリングの主役は生徒であり、最優先されなければならないのは日々の授業である。1日の大半を生徒と過ごし、一人一人の出席日数、遅刻や早退の回数、単位取得の状況などをいちばん熟知しているのは担任である。したがって、面接のスケジュール管理を担任が行なうことは、理に適っているだけでなく、生徒への配慮や便宜をはかりやすいという利点があると考えられる。

　“完全予約制”という現行のシステムになったのは、着任して3年目のこ

とである。それまでは自由に来室することができたが、授業中のカウンセリングは欠課扱いにされていた。困難な状況を抱えながら登校しつづけている生徒の場合、安定した治療的関係の中での継続面接が望ましい。授業中であれば、静かな環境の中で、50分間自己の内面と向き合うことが可能であるが、その結果、単位不足を招いてしまっては本末転倒である。

　私は学期の終わりや年度末などに、相談室の実情や要望を文書で学校側へ伝えた。その声がどのように届いたかは不明だが、「相談室利用は予約制とすること」「授業中のカウンセリングを欠課免除とすること」が、学校長はじめ関係者の理解によって実現した。また、この完全予約制は必然的に、担任・相談室担当教師・カウンセラーの連携を密にするという副産物をもたらした。そして何より、生徒の科目履修へのリスクを最小限に抑えながら、治療的関係の安定性が確保された。当初願っていた気軽さは望めないが、スクールカウンセリングにおける治療構造として、最大限配慮されたシステムであると感じている。

　これから紹介するのは中学1年男子の事例であるが、卒業までの2年半、主に担任の教科を中心に割り振られた授業中の予約面接を継続した。事例をとおして、発達の遅れを抱えた生徒への心理的支援と、それを支えた予約面接について述べてみたい。なお、事例はプライバシー保護のため、いくつかの事例をもとに合成したものである。

2　事例：発達の遅れを抱えながら中学卒業を果たしたA君

(1)　事例の概要
・生徒：A君、来室時13歳、中学1年男子
・来室経緯：A君は、クラスメイトに怪我をさせて生徒指導の対象になっていた。担任からの情報によれば「入学当初からクラスメイトと揉めると、『キレるぞ！』と脅し、すぐに手や足が出る。放課後、どうしてそういうことになったのかと聞いても答えられない」という。おそらく担任は、生徒指導の対象者ではないと感じながらも、すぐに手が出ることには困っていて、「落ち着かせてほしい」程度の軽い気持ちで相談室へつないだと思われる。

⑵ 面接の経過
・中学1年2学期～卒業まで（「　」はA君の言葉　〈　〉はカウンセラーの言葉）

《インテイク面接》　中学1年10月
・本人面接：担任に付き添われて来室したA君は、笑顔が可愛らしく、まだ小学生のような印象であった。〈何人家族？〉という質問には、自分から全員の誕生日までスラスラと答えるが、〈学校へ来るとき、何時に家を出るの？〉という質問に対しては一転して「7時……？　あれ？」と曖昧になった。「○○先生、優しい」と言い、「○○君、嫌だ」と訴えるものの、どう優しいのか、何が嫌なのかは説明できない。

　箱庭に興味を示したので、自由に置いていいことを説明すると、魚たちが輪になってペンギンのショーを見ている場面を作成し、そこから少し離れた場所に、ポツンと一艘の船を置いた。楽しそうな仲間の輪に入っていけず、遠巻きにその様子を眺めている一艘の船はA君自身だろうか（写真1）。

写真1

　心理テストとして、描画（S-HTP）を実施したが、家を展開図、人物をスティックで描き、木は描かれていない。画面には空白部分も多く全体的にかなり幼い描き方であった。担任へは、何らかの発達の遅れが懸念されることを報告した。その後、もう少し詳細な情報が必要なので、カウンセリングを継続してほしいという担任からの要望を受け、母親から生育歴を聴取した。
・母親面接：小学校入学当初から勉強に遅れがみられ、担任の勧めで某養護

教育センターで発達検査を受けたことが明らかになった。検査結果について母親は、「詳しいことは聞いていない。少し遅れがあるが様子を見ましょう、と言われた」と説明した。カウンセラーは、これまでの子育ての大変さを傾聴し労いつつ、〈検査を受けてから数年経過しているので、ここでもう一度受けられ、苦手な部分と得意な部分を知ることは今後の家庭や学校での対応に役立つと思われる〉旨を説明し、再検査を提案したところ快諾された。そこで、担任へ保護者が検査を了解されたことを報告し、私がかかわる某相談所でWISCを実施した。

《発達検査》

　テストの結果から、「状況を察知して、表面的に適応する能力があるため、本人の困り感が他者にはわからないこと」や「言語性課題と動作性課題のばらつきが大きく、言語性優位なため周囲からは能力以上に見られがちであること」がうかがえ、本人は周囲が思っている以上に努力や工夫をしていることが了解できた。

　結果については、まず保護者に報告し、学校への伝え方について十分話し合った。検査データは生徒を支援するためのものであり、生徒自身をラベリングするためのものではない。保護者へは、伝え方に配慮しながらも正確にフィードバックすることが必要だと思われるが、学校側へは教育的支援にかかわる部分に関して、なるべく具体的に伝えることが望ましい。結果だけが一人歩きをして、生徒が二次的障害を被ることがないように十分留意しなければならない。母親に対しては、検査結果だけでなく、その後の支援の必要性を説明した。心理的支援として、母子並行面接が受けられる児童相談所を紹介し、教育的支援の場として、公立中学の個別支援学級の情報も提供した。しかし、学内でのカウンセリングを希望されたため、担任と話し合いをもち、しばらくのあいだ面接を継続して本人の様子を見ることになった。

　相談室では、本人の頑張りを認めながら、自尊心を尊重することを目標にしてかかわるよう努めた。具体的に心がけたことは、①落ち着ける場所の提供、②楽しい時間を共有すること、③成功体験を共有すること、④達成感を共有することである。

《箱庭作成》　中学1年2学期
　5回つづけて作成した。場面は、海の動物（箱庭1）→森の動物（箱庭2）→家と友達（箱庭3）→ジャングルの動物（箱庭4）→海の動物（箱庭5）へと変化したが、作品のテーマは一貫して"孤立"であった。

《曲当てゲーム》　中学1年3学期
　A君がリコーダーを吹き、カウンセラーがその曲名を当てる。
　交互にメロディーを口笛で吹き、相手が曲名を当てる。
　歌詞を手話で表現しながら一緒に歌う。

《本の読み聞かせ》　中学2年の1学期～中学3年1学期
　"ダレンシャン―奇怪なサーカス"第1巻　作Darren Shan　訳橋本恵　小学館
　本のあらすじ：「スネークボーイ、ウルフマン、毒蜘蛛マダムオクタなど異形の見世物、フリークショーを知らせる1枚のチラシから主人公の少年ダレンの人生の歯車が狂いはじめる。ダレンは、友人スティーブ（乱暴ですぐにカッカするので、カウンセラーに会っている少年）を助けるために、自分がバンパイアの手先（ハーフバンパイア）になることを決意する」
　はじめ、相談室内に置いてある"びりっかすの神様"に興味を示したのだが、文字が多いためかすぐに閉じてしまった。そこで二人で図書室へ行き、本選びを任せたところ、すでに読んだことがある"ダレンシャン"を手にとったのである。相談室のソファーに並んで坐り、交代読みをしたが、ひらがなの長文は区切る場所がわからず、困っている様子が見られた。そこで読み聞かせに切り換え、授業終了のチャイムが鳴るまでカウンセラーが読み進むことをつづけた。A君は内容を知っている安心感からか、ニコニコしながら余裕のある表情を見せていたが、カウンセラーはスリリングなストーリー展開に、ハラハラ、ドキドキしながら読み進んでいった。A君は、受身で聞いているだけではなく、文字を目で追いながら、語尾の部分を一緒に読んだり、ジェスチャーで表現したりしながらの楽しい共同作業であった。

"びりっかすの神様"岡田淳　作・絵　偕成社
　本のあらすじ：「木下始が転校してきた4年1組の教室で挨拶をしようとしたとき、突然目の前に透き通った男の人が、空中を飛んでいるのが見えた。背中に小さな翼があった。この男の人（びりっかすの神様）はテストの点数でも、リレーでも給食でも、クラスのビリの子にしか見えない。始はびりっかすさんと話がしたくて、いろいろと知恵を絞る。このびりっかすさんの噂はじわじわとクラスに広まり、びりっかすさんを見たい子が増えていったが、クラスの学力はどんどん下がっていった。日頃から『がんばれ！』が口癖の担任は混乱のあまり学校を休んでしまうが、子どもたちはおたがいに相手を信頼して力を合わせ、やがてクラス全体が一つにまとまっていく話」
　わざとビリになる始に、みゆきが「どうしてそんなことするのよ。あんた、みんなにばかにされてるのよ」と言う場面では、「僕もそうだよ」〈どういうこと？〉「ばかにされてる」とぽそりとつぶやいた。また、担任と子どもたちが一つにまとまる最後の場面で、声を詰まらせてしまったカウンセラーを覗き込んで「先生、泣いてる」とつぶやき、A君自身も「僕も泣いてる」と素直に口にして、おたがいにじわーっとした気持ちを味わっていた。

《コラージュ》　中学3年2学期
　6枚の作品を作成した。古雑誌は、キャラクターがたくさん掲載された絵本雑誌を用意した。記事の切り抜きには、だいぶ時間がかかっていたが、ハサミの使い方も少しずつなめらかになっていった。また、最初の作品は空白が目立ったが、徐々に画面全体を使うようになっていった。さらに、最後の作品は、自分から雑誌を持参して、意欲的に取り組んだ。

《再びの箱庭》　中学3年3学期
　箱庭6：「池、池が欲しいなあ」と言いながら、棚を物色しているので、カウンセラーが砂を少し掘って手助けをすると、「おぉ〜！　池だ、池だ！」と池のある家と、その家族を作成する。
　箱庭7：箱庭の砂を片方に寄せて海と砂浜に二分し、話しながら、置く→

戻す→置くという作業を繰り返しながらストーリーが展開していった。箱庭7は、卒業直前の象徴的な作品だと思われるので、以下にその流れを記述する。

①海の中に、灯台、数艘の船、魚、鯨、大蛸を置き、砂浜の上に、海を見ている家族（父親、母親、ハーフバンパイアの男の子、ピストルを持った頭のいい兄、女の子）、毒蜘蛛、コウモリ（バンパイア）、天使を置く（写真2）。

写真2

②父親と母親は、大蛸に食べられて、砂の中に埋められ、花が供えられる。「本当は優しいのに『悪い子だ、悪い子だ』と言われていた（ハーフバンパイアの）男の子は、お兄ちゃんにピストルでやられて」埋められ、花が供えられる。

③天使はバンパイアに血を吸われて、埋められる。

④兄がバンパイアと毒蜘蛛を退治して、お墓を作る。

⑤兄が家族と天使を助け出す。ハーフバンパイアの男の子は普通の人間に戻っている。

⑥家族と天使の近くに大天使を置く（写真3）。

「本当は優しいのに『悪い子だ、悪い子だ』と言われていた男の子」は、A君の現実の自己像であり、家族と天使を助け出した「頭のいい兄」は、理想の自己像だったのではないだろうか。A君は初回面接でも箱庭を作成しており、相談室での自己表現の始まりと終わりを、箱庭の中に展開したといえるだろう。

写真3

《最終面接》

卒業式の歌の練習をしてからの来室で、"蛍の光"と"仰げば尊し"を独唱。退室時には力強く「ありがとうございました」と挨拶をして、相談室を卒業していった。

3 心理的支援の内容

事例を振り返りながら、A君が中学卒業を果たすまでの心理的支援について述べてみたい。発達の遅れを抱えた子どもは、その原因が何であれ、いかに早期に適切なサポートを受けたかによって、その後の適応に違いが生じてくる。周囲が気づかずに、そのまま見過ごされた場合と、早期に子どもの問題に気づき、適切な手立てを受けた場合では、その子が大人になったときの可能性が大きく違ってくる。

A君にとって、学年相応の教科学習を履修することは、必ずしも本来の教育目標とはいえない。普通学級で授業を受けつづけるA君は、日に日にわからないことが増え、なかでも「理科、数学、国語、英語、社会がわからない」と訴えたが、学校側の教育的配慮には限界があったと思われる。クラスメイトに怪我をさせるだけでなく、しだいに本人の怪我も増え、キャパオーバーな様子が見てとれたが、本人の困り感は保護者には伝わっていなかった。

辻河（2005）は「障碍を有するという診断を受けた場合、援助者が親のシ

ョックを和らげ、その後の援助の進め方を具体的に伝えることが出来るならば、親は比較的早い時期から早期援助に取り組み始める」と述べているが、母親の報告によれば「少し遅れがあるが様子を見ましょう」と言われただけである。その結果、適切な早期援助に取り組むのではなく、勉強のフォローアップ塾を選択してしまった。すでに小学校6年間を、何とか普通学級で過ごしてきた経緯もあり、母親の普通学校へのこだわりは強く、面接では「本人が学校を辞めたがらない」「高校卒業の学歴だけは身につけさせたい」という、親の願いが繰り返し語られた。カウンセラーには「A君にとって望ましい教育環境は、はたしてこの学校なのだろうか」という疑問と、「英単語ひとつ余計に覚えるより、生活力を身につけてほしい」という願いがあった。

　特別な教育を必要とする子どもへの教育的支援として、養護学校や個別支援学級では、子どもの社会的自立をめざしたさまざまな取り組みが実践されている。本校で過ごす時間が長くなればなるだけ、何かもっと大切な、A君の可能性の芽が摘まれてしまうのではないだろうか、という気持ちがどこかにあった。折りに触れて相談室での様子を伝え、家庭での様子や大変さを傾聴しながら、望ましい教育環境について一緒に考えていこうとしたが、なかなか困難であった。なぜなら、本人は決して母親の前では弱音を吐かず、頑張ってしまっていたからである。

　私が、自身の迷いをいったん棚上げして、卒業まで引き受けようと決心したのは、中学2年2学期のことである。〈1年のとき、授業でわかること、わからないこと、どのくらいだった？〉と尋ね、図の中に線を引いてもらったところ、その割合は5対5であった。〈いま、授業でわかること、わからないこと、どのくらい？〉と尋ねると、下図のように線引きをした。

(中学1年)	わかる	わからない
(中学2年2学期)	わかる	わからない

　しかし、翌週の母親同席面接（A君が同席を希望したため）で同じ質問をしたところ、下図のように示したのである。

(中学2年2学期) | わかる | わからない

　A君が、母親の期待を敏感にキャッチして、中央に線を引くのを目の当たりにしたとき、この頑張りを卒業までサポートしよう、と決心したのである。相談室では、本来の一次的な障害から派生する、二次的な障害を防ぐため、情緒的支援を心がけた。村瀬（2003）は、子どもの心理臨床の留意点として「治療技法に柔軟性が求められる。治療者は自分の土俵でなく、その子どもの土俵に上がって、その子が今用いているルールを先ずは知ってみることが出来なくてはならない」と述べているが、私もA君のペースに合わせて、そのときどきに興味を示したことを一緒に行なった。共に過ごした時間の中で、最も多くの時間を費やしたのは《本の読み聞かせ》で、いま振り返っても、翌週の面接が待ち遠しいほどの楽しい時間であった。

　先日、朝日新聞朝刊（2007年7月19日付）に"みんなで「朝連」心のストレッチ"の記事を見つけた。そこには、鎌倉市立大船小学校6年生や、岡山市立岡南小学校4年生などの実践が紹介されていた。この「朝連」は授業の前に、担任がお話を読み聞かせるというものだが、「読んでもらうとわからない言葉とか、細かいことを気にせずに、物語の想像に専念できる」と児童たちにも好評である。また、読み聞かせは一見受身のように思えるが、「子どもたちは進んでお話の世界に入ってきて、積極的に本の世界を探検している」という。さらに、児童文学作家の杉山亮氏は、読み聞かせの魅力について「聞く人も語る人も、楽しい時間を共有でき、心のストレッチができる」と述べている。

　A君と私も、本を介して泣いたり笑ったりする時間を共有した。A君はお話の世界に入り込み、頷きやジェスチャーで、その世界を追体験していた。初めてダレンシャンの世界に触れた私は、ハラハラ、ドキドキ、ワクワクの連続で、正直なところ、タイムアウトを告げるチャイムの音が恨めしく聞こえたこともたびたびであった。

　読み聞かせの楽しい時間の記憶が、子どもたちと担任の親密度を高めたように、A君と私の間にも同じような感覚が積み重なっていった気がしている。

A君が相談室に置いてあった"びりっかすの神様"に興味を示したことがきっかけで始まった《読み聞かせ》は、2年半のかかわりの中で、最も長い時間つづけられた。その合間に、ポツリ、ポツリ、クラスの中の気になる女子生徒のことや、仲間に入っていけないつらさ、サポート高校を見学してきたこと、サポート高校に合格して嬉しかったこと、新しい学校への不安など、たくさんのことを語った。いま思い返しても、言葉が不十分で内容が伝わらなかった印象はない。知らず知らずのうちに、二人の間に「阿吽の呼吸」のようなものが生まれ、言葉の壁を取り除いていたのかもしれない。"ダレンシャン""びりっかすの神様"を読み終えたころ、1年のころには取り組めなかったコラージュにトライして、6枚の作品を仕上げた。その後、再び箱庭に興味を示し、砂の中に家族全員を埋め、花を供え、その後助け出されるというストーリーを展開した。それは、あたかも自分を含めた家族の再生をイメージさせると同時に、私との別れを予感させる作品であった。

　曲当てゲームは、2年半の間、ときどき思い出したように繰り返された。初めのころ、A君が吹く口笛は、もっぱら音楽の授業で習った曲だったので、カウンセラーも難なく答えられたが、いま流行のアニメの主題歌になるとまったくお手上げ状態であった。A君の選曲は年齢相応に変化していったが、カウンセラーはいつまでたっても童謡を口ずさんでいた。そんなカウンセラーに対して「先生、ジ、ダ、イ、オクレェ〜！」と口にしたのは、3年生も後半にさしかかったころである。

　3学期になると、卒業を意識しはじめたのか、しきりにカレンダーを気にするようになった。面接日を数えて、「あと4回だ」と言い、それまでに作成したコラージュが欲しいと申し出た。そこで、多色の色画用紙の中から好きな色を選んでもらい、A君が選んだ紺色の画用紙で表紙を作り、毛糸を三つ編みにした紐で作品を綴った。A君は表紙に、英語で大きく名前を記した。〈ここへ来るとき、どんな気持ちだった？〉と尋ねると、胸の前で両手を上下させる「手話」で、そのときの気持ちを表現した。〈ウレシイ？〉「会えるから嬉しい」

4　支援を支えた予約面接

　A君との出会いのきっかけは「入学当初から、クラスメイトと揉めると『キレるぞ！』と脅し、すぐに手や足が出る。放課後、どうしてそういうことになったかと聞いても答えられない」という担任の困惑であった。しかし、「キレるぞ！」という言葉は、周囲への脅しではなく、「もうギブアップだ！」というA君自身の心の叫びだったのではないだろうか。気持ちと言葉が思うように一致しないため、不満や情けない気持ちを、手と足で表現してしまったのではないだろうか。卒業も近くなったころには、自分がどうしたいのかを、きちんと言葉にできるようになっていた。このころ描いたS-HTPは、インテイク面接で描いた描画とは似ても似つかないものである。家と木と人は、画面全体にバランスよく配置され、人物は細部までリアルに描かれており、A君が自分に自信をもちはじめたことが伝わってきた。

　私は、相談室でのかかわりとして四つのことを心がけた。その一つ目は「落ち着ける場所の提供」であったが、相談室を「落ち着ける場所」と感じたか否かは、A君自身の「安心感」と関係していたのではないだろうか。つまり、自分がいま、相談室にいることを担任が知っている、わかっているという「安心感」が、A君の気持ちを落ち着かせていたと思われる。二つ目の「楽しい時間を共有すること」は、《本の読み聞かせ》や《曲当てゲーム》がそれに当たるだろう。また、三つ目の「成功体験を共有すること」は、《曲当てゲーム》で正解したときや、《コラージュ》でハサミを上手に使えるようになったことなどが挙げられよう。四つ目の「達成感を共有すること」は、分厚いダレンシャンを読み終えたとき、あるいはコラージュが作品集の形になったときなどではないだろうか。

　A君は、日々わからないことが増えていく厳しい環境の中にあって、さまざまな体験を積み重ねながら、しだいに自分に自信をもつようになっていった。この、A君の頑張りを支えた要因は多々あると考えられるが、その中の一つに「予約面接」のシステムが挙げられる。医療現場における治療構造には、管理医（Administrator）と治療者（Therapist）が、分担と連携を行

なうための基本概念「A-Tスプリット」がある。「予約面接」は、担任とカウンセラーが分担と連携を行なう、いわゆる学校現場における「A-Tスプリット」の実践であり、スクールカウンセリングの治療構造としても機能しているといえよう。学校側が面接スケジュールを管理するこのシステムは、授業中の面接であっても欠課にならないという安心感を生徒とカウンセラーに与え、治療的関係性を守るものであった。A君は、カウンセリング終了時に、次週の予約カードを受け取ると、必ず教室で担任に手渡していた。自分が相談室へ行くことを、担任やクラスメートが知っている、認めてくれているという安心感が、相談室での自由な自己表現を可能にしたと考えられる。その結果、しだいにA君自身が落ち着きをみせ、クラスメートへの暴力も減少していったのである。発達の遅れを抱えたA君の成長と卒業を支えた要因の一つは、スクールカウンセリングにおける治療構造として最大限配慮された、「予約面接」のシステムにあったといっても過言ではないだろう。

[引用文献]
辻河昌登（2005）：障碍を有する可能性のある子どもの親に対する「受診前後カウンセリング」 心理臨床学研究，22(6)，p.628．
村瀬嘉代子（2003）：統合的心理療法の考え方，pp.30-32．金剛出版

（池田なをみ）

3-2　家庭訪問

1　スクールカウンセラーの役割についての葛藤

　スクールカウンセラーが家庭訪問をすることについて、スクールカウンセラーは面接室から出ていくことが必要であるという立場、あるいは、スクールカウンセラーは学校に留まるべきであるという立場など、さまざまな立場からの考えがある。けれども、学校の事情によって、スクールカウンセラー自身が家庭訪問をすることを求められることがある（田嶌, 2001）。私自身もそのような体験が幾度かあった。

　そこで、スクールカウンセラーの家庭訪問の是非については保留したうえで、ここでは、スクールカウンセラーが家庭訪問をすること自体について考えてみたい。そのさい、児童・生徒の視点に立って考えるというよりも、基本的にスクールカウンセラーの視点から考察してみたい。それは、今後、家庭訪問をするスクールカウンセラーに対して、何らかの役に立てればとの思いからである。

　スクールカウンセラーが家庭訪問を行なうさいの留意点について、長坂（2007）は次のようにまとめている。①だれに対して、何のために訪問するのか、という対象と目的をカウンセラー自身が明確にすること、②担任と連携を密にすること、③担任に任せるのでなく、カウンセラー自身が電話で保護者と連絡をとるなど、初回面接の設定の仕方、④時間どおりに訪問するなど、訪問の仕方、⑤面接の時間や場所を一定にするなど、いわゆる「治療構造」について、厳密な構造からはじめて、できなければ柔軟にしていくこと、⑥子どもの趣味を尋ねるなど、面接の工夫、⑦カウンセラーの程よい能動性の必要性、⑧カウンセラーのいわゆる「逆転移」が生じやすいこと、⑨カウ

ンセラーが「家族力動に巻き込まれやすい」ことを認識すること、を挙げている。

これらは、①が家庭訪問の対象と目的について、②から⑦が主に家庭訪問の方法についての具体的な留意点である。そして、⑧の「逆転移」の問題と、⑨の「家族力動に巻き込まれやすい」ことは、家庭訪問の留意点でもあるが、家庭訪問の特徴でもあると思われる。長坂は「訪問面接では、『カウンセラーが見知らぬ場所へ出かけていく』という構造をとるわけなので、不安は高まり、（実際に家族がいるわけで）家族力動に巻き込まれやすく、あるいは、子どもの面接のモティベーションが低いためもあって、カウンセラーの『逆転移』が生じやすい」と述べている。そして、カウンセラーの「逆転移」の例として、カウンセラーがサービスをして面接時間を延長してしまうことなどを挙げている。

家庭訪問を行なうスクールカウンセラーは、「逆転移」が生じやすく、「家族力動に巻き込まれやすい」のはなぜだろうか。それは、家庭訪問での面接は、学校の相談室での面接とは質的に異なるからである。このことは、児童・生徒の家庭で面接をするさい、カウンセラーが矛盾した役割を求められ、さまざまな葛藤にさらされるという点から理解できるかもしれない。以下に、家庭訪問をするスクールカウンセラーの役割についての葛藤に関して、三つの観点から指摘したい。

(1)「能動性」と「受動性」の葛藤

第一に、スクールカウンセラーの姿勢について「能動性」と「受動性」の葛藤がある。「家庭訪問の特徴」と「スクールカウンセラーの役割」が孕む問題である。通常、スクールカウンセラーの役割は、面接の「主役」ではなく「助演役」であることが多く、本来、「受動的」なものである。ところが、スクールカウンセラーは家庭訪問で、⑦でいう「程よい能動性」が求められる。つまり、家庭訪問では、面接室から出るという「行為としての能動性」を求められつつ、同時にスクールカウンセラーであるという、「態度としての受動性」をも求められる。このように、家庭訪問では、スクールカウンセラーの姿勢に矛盾した役割が期待されており、スクールカウンセラーは役割

についての葛藤が生じやすい。

(2) 「専門性」と「素人性」の葛藤
　第二に、家庭訪問をするスクールカウンセラーは、カウンセラー自身の「専門性」と「素人性」のあいだでも葛藤が生じやすい。たとえば、⑥でいう「子どもの趣味を尋ねるなど、面接の工夫」は家庭訪問を行なうカウンセラーに求められている役割である。そして、カウンセラーが子どもの趣味を尋ねる場合、カウンセラーは自らの趣味を尋ねられることを念頭におく必要がある。また、生徒の部屋にあるものから、自然に、カウンセラーが自らの趣味を語るような場面もあるだろう。このように、カウンセラーの行為が、カウンセラーの「専門家」としての行為なのか、「素人」としての自分の行為なのか、判断がむずかしい場合がある。ここにも、役割についての葛藤が生じる。

(3) 面接対象についての葛藤
　第三に、面接対象についての葛藤がある。個人心理療法では、スクールカウンセラーは、原則として生徒の話題にのぼる他者に直接に出会うことはない。熊倉（2004）は、そのようなカウンセラーの目では確かめることができない他者を「不在の他者」と名づけている。一方、スクールカウンセラーの家庭訪問では、通常、生徒の話題のなかであるはずの「不在の他者」である生徒の家族とも「現前する他者」として直接に接する機会がある。スクールカウンセラーが家庭訪問をする場合、多くは生徒に会いに行くことが目的であろうが、生徒と継続的に会うためには、ときとして生徒の家族との関係にも気を配ることが必要である。また、家族とのみ会う機会もあるだろう。そのようなやりとりのなかで、カウンセラーの行為が、生徒のためなのか、それとも、家族のためなのか、つまり、だれのための面接か、スクールカウンセラーは役割についての葛藤が生じやすい。
　以上のように、家庭訪問で面接を行なうスクールカウンセラーは、相談室での面接よりも、役割についての葛藤的な場面に直面することが多い。それは、スクールカウンセラーの家庭訪問の特徴であるといえよう。ただし、こ

のような葛藤をすぐに解消しようとするのではなく、葛藤を維持しながら見つめることで、事態を打開するヒントが得られることがある。

2 「見えすぎる」こと

　家庭訪問の特徴について、さらに考えてみたい。家庭訪問では、スクールカウンセラーの視点から見ると、生徒の家庭が「見えすぎる」という特徴がある。中井（1995）は、医師による往診について「精神分析においては詳細な記録とされるものが、往診においては単なるフィールド・ノート程度であることに注意していただきたい。個人は、抵抗のすえに初めて無意識の秘密をいくらか明らかにするが、家族、少なくとも危機にある家族への往診は、一挙に家族の意識を超えた深淵を明らかにする。しばしば、それは『見えすぎる』のである」と述べている。このように、家庭訪問では「家族の意識を超えた深淵」が「見えすぎる」という特徴があり、カウンセラーにとっては圧倒的な体験であるといえるだろう。

　家庭訪問において「訪問した精神療法家はいわば異物である。そして、現状変更のための役割を期待されている異物であるから、つまり揺さぶる異物である」と神田橋（1990）は述べている。生徒や家族から見ると、カウンセラーが「異物」であり、治療において「揺さぶる」役割であることを自覚することは、家庭訪問をするスクールカウンセラーに必要なことである。一方、スクールカウンセラーの視点から見ると、生徒の「家庭」は、面接をする場所として質の異なった場所であるという意味で「異質」である。それは、中井のいう「見えすぎる」という特徴であり、「即時的感覚過剰性」とでも呼べる体験である。家庭訪問では、相談室での面接とは異なり、即時的に（一瞬で）、カウンセラーのあらゆる感覚に向かって、さまざまな情報が過剰に、圧倒的な質感で迫ってくる。生徒の家の玄関をくぐったときから、そこは、異空間となる。まず、視覚的に圧倒される。それ以外にも、家の匂いや、感触のようなもの、家庭の雰囲気がある。

　また、家庭訪問では、家庭の生活状況や、経済状態など、その時点では知らなくてもよいことまでスクールカウンセラーが知ってしまう可能性がある。

また、カウンセラーは児童・生徒が語っていないことを事前に知ることがある。そして、児童・生徒の語っていないことをカウンセラーが知ったということを、児童・生徒が知ることもある。このように、家庭訪問では児童・生徒の「言葉」からではなく「事物」から、児童・生徒のいわゆる「心的現実」を、スクールカウンセラーが先取りして知ってしまう場合がある。それは、児童・生徒の語りのスピードを超えて、カウンセラーに一瞬で伝わる情報である。

　これらの「見えすぎる」という「即時的感覚過剰性」、家庭という「異質」な状況は、スクールカウンセラーを以下の二つの状態に陥らせやすい。第一に、スクールカウンセラーが傲慢になる可能性がある。カウンセラーが児童・生徒の深い部分を知ったつもりになりやすい。カウンセラーが見たものは、あくまでカウンセラー側からの主観であることに注意したい。第二に、スクールカウンセラーが不安になりすぎる可能性がある。学校の相談室での面接では、生徒の語りのスピードに合わせて、カウンセラーは生徒の情報を得ることができる。もしも、生徒の語りのスピードにカウンセラーが追いつけない場合、カウンセラーはときとして確認したりすることもできる。つまり、何らかの対処が可能である。一方、家庭訪問では、先に述べたように、児童・生徒の「言葉」からではなく「事物」から、カウンセラーは抱えきれないほどの情報を、一瞬で先取りして知ってしまうことになる。つまり、カウンセラーは圧倒的な情報量に対処しきれないことが起こりうる。そのような状況はカウンセラーをおぼつかなくさせるだろう。そのような事態は、一挙に「家族の深淵」に入りすぎたために生じるのである。ゆえに、スクールカウンセラーがこの種の不安を洞察することができれば、児童・生徒やその家族の理解に活用できる可能性がある。

　以上のような家庭訪問の特徴について、事例の展開をもとに具体的に検討してみたい。なお、事例については、守秘義務に配慮した。これまでに私がかかわり、本人と保護者から承諾が得られた事例の中から共通点を抜き出し、本人と特定できるような内容は省き、修正したものである。そのさい、事例の本質は変わらないように留意した。

3 事例：学校に行けないA君への家庭訪問

(1) 事例の概要

- クライエント：初回面接時13歳（中学1年生）の男子　A君
- 主訴（A君の初回面接から）：「学校が何かダメ。友達とは遊びたくてしょうがない。先生も大丈夫。けれども、学校がダメ」
- 相談経緯（担任、養護教諭の情報から）：小5のときの運動会の翌日、A君は「気持ちが悪い」と母親に訴えた。その日をきっかけにA君は学校を休みがちになり、小6からはまったく学校に行けなくなってしまった。中学校に入学し、A君は「もう、学校に行くから」と母親に宣言した。そして、中1になってから、学校に通うようになった。だが、ゴールデンウィークが明けると、再び「気持ちが悪い」と母親に訴えるようになり、それから学校に行けなくなってしまった。

　A君の様子に変化がみられないことや、養護教諭や担任が家庭訪問をしてもA君に会えないことがつづいていたことから、A君が中1の3学期のころ、養護教諭の紹介で、スクールカウンセラーがA君宅に家庭訪問をすることになった。

- 家族構成：父親（会社員）、母親（会社員）、A君（中1）、母親方祖母の4人家族。
- 面接経過：A君が学校に来られないときは家庭訪問し、面接をした（原則として隔週に1回、60分）。面接の場所は「客間」が主であったが、中3の11月からは「A君の部屋」で面接をすることが増えた。なお、A君が学校に来られるようになった時期には「相談室」で同じ時間に面接した。

　また、養護教諭の提案で、スクールカウンセラーは母親とも相談室で個別に面接（原則として学期末に1回、中3の7月より隔月に1回）をすることになった。なお、母親面接の様子は、母親の承諾を得て、後日A君にもできるだけオープンに伝えるようにした。また、家庭訪問や相談室での面接のあとは、A君の状態についての必要不可欠な情報を担任と養護教諭が共有し、学校の管理職には相談室日誌を通して面接の概要を報告した。

A君とのかかわりは、約2年つづき、中1の2月から中3の卒業時までであった。A君と合計49回、母親と合計9回の面接（予約したもの）を行なった。面接の経過を便宜上3期に分けて報告する。

(2)　面接の経過
・第1期　中1の2月から中2の夏休みまで（7カ月）
　養護教諭が事前にA君の保護者に連絡し、スクールカウンセラーは養護教諭と一緒に家庭訪問をした。祖母が玄関に出てきて、「ようこそ、おいでくださいました」と丁寧にお辞儀し、「客間」に案内してくれた。客間は和室で、ちゃぶ台やピアノの置いてある部屋であったが、その部屋は「客間」であるにもかかわらず、まるでA君の「箱庭」のようであった。20体はあろう仮面ライダーの人形が、ピアノの上にきれいに並べられていた。また、スターウォーズの剣など、物で部屋はあふれており、カウンセラーは圧倒された。養護教諭はカウンセラーをA君に紹介すると、すぐに帰った。
　カウンセラーは部屋に置いてある物について尋ねたい気持ちもあったが、「すごいなあ」としか言えず、まず自己紹介した。そして、学校についてA君に話を聴いた。A君は学校に行きたい気持ちはあるが、学校を意識すると頭やお腹が痛くなってしまうという。カウンセラーは、学校に来ることを目標にしているわけではないことを伝えると、A君は安心した様子であった。その後、部屋にあるたくさんの物について、細身の体でイキイキと説明してくれた。
　中1のあいだの2カ月、カウンセラーはA君とテレビゲームをするかかわりが多かった。中2になってから、たまたまA君と趣味の話になり、私の趣味がギターであることをA君は知った。次の回、A君は別の部屋にあるギターを客間にもってきた。私は、ギターだけが長年の趣味であり、それなりの自負があったが、A君の前でそれを披露していいものか迷った。一方で、カウンセラーが手加減してギターを弾くことは、A君に失礼な気もした。結局、カウンセラーは自宅で弾いているように、A君の前でギターを弾いた。手加減はしなかった。テレビゲームではいつも負けてばかりのカウンセラーが、ギターは弾けるということに、A君は驚いた様子であった。後日、担任から、

「松本先生はギターがすごい人だって、A君が言ってましたよ」と伝え聞いた。これ以降、カウンセラーがA君にギターを教えるというかかわりが増えていった。そのなかで、A君の父親が若いころギターを弾いていたという話を聞いた。

　また、中1の2月のかかわりの当初から、カウンセラーが家庭訪問すると、祖母が毎回お茶菓子をもってきていた。そして、中2の5月末になると、祖母は食事をもってきた。カウンセラーは食事を断ったが、祖母は強引にすすめてきて、譲らない。そのやりとりを通じて、祖母は、A君が祖母のつくった朝食を食べないので、カウンセラーと一緒なら食べるのではないかと期待していることがわかった。カウンセラーは、祖母のそのような強引さ（孫を思ってのことであるが）がA君の学校に行けない状態と一部関連しているのではないかと直感し、そのことをA君に尋ねた。A君は「ばあちゃんは僕のめんどうを本当によくみてくれている」と語りながらも、「ただ、ときどき僕のためなのか、ばあちゃんのためなのかわからなくなる」と遠慮がちに小声で語り、すぐに話題を変えた。これ以降、カウンセラーは家庭訪問のさいに、祖母へのかかわりにも気を配るようになった。

　中2の6月になると、A君は「また、学校に行ってみようかな」と語るようになった。6月末に、A君は相談室で1時間を過ごす。その後、週に1度くらいのペースなら、保健室と相談室には来られるようになってきた。家庭訪問については本人と相談した結果、学校に来る来ないにかかわらず、隔週のペースで継続することになった。

・第2期　中2の2学期から中2の終業式まで（7カ月）
　A君は、中2の9月になると、週1回の保健室登校が、週3回に増えた。そのころ、9月半ば、祖母から学校に連絡があった。カウンセラーはA君の了承なしに祖母と個別に話すことにためらいがあったが、祖母の様子から緊急性を感じた。カウンセラーは、祖母とのかかわりも大切に考えていたこともあり、話を聴くと、A君が10万円もする仮面ライダーのベルトを買ってほしいと祖母や母親にねだるという。これまでも、たびたびそのようなことがあり、買わないとA君は暴れることがある。A君は「ウチ面」と「ソト面」

が違うのだ、と祖母は話した。祖母はそれを話すと落ち着いた様子であった。カウンセラーは、A君と打ち合わせをせずに祖母の話を聴いた罪悪感もあったが、祖母の話を聴きながら、これまでA君と表面的なかかわりしかできていなかったのかもしれない、と反省した。

　次の回、A君は、カウンセラーに会うなり、「先生に見せるおもちゃを探してきます」と言って2階へ上がったきり、なかなか1階の客間に降りて来なかった。カウンセラーは客間で待っていると、祖母が話しかけてきた。待つこと10分、A君は来ない。祖母は心配して、2階の「リビング」に向かった。カウンセラーもついて行くと、なんと、A君は8畳ほどのリビングの真ん中で、毛布をすっぽりとかぶり、身体にぴったりと巻き付けて寝息をたてていた。それは、まるで、サナギのように見えた。祖母は「私が松本先生と話していたからいけないのね！」と叫ぶ。カウンセラーは祖母を落ち着かせ、「ちょっとA君と二人にさせてください」と頼む。祖母は「私がいないほうがいいんなら、それでもいいの」と力なくつぶやく。カウンセラーが「そんな……」と声をかけると、祖母は「もう、いいんです！」と吐き捨てるように言い残し、「買い物に行ってきます」と出て行ってしまった。

　カウンセラーとA君がリビングに残された。カウンセラーは、今日を逃したら、もう二度とA君とは会えないかもしれない、と思った。どこか腹が据わった。自然と、毛布にくるまったままのA君の近くに坐った。A君は寝息をたてたままであった。カウンセラーは、しばらく沈黙したあと、独り言のようにA君に語りかけた。まず、A君がおもちゃを探してくれていたのに、カウンセラーは祖母と話しつづけていたことを詫びた。そして、カウンセラーは、これまでのかかわりを振り返り、ずっとA君の「がんばり」は聴かせてもらっていたが、A君の「つらさ」は聴けていなかったのではないかということを伝えた。また、カウンセラーだけでなく、その「つらさ」を「だれに」わかってほしかったのかなあ、とぽつりとつぶやいた。

　15分くらいが経ち、やがて、A君は起きだした。そして、A君は語りはじめた。それによれば、A君の家庭では「オモテ面」と「ウラ面」があるということ。A君は最近学校に行っているが、父親はそれを当たり前に思っている。そのことで、父親に不満があるが、母親にそれを話してもわかってくれ

ない。父親は昔からわからず屋なのであきらめているが、母親がA君の気持ちをわかってくれないことがつらい。A君の母親は、A君が生まれたときから仕事をしていて、家では母親の収入がないとやっていけないところがある。そのことで祖母が父親に不満をもらすことがあり、祖母と父親がぎくしゃくしていることなど、家族にまつわるいろんなことを語ってくれた。カウンセラーは、今日はA君に申し訳ないことをしたが、「ウラ面」も話し合うことができてよかった、とA君に伝える。

この日から、カウンセラーとA君とのかかわりが変化した。家庭訪問で、A君は家族に対する気持ちを語ることが増えた。祖母もこの件以来、カウンセラーに話しかけてくることが減った。学校生活では、A君は週3回の保健室登校を継続するようになった。また、11月末に、A君の友人が、休み時間に保健室にいるA君をむりやり教室に連れて行ったことがあった。A君は「ビックリしたけど、意外と平気だった」とカウンセラーに語った。中2の1月になると、A君は「3年生になったら教室に行く」と家族や養護教諭や担任にも約束した。

・第3期　中3の始業式から卒業まで（12カ月）

A君は中3になり、約束どおり、始業式、入学式に参加した。その後、A君は早退することもあるが、教室で授業を最後まで受けるようになった。そのころ、カウンセラーは、A君と学校の廊下で偶然に出会った。A君は無理をしないで学校に来ているとのことで、「身体の声と相談しています」とカウンセラーに語った。

4月末、A君が教室で授業を受けているため、カウンセラーは家庭訪問を一時中断することも考えていた。けれども、家庭訪問時に、A君は「なんだか、学校に行けなくなってきたんですよ」と語る。そして、ゴールデンウィークが明けると、A君は学校を休むようになった。A君は「教室に入ると気持ち悪くなっちゃう」「校門に入れなくなった」と語った。さらに、A君の話を聞いてみると、A君の母親は、中2の3学期のころ、学校について何も言わなかったが、最近になって「明日も学校に行くの？」などとA君に聞いてくるようになったという。A君が母親に「やめてくれ」と言っても、母親

は「まあまあ」と言いながら真剣にとりあってくれないとのことであった。A君は、自分の意志で学校に行くと決めたのに、「学校に行かせられている」という感じが強まってきたという。そして、「親があきらめてくれるのを待っている。それまでは行く気になれない感じ」と語った。

　カウンセラーは「待つ」以外の方法を探ることを提案してみた。しかし、A君は「親に騙されたような感じを拭い去ることがむずかしい」と語った。中２の３学期のころ、A君の母親が学校について何も言わなかったことを、A君はうれしく感じていた。けれども、最近の母親の行為から、中２の３学期のころの母親の行為が実は嘘だったのではないかと思い、「もういいよ、っていうか、怒りというより、仕方ないな、という感じ」とA君は語った。そして、A君は「学校に行かない」と決めた。

　それ以来、A君は、ますますギターに熱中するようになり、自分で作曲もするようになっていった。静かな曲が多い印象であった。家庭訪問では、カウンセラーも一緒にギターを弾くかかわりが増えていった。

　７月に入って、A君は、父親と一緒にギターを弾いたり、一緒に楽器店に行ったりと、それまでみられなかった父親との新たな交流が深まっているようであった。また、A君は中学の友人たちとバンドを組むようになっていた。

　７月末に、母親面接をした。そのときに、進路のこともあるので、念のため、９月にも面接をしてほしいという母親からの希望があった。カウンセラーがA君に相談すると、A君は気にしていない様子で、すぐに許可した。９月の母親面接で、母親はA君の進路について焦る気持ちがある一方で、A君の友人関係が広がっていることは認めていた。また、父親とA君の仲がよくなりすぎているのではないか、と母親は気にしている様子であった。

　11月初旬の母親面接で、母親は、A君が作詞・作曲をするようになったと話す。それは、「今は暗闇の世界　でも　光を求めている」「父さんは今に元気になるさ　母さんは元気だけど空元気」といった内容のものであり、A君は家族の前で歌ったりしている、とのことであった。一方、家庭訪問でのかかわりでは、カウンセラーは音楽を通してA君の気持ちを理解することに務めていた。A君は、ギターを弾くなかで、だんだんと進路の話もするようになってきた。そして、11月末、A君は受験校を決めた。

だが、12月末に、突然、両親に離婚の問題が持ち上がった。父親と祖母が大喧嘩したことがきっかけとなって、父親が自身の実家に帰ることになり、両親は別居するようになった。A君はそのことに落ち込みつつも、自分の進路について真剣に考えるようになっていた。

　2月の受験で、A君は「自己PR」の課題として「ギター演奏」を選び、面接官の前でギターを弾いた。そして、無事に第一志望の高校に合格した。A君は、「とにかく疲れましたよ。先生の言うように、『武者震い』がきました。でも、やりきったというか、終わってよかったです」とうれしそうに語った。一方、両親は別居中のままであった。A君は「親の問題ですから仕方ないです」と言うが、表情は浮かない。

　中3の3月初旬、最後の母親面接で、祖母と父親は昔から折り合いが悪いので、祖母が納得しなければ父親とは暮らせないこと、父親と祖母のどちらの肩ももてないことを母親は悲痛な面持ちで語る。一方で、A君の高校入学をとても喜んでいた。

　A君は、面接の最後の数回で、高校生活の展望を語った。バンド活動を充実させたいとのことであった。そして、最後の面接では、自作曲をいくつか披露してくれた。「学校」や「卒業」がテーマのようであった。譜面台には「旅立つ君へ」というタイトルの曲のページが開いたままであった。なぜか、その曲は演奏されず、終わった。私には去りがたさもあったのだろう、帰りに自分のギターのピックをA君に渡したい気持ちになった。だが、なにかいけないことのようにも思い、いつもどおり家をあとにした。

4　事例の考察

(1)　家族力動の観点から

　ここでは、家族力動について、祖母とのかかわりを中心に考えてみたい。そして、スクールカウンセラーが面接対象についての葛藤に揺れ動き、それをどのように見つめ、活用したのかについて述べてみたい。

　第1期では、祖母との食事のやりとりを通じて、カウンセラーには、面接対象についての葛藤が生じた。祖母は、食事を通して、カウンセラーを祖母

の味方にしようとしていたと考えられるかもしれない。そうだとすれば、カウンセラーは祖母との食事のやりとりのなかで、そのような力動に巻き込まれ、「A君の味方」でなく「祖母の味方」の役割に偏ってしまったと考えられる。実際に、カウンセラーは、祖母からの食事を頑として断わることをしなかったからである。

　カウンセラーは、当初、祖母が家庭のキーパーソンとなっていると判断し、祖母を排除するようなかかわりをすれば、カウンセラーが排除され、A君との面接が継続できなくなる可能性があると考えていた。そのような考えもあったが、カウンセラーは祖母の食事の強い勧めに対して、迷いを示すことくらいしかできなかったのが正直なところであった。ただ、カウンセラーの迷いにつられたのか、A君は、ためらいながらも、祖母のA君に対する世話を「ときどき、僕のためなのか、ばあちゃんのためなのかわからなくなる」と語るようになった。なぜ、A君は、このような気づきを語るようになったのだろうか。それは、カウンセラーがA君の目の前で、祖母とも「現前する他者」として直接かかわったことと関連があると思われた。

　たとえば、A君は、食事を勧める祖母と、迷いを示すカウンセラーとのやりとりを見た。そのやりとりは、まるで、祖母とA君との日常のかかわりが映しだされたようなものであったのかもしれない。そうだとすると、A君がそのようなやりとりを観察することで、自分を対象化する視点を得た可能性がある。そこから、A君の気づきが生じたのではあるまいか。あるいは、カウンセラーは祖母への迷いを示したが、A君にとっては、そのような行為は新鮮なものに映ったのかもしれない。カウンセラーの祖母に対する行為は、A君に何らかのモデルを提供した可能性がある。もちろん、これらは一つの解釈である。

　また、カウンセラーは、これらの可能性を意図してA君の前で、祖母とかかわったわけではない。けれども、家庭訪問では「現前の他者」とのかかわりがもてるからこそ、このようなことが起こりやすいといえよう。少なくとも、カウンセラー自身は祖母との直接的なかかわりのなかで、A君の気持ちを身近に感じることができ、A君への理解を深めることができたように思う。

　第2期で、カウンセラーは面接対象についての葛藤のなかで、カウンセラ

ーの態度を問われることになった。祖母との電話のやりとりや、A君がおもちゃを探してくれていたにもかかわらず祖母としゃべりつづけた、などのカウンセラーの行為である。A君との面接が目的であるのにもかかわらず、カウンセラーは祖母側に偏りすぎた。A君は、祖母と私から離れて、毛布にくるまり、サナギのようになり、自分の世界に閉じこもってしまった。A君の行為は、カウンセラーと祖母の関係のどこか変な感じを、身体をはって表現したものであったと考えられる。

　この時期、カウンセラーはA君と会うために家庭訪問をしていたが、祖母と話をすることも増えていた。カウンセラーは、迷いもあったが、そのようなかかわりも、A君との面接を継続するためには必要なのではないかと考えていた。しかし、それは大きな勘違いであった。A君の身体をはった表現のおかげで、カウンセラーはそれに気づくことができた。カウンセラーは、祖母の動きに「巻き込まれすぎ」であった。カウンセラーは、祖母に対して、「A君と二人にさせてください」と告げ、カウンセラーの面接対象は、祖母ではなく、A君なのだということを明確にした。A君の健全な強さに支えられ、カウンセラーも「専門性」を発揮することができた。祖母にも気づきがあったのだと思う。それ以後、祖母は、カウンセラーと一線を画すようになり、A君との面接を見守ってくれるような雰囲気となった。

(2)　A君の身体表現の意味

　A君が毛布にくるまりサナギのようになった行為は、メッセージとしても理解できる身体表現であろう。そして、このA君の身体表現は多重な意味を含んでいると考えられる。A君のこの行為は、カウンセラーと祖母の関係のどこか変な感じを、身体をはって表現したものではないか、と先に述べた。この日、A君はおもちゃを探しに2階に上がったのであるが、そのときに、A君は、祖母とカウンセラーのひそひそ声を聞いた可能性がある。A君はカウンセラーのためにおもちゃを探しているのに、カウンセラーは祖母とかかわっていたのである。A君は、たとえば怒りや悲しみのようなものを感じて、自分の世界に閉じこもってしまったとしても不思議ではないだろう。

　一方、このA君の身体表現は、カウンセラーや祖母に向けての行為という

だけでは不十分だと思われる。A君が祖母とカウンセラーのひそひそ声を聞いた場合、おそらくA君は家族との歴史のなかで繰り返されてきた「何か」を体験していたのではないだろうか。自分のいないところで、大人がひそひそ声で話しているということ、家族の「何か」をA君が「知らないこと」にされていること、それは家族の「ウラ面」にかかわることであったかもしれない。このような家族が繰り返してきた「子ども扱い」に対して、A君は撤退することによって抗議した、あるいは、大人が望むように毛布にくるまり赤ちゃんのように振る舞った、すなわち退行した、などの解釈が考えられるかもしれない。つまり、A君の身体表現は、カウンセラーや祖母などの「現前の他者」に向けての行為であっただけではなく、そこにはいない両親などの「不在の他者」に向けての行為でもあった可能性がある。それは、この日、A君が家族の「ウラ面」について多くを語ってくれたことからも考えられよう。これらのことから、A君の身体表現は、A君の家族関係のなかでも理解されうるメッセージとしての行為であった可能性もあるだろう。

また、A君のこの日の行為は、象徴的には「死と再生」「再誕」を表わしていたとも考えられる。つまり、毛布にくるまっている状態が「サナギ」にたとえられるとするならば、眠りから目覚め、毛布から抜け出したことは、新たな誕生を表わす行為であったといえよう。毛布から抜け出し、新たに誕生したからこそ、A君は、それ以前にカウンセラーに語ってこなかった家族の「ウラ面」を語ることができたのではないだろうか。一方、カウンセラーは、A君の身体をはった表現のおかげで、気づきが生じた。そして、カウンセラーにも家族の「ウラ面」を聴く準備ができたからこそ、生じた事態であったことが考えられる。

(3) 「見えすぎる」という観点から

次に、「見えすぎる」という観点から、事例について考察したい。初回の家庭訪問で、カウンセラーは客間にある「物」に圧倒されるしかなかった。いったい、カウンセラーは何に圧倒されたのか。面接を終えてみて気づくことであるが、おそらく、カウンセラーはA君の「物」から、A君の「家族の深淵」のようなものを意識下で感じており、それに圧倒されたのだと思う。

それは、面接が進むにつれて、しだいに理解されてくるようなものであった。

初回面接では、A君の客間にぎっしりと並べられた仮面ライダーの人形などの「物」に驚いた。部屋自体は普通の客間であったが、並べられた「物」は、それぞれ、いろいろなことを主張しているようにさえ見えた。たとえば、仮面ライダーはいろんなポーズをしていた。また、仮面ライダーには毛糸の服が着せてあった。プラスチックの人工的な人形に、手作りの毛糸の服は、どことなく不思議な印象をかもしだしていた。それは、祖母が編んでくれた服だという。祖母の孫への思いが感じられた。また、それらの「ヒーロー」の人形、剣などの武器から、A君の強くなりたい、変身したい、という願いのようなものをカウンセラーは感じた。A君は何に変身したいのか。そして、それらの「物」にあふれていないと、いられないくらいの痛々しいA君の「弱さ」のようなものもカウンセラーは感じた。

また、それらの大量のおもちゃを、だれが買い与えているのかも気になった。のちのちの面接から明らかになったことだが、とにかく、母親はA君に何でも買い与えてしまうとのことであった。それは、家計を担っていることもあり、仕事に忙しい母親のせめてもの想いかもしれなかった。

だが、A君は、それらの人々の「想い」をそのまま受け取っていたのだろうか。A君は、最終的には、10万円もする仮面ライダーのベルトを欲しがるようになるのである。

このことから、A君が本当は何を求めていたのか、という問題に突き当たる。川幡（2005）は人間の願望について、フロイトにもとづいて考察している。乳児は空腹になると、泣き声をあげて母親に訴え、生理的要求を満たそうとする。このとき、乳児の満足体験は、他者の援助によってもたらされる。川幡は「こうした経験を繰り返すと、乳児は失われた満足体験を再現しようとするとき、満足体験を直接もたらす物ではなく他者を求めるようになる。願望充足とは、満足体験をもたらした他者を呼び戻すことである」と述べている。

このような考えを参考にすれば、A君は「物」を求めていたのではない、といえるかもしれない。だから、たくさんの「物」を手に入れても満足せず、欲しいものが尽きないのである。では、「物」でなく「者」であるとするな

らば、A君は「だれ」を求めていたのであろうか。A君は「母親」を求めていた、と考えることもできるかもしれない。あるいは、どのような「者」がA君に必要であったのだろうか。

　A君は「大人として認めてくれる者」の存在を求めていたのではないだろうか、と私は思う。A君を大人として認めるようなかかわりが、A君の家庭には乏しかったのではあるまいか。祖母や母親の「想い」と裏腹に、祖母や母親は「物」を与えることで、A君を「子ども扱いする者」になっていたのかもしれない。A君は、10万円のベルトをねだるという行為で、祖母や母親を困らせた。A君の行為は、「A君のためである」と言いながらも、A君の意思を問わず、A君を「子ども」のままにしてしまう祖母や母親の行為の欺瞞に対してのA君の訴えだったのではあるまいか。

　それというのも、A君が「僕のためなのか、ばあちゃんのためなのかわからなくなる」「親に騙されたような感じ」をのちの面接で語っているからである。このような複雑な背景が「物」に映しだされていたとするならば、そして、カウンセラーが意識下でそれらを感知していたとするならば、家庭訪問をするカウンセラーは初回面接で圧倒されても不思議はなかったのかもしれない。

⑷　A君の成長と「ギター」の意味

　さて、A君にとって「ギター」はどのような「物」であったのだろうか。A君を子どものままにしておくような虚しい「物」であったのだろうか。私は、A君にとっての「ギター」はそのような「物」ではなかったと考える。

　「仮面ライダーのベルト」は、ただ腰に巻きつける「物」である。これは、お金さえ出せば手に入れられるものである。また、それは、A君の場合、自分では買えない、与えられる「物」である。一方、「ギター」は、所有するだけなら単なる「物」にすぎないが、それは無限の可能性を秘めた「物」でもある。「ギター」には「練習」という身体の鍛錬が必要である。「仮面ライダー」のベルトのように、無限の全能のイメージに浸りきることはできない。おのずと身体が限界を示す「物」である。ただし、限界がありつつも、身体の限界の範囲では、どこまでも技術を身につけられる確かな「物」であり、

それまでの「物」とは質が異なる、手応えのある「物」である。
　「ギター」は、A君にとって、自分を表現するチャンネルとなっていた。A君は本当に欲しいものを与えてもらえなかったのかもしれないが、A君の「もの足りなさ」はだれかが満たすことのできるような「もの」ではないのかもしれない。それは、先述した川幡のいう「失われた満足体験」のようなものかもしれず、そのような「もの」は、永遠に戻らないかもしれない。けれども、戻らない悲しみについて、「ギター」で表現することはできる。むしろ、永遠に戻らないものを抱えることで、その表現は尽きることがない。だから、A君は「ギター」に夢中になったのではないかと思う。
　A君は「ギター」を弾くことで、これまで、どことなく疎遠であり、「あんな親父」と言っていたこともある父親と、新たに出会った。そして、A君は「ギター」による自己PRで、希望の高校にも合格した。「ギター」によって、自らの関係をひろげ、進路も切り拓いたのである。チャンネルを見つけたあとのA君の成長の速度はすさまじいものであった。A君の成長の速度に家族が追いつかなかったのかもしれない。このころ、両親が離婚の危機に瀕した。カウンセラーは、両親の危機に対して、何か役に立てればと思ったが、直接かかわることはできなかった。
　スクールカウンセラーとの関係の中で考えると、「ギター」はA君とカウンセラーとの関係をつなぐものであった。A君の誘いに促され、カウンセラーは「ギター」を、「専門家」としてというよりは「素人」として、自宅で弾いているように、思いっきり「弾いてしまった」。カウンセラーは、ギターを手加減せずに弾くことに葛藤を感じており、「専門性」と「素人性」のあいだで「素人」の役割に偏りすぎではないか、「能動性」と「受動性」のあいだで「能動的」な役割に偏りすぎではないか、と揺れていた。
　カウンセラーはこのような役割についての葛藤に身をおきながらも、手加減せずに「ギター」を弾く行為を選んだ。伝統的な精神分析の立場からすれば「治療者のファルスを誇示しているかのような」禁忌の行為であったかもしれない。このとき、カウンセラーは一人の人間として、A君と真剣に向かい合っていた。もしも、カウンセラーが「まあ、趣味だから、たいしたことないよ」などと手加減して、A君の前で「ギター」を弾いたとしたら、それ

はA君を子ども扱いするような行為となっていただろう。もちろん、カウンセラーとのかかわりが、A君を大人にしたかどうかはわからない。けれども、カウンセラーは「ギター」をとおしてのかかわりで、A君を子ども扱いしなかった。

⑸ 家庭訪問をするスクールカウンセラーの責任

家庭訪問で、スクールカウンセラーが「専門性」と「素人性」、「能動性」と「受動性」のあいだで役割についての葛藤を起こしやすいことは先に述べた。本事例から、そのような葛藤を見つめるなかで、児童・生徒の支援につながるのであれば、ときとしてカウンセラーの「素人」の部分を、「能動的」に示すことも必要であることが考えられた。ただし、そこには慎みが求められるだろう。

馬場（2000）は、青年期治療について、治療者が青年の「潜在する内的葛藤や病的防衛機制の解釈」を行なうなど、一般成人の治療者と同じ役割をとる一方で、「青年の発達過程にある自我に働きかけて、弱化した自我を支え、外的現実の中での仕事や地位の獲得を介して社会的自己を確立するのを助け、見失われた自我同一性を再発見させていく」役割をとることがあると述べている。とくに、治療者が後者の役割をとる場合、それは、治療者が、青年の家族とは異なる、青年の「新たな依存と同一化の対象」となる役割を引き受けることにもなるので、治療者が青年の人生の決定にかかわる可能性がある。そのため、馬場は、青年期治療では「治療者に厳しい責任性の自覚」が求められると共に、「治療者との同一化をどこまで肯定し、どのような同一化ならば肯定するのか、について治療者としての理念が問われるのである」と述べている。

家庭訪問は、相談室での面接とは異なる構造をもっている。児童・生徒の自宅であることもあり、児童・生徒は退行を起こしやすく、思春期や青年期にある生徒は、家庭訪問ではひときわ発達上の諸問題が先鋭化しやすい。家庭訪問をするスクールカウンセラーは、馬場の指摘にあるような、児童・生徒に対しての「責任」を十分に自覚しておくことが大切である。

たとえば、カウンセラーは最後の面接時に、自分のギターのピックをA君

に渡したいという気持ちになった。このとき、カウンセラーは、馬場のいう「治療者としての理念」を問われたのだと思う。A君は、カウンセラーに影響されギターをはじめたのだとすれば、その時点では、カウンセラーに同一化していたと考えられる。しかし、最終面接の時点では、A君はギターを弾くことで自分を確立しはじめていた。A君にとっての「ギター」は、カウンセラーと同一化するための手段ではなく、すでにA君自身を確立するための「A君のギター」となっていた。カウンセラーがA君にピックを渡したとすれば、それは、A君をカウンセラーと同一化の状態のままにとどめておこうとするような、いわば自分の「息子」にするような行為となっただろう。そのような行為は、A君の母親や祖母がたくさんの「物」をA君に与えたような、「子ども扱い」の行為と同質のものである。

　カウンセラーは「素人」として、A君との別れに「さびしさ」を感じていた。それは、人としての自然な感情であり、母親と祖母の「さびしさ」を感じるような体験でもあった。けれども、カウンセラーの「さびしさ」のみからの「素人」の行為は、「専門家」としての行為ではない。A君の成長を阻む役割となりうる。どこかで、A君の成長を感じていたからこそ、カウンセラーは自分のピックを渡さずに帰ることができたのであろう。

　本事例から、スクールカウンセラーの家庭訪問についてさまざまなことを教えられた。最後に、スクールカウンセラーが家庭訪問をする場合、担任や養護教諭、管理職との連携を密にすることが大切であることを強調しておきたい。私の場合、A君の様子を担任や養護教諭に伝えることで、自らの行為について振り返り、反省する機会を得ることができたからである。ときとして「能動性」と「受動性」、「専門性」と「素人性」、「面接対象」とのあいだで揺れ、自分の役割がよくわからなくなったとき、この報告の時間がカウンセラーにとって、どれほど助けになったかわからない。スクールカウンセラーが家庭訪問をする場合、カウンセラーには、自らの役割について、さまざまな葛藤や不安を味わうことになる。家庭訪問をすることになるスクールカウンセラーには、相談室での面接よりも、ひときわ一人で抱え込まず、自らのかかわりを報告、あるいは相談できるだれかが必要である。

［引用文献］

馬場謙一(2000)：青年期治療の実際―外来治療を中心に　馬場謙一　精神科臨床と精神療法，pp.188-189．　弘文堂

神田橋條治(1990)：精神療法面接のコツ，p.183．　岩崎学術出版社

川幡政道(2005)：心のはたらきがわかる心理学，p.61．　三恵社

熊倉伸宏(2004)：メンタルヘルス原論，pp.111-117．　新興医学出版社

長坂正文(2007)：訪問面接　村山正治(編)　学校臨床のヒント，pp.141-143．　金剛出版

中井久夫(1995)：家族の深淵―往診で垣間見たもの　中井久夫　家族の深淵，pp.23-24．　みすず書房

田嶌誠一(2001)：不登校・引きこもり生徒への家庭訪問の実際と留意点　臨床心理学，1(2)，pp.202-214．

（松本　京介）

3-3　自由来室

1　自由来室活動とは

　自由来室とは、休み時間などに子どもたちに自由に相談室に来てもらい、自由に過ごしてもらうという、スクールカウンセリング活動の一つである。一人で来室しても、友人と一緒に来室してもよい。相談室に他の子どもがいることもある。子どもたちは、友達同士や偶然居合わせた子と雑談をしたり、絵を描いたり、本を読んだり、スクールカウンセラーと話をしたりすることができる。

　半田（2000）は、自由来室活動について、①相談でなくても相談室を利用できることで相談室に対する心理的距離を縮められるという「利用のしやすさ」、②学年男女を問わず多くの子どもが来室できる場の中で新たな人間関係を結べることによる「子ども同士のサポート」、③構造化の緩い曖昧な場面でスクールカウンセラーの援助を受けつつ対人関係を学べる「多様な学びの場」、④子どもにとってスクールカウンセラーがいざというときに相談に行きたい相手であるかどうか選択できる機会となる「スクールカウンセラーを見極める場」、⑤悩みの相談という深刻めいたスタンスをとらずに相談でき、スクールカウンセラーのはたらきかけによっては次の相談の入口ともなりうる「相談の場」、という子どもにとっての五つの利点を挙げ、子どもの日常生活における援助の新しい試みとしている。

　自由来室活動における基本的なルールとしては、「休み時間に限定する（あるいは放課後も解放するが予約相談のある時間帯は利用できない）」「休憩時間終了時は速やかに退出する」「他者の嫌がるような言動は控える」などが挙げられる。スクールカウンセリングの他のさまざまな活動と同様、自由来室活動においても、学校の中で相談活動を行なうため、立場や対応の違

いが顕在化しやすい。

　生徒指導と教育相談の違いについては菅野（1995）が、教員とカウンセラーの違いについては坂本（1998）がそれぞれ述べているように、教師が行なう生徒指導では生徒のルール違反や逸脱行為に対し、指導を通してルールを守ることの重要性を優先するものであり、カウンセラーが行なう相談活動では、問題行動の意味を理解することを重視するという違いがある。

　自由来室活動の利点や意義について、学校側と共有するためのはたらきかけも行なわれている。今田ら（2001）は、「誰でもが自由に来て良い所とはいえ、相談室に足を運ぶにはそれぞれの生徒なりの理由がある。教室で解消されない不満を発散させたり、誰かに自分の存在を気にしてもらいたかったりと、その理由はさまざまであるが、教師がそういった理由を持つ生徒に気が付き、様子を見守るという態度を形成することが大切」として、スクールカウンセリングの実践において自由来室した子どもについて、スクールカウンセラーと教員が連携をもてるような配慮を行なっている。半田（2005）は、相談室が生徒の溜まり場になってしまわないかなどの懸念を教職員がもつことが多いとして、調査研究をとおして子どもがスクールカウンセラーに対してもつニーズについての研究を行なっている。

　自由来室をとおして子どもを支援した事例報告はまだ少ない。ここでは自由来室から相談室の利用を始めた、ある登校渋りの子どもが少しずつ適応的な変容を果たした事例を紹介する。なお、この事例は、私がスクールカウンセラーとして出会った多くの事例の共通点を抜き出し、それぞれの本質を損なわないようにつくりだした架空事例である。そして、描画作品は何人かの子どもの作品からイメージして私が模写したものであることを付け加えておく。

2　事例：登校渋りの小6女児

(1) 事例の概要
- 対象：A子、小6女児
- 主訴：小3から登校渋りで、週1〜2日ほど欠席する。登校した日も教室

に入りにくいといって遅刻することや、早退することもある。
・問題の経過：小3の2学期、女児のグループで仲間割れがあり、リーダー格の子から外されたA子ともう一人の子が学校を休みがちになる。小4のクラス替えでそのグループの子たちとは別々のクラスになったことがきっかけで、もう一人の子は毎日登校するようになったが、A子は休みがちの状態がつづく。現在、登校した日は一緒に行動する友人もいて、穏やかに過ごしている。ちょっと注意されたり、あるいは自分に対してでなくとも、他の子たちがきつい口調で罵声をあげるようなことがあると、表情が険しくなり、動作が固まってしまい、授業の途中であっても帰ってしまうことがある。
・既往歴：とくになし
・家族構成：父(会社員)、母(パート勤務)、姉(高2)、兄(中3)、本児
・A子の印象：整った顔立ちの女児。黒や紺などのトレーナーとジーンズなど、地味な服装であることが多い。一見無気力で、あまり周囲に関心を示さないように見える。話すことは必要最低限であるが、受け応えはきちんとできる。
・相談室の構造：X年4月からスクールカウンセラーが週1回8時間で配属された。専用の相談室があり、カウンセラーのいない時間帯や曜日は施錠した。授業時間の児童の相談は、担任の許可を得た特別な場合のみとした。中休み（15分）、昼休み（20分）は児童が自由に来室できるように開放していた。放課後の相談は予約制であり、児童が直接カウンセラーに話すか担任を通すか、どちらかのかたちで予約をとれるようにして、1回45分の時間をとって面接を行なった。

相談室には、応接セットのソファーと小テーブル、大テーブルとパイプ椅子を設置した。また、画用紙とクレヨン、色鉛筆などを用意し、自由に使えるようにしておいた。壁に掲示コーナーを設け、描いた絵などの作品は、児童の希望により掲示した。掲示を希望しない作品については、カウンセラーが預かり保管しておいた。

(2) 面接の経過

A子が来室したのはX年5月～X+1年3月まで、休み時間の自由来室32

回（中休み14回、昼休み18回）、放課後の予約相談8回であった。面接経過を便宜上、4期に分けて報告する（A子の言葉を「　」、教員の言葉を『　』、スクールカウンセラーの言葉を〈　〉で記す）。

・第1期（X年5月～7月）：A子が相談室に来るようになってから1学期終了まで

　X年4月のカウンセラー初出勤日に、担任から『A子という子のことで……』と相談があった。『私がA子の担任をするのは今年が初めてですけど、ずっと登校渋りがつづいている子です。今日も休んでいますが、カウンセラーがいらっしゃる日にA子が来ていたら、相談室を紹介したいと思います』ということであった。しかし、カウンセラーの出勤日がA子の休みがちな週の始めに設定されていたこともあり、A子本人となかなか会えなかった。

　A子に初めて会ったのは、5月の半ば、2時間目の途中にA子が遅刻登校して来た日であった。担任が校門まで迎えに行ったら、A子が教室に行くのをためらっていた。担任から案内されて相談室に来室したA子は、「相談することなんてない」と黙り込んでしまう。〈教室に入る前に心を落ち着けるために、ここを使うこともできるよ〉と伝えると、「ふ～ん」と関心なさそうであるが、担任から『2時間目が終わるまでここに居させてもらって、それから教室に入るっていうことでいい？』と聞かれ、A子は「わかった」と、相談室のソファーに腰掛けた。カウンセラーが改めて自己紹介すると、「あれ、でも先生、ふだん来てないじゃん。この部屋もふだん開いてないし」と言う。カウンセラーは、相談室が週1回決まった日に開いていること、相談は放課後に予約して時間をとって話を聞くので、その時間は予約した子だけが入れるということ、中休みと昼休みはだれでも自由に入れること、などを伝えた。

　チャイムが鳴って休み時間になると、ふだんから自由来室でよく来ている子どもたちが来た。その中にはA子と同じクラスの友人もいた。「あっ、A子、来てたんだ。おはよう」と、友人たちに声をかけられ、A子も「おはよう」とあいさつする。友人がA子に「相談室開いている日は、ウチらよくここ来て、絵描いたり本読んだりするよ。ここ静かだから」と話したら、A子

は「ふ〜ん」と呟き、黙って友人たちが絵を描いているのをしばらく見ていた。そして、カウンセラーに「紙、一枚いい？」と言う。画用紙を手渡すと、ほかのみんなとは少し離れて背を向けて坐り、絵を描き始めた。友人たちはおたがいの絵を見せ合いながら「じょうず〜」「この漫画いいよね！」などと話して楽しそうだが、A子はその輪には加わらず、黙々と描いていた。

　休み時間終了を告げると、他の子たちが「ありがとうございました！」「これ貼っておいて！」と描き終わった絵をカウンセラーに渡して教室に戻るが、A子は「まだ途中……」と言う。〈相談室は、休み時間が終わったら教室に戻るっていうルールなんだ。授業中にここを利用する場合は、担任の先生の許可が必要なんだけど〉と説明すると、「じゃあいいや、教室行く」と言いながらも、描きかけの絵を名残り惜しそうに手に持っている。〈描きかけの絵は、またここが開いているときに来てくれたら、そのときにつづきを描けるように預かっておくことはできるけど〉と伝えると、「昼休みに来る。まだこの絵見ないでね」と画用紙を伏せてカウンセラーに手渡し、友人のあとを追って教室へ向かった。

　昼休み、A子は友人たちと一緒に相談室に「つづきを描く」とやってきた。友人たちは他のクラスや学年の子たちと絵を描きながら談笑しているが、A子はやはり黙々とつづきを描いて完成させた。昼休み終了の予鈴が鳴ると、「見てもいいけど、まだ貼っちゃだめ。他の子に見せてもだめだよ」と念を押し、今度は友人と一緒に教室に戻った。

　児童がみんな相談室を出たあと、A子の絵を見てみると、他の子たちの描く絵とは明らかに雰囲気が異なっていた。ほとんどの子は、漫画のキャラクターやオリジナルの女の子の絵を、画用紙一杯に大きく描き、カラフルに彩色する。元気がよくエネルギーが感じられるが、人物を一人描いて完成された絵からは、他者とのかかわりや一連の物語は見えてこない、という印象を受けた（もっとも彼女たちは、その絵を友人に見せながら会話することで、現実でのかかわりを展開させていたわけだが）。

　A子は一枚の画用紙にたくさんの小さい人間や動物の絵を描いた。色は塗らず、モノトーンで硬いタッチは、A子本人の印象に似るものがあった。しかし、その絵からは一つの物語が展開されていた（図1）。

図1：真ん中に大きく迷い猫のポスター。猫を心配する人、その他の人々や動物たちが描かれており、それらすべての足元にきっちりと影が描かれているのである。迷い猫が主人公かと思ったが、画用紙右上のほうにシクシクと泣く幽霊。そして、その幽霊には影がない。

その後の担任の話によると、『A子さん、相談室が開いている日は行こうかな、って。ただ、一人でさぼっているようにみられるの嫌だから、授業中はもう行かない、って。このあいだみたいに、休み時間に友達と来る、という感じでもいいのでしょうか？』と報告があった。A子は2週間に1度ほど、登校した日の休み時間、同じクラスの友人3～4人と一緒に相談室に来るようになった。しかし、他児とはかかわりをもたずにいた。カウンセラーと会話をするのも教室に戻るときに「これ預かっておいて。だれにも見せないで」と描きかけの絵を預けるときだけであった。
　A子は最初に描いた絵のつづきを描いていた（図2）。

・第2期（X年9月～10月）：休み時間の自由来室が定着した時期
　2学期が始まり、最初のカウンセラー出勤日の中休みに、他の友だちよりも一足早く来室し、「絵のつづきを描く」と、一気に描き上げた（図3）。
　「これ、いままでのも、全部貼っていいよ」と言うので、A子の絵を壁の掲示コーナーに貼ろうとすると、「こういう順番に貼って。最初は迷い猫を

図2：迷い猫は見つかり、周りの人が「よかったね」と言っている。幽霊は隅のほうで「皆ボクのこと忘れてる、ひどいや、ひどいや」と泣いている。

探している絵でしょ、それから迷い猫は見つかって……でも幽霊のことはだれも気がつかない、っていう絵。最後に、いま描いた絵」と言う。〈幽霊にも影がついて、みんなに見つけてもらえるようになったんだね〉と言うと、「まあね。フフフ」と、相談室で初めて笑顔をみせた。

　2学期になってからも、A子は相談室に2週間に1度ほど来室していた。「今日休もうと思ったけど来たよ」などと、カウンセラーに対しては少し話をするようになった。しかし、学校生活の話題についてはほとんど触れることはなかった。

　教員全員で行なわれる教育相談部の会議で、A子の現状と対応について話し合いが行なわれた。A子の登校状況は、同じ週に2回以上は休まなくなったが、遅刻や早退はまだ頻繁にあり、校門まで来たのに校舎に入れなくて帰ってしまうこともある、ということであった。カウンセラーの対応としては"これまでどおり休み時間の自由来室で信頼関係をつくり、担任と協力して放課後などの時間に一対一で相談できるようなきっかけをつくる"ということを話し合った。

　自由来室で来たA子の友人や他学年の子たちは、雑談をして過ごすことが主になった。趣味などの話から、「勉強がむずかしい」「男子が意地悪してく

図3：だれにも気付かれなかった幽霊に影をつけ、幽霊の仲間を増やす。人が"あ！ゆうれいだ"と気付き、幽霊は少し嬉しそうにしている。

る」「昨日お母さんに怒られた」など、日常の困りごとまでいろいろな話題があった。A子はどの話題にも入ろうとせず、聞こえないふりをして黙って本を読み、あるいは画用紙に絵を描いては消しを繰り返していた。友人からA子に話しかけることもあったが、「よくわかんない」と素っ気ない返事をするのみだった。なかには「ここで話すとすっきりするよね」という児童もいたが、A子は「意味わかんない。私は絵を描くだけでいい」と呟いた。

・第3期（X年11月〜12月）：登校が安定してきた時期

　2学期の後半は、文化祭や修学旅行など、A子たち6年生にとっては小学校最後の行事が多く行なわれる時期であった。最初、A子は参加するかどうか迷っており、相談室でも「私、行かないかもしれない。どうしようかな〜」と話していた。担任の配慮や友人の誘いによって、大きな行事にはすべて参加することができた。そのことで自信がついたのか、遅刻や早退も少なくなってきた。相談室では、他の子の話題に入ることはまだ多くはないが、友人から話しかけられると「うん、そうだね」など、きちんと話を聞いて答えるようになった。

　ある日の昼休み、下級生の女の子が「〇〇（少女漫画）の主人公の服がす

ごく可愛い」という話をして、A子の同級生で絵の得意な子がそのイラストを描き、学年を超えて盛り上がっていた。そのとき、A子がカウンセラーに「ねえ、洋服描いて」とリクエストしてくる。〈いまみんなが描いていたようなの?〉と言うと、「違うよ、ああいうヒラヒラな服じゃ旅に出られないじゃん」。昼休み終了の予鈴が鳴り、A子は「しょうがないな、今度来たとき私が描いてあげよう」と言って相談室をあとにした。

次のカウンセラー出勤日には、朝学活の5分前に登校し、職員室にいたカウンセラーを呼び、「ねえ、冒険の服のことだけど」とA子が最近好んでいるというロールプレイングゲームのキャラクターが描かれた下敷きを見せてくれる。担任から『朝学活始まるよ』と声をかけられ、「え〜、カウンセラーさんと話がしたかったのに」と不満そう。〈いつものように、休み時間に待ってるよ〉と声をかけると、「休み時間じゃ足りないよ。他の子もいるし」と言う。担任から『それなら放課後に行くのはどう?』と言われ、「相談じゃないって」と少し抵抗を示す。カウンセラーから〈他の子にあまり聞かれたくなくてゆっくり話をしたい、ということであれば時間をとることができるよ〉と伝えると、「しょうがないな」と言いながら、放課後に予約をとった。

休み時間には黙々と"冒険の服"を描き、予鈴が鳴るとカウンセラーに「説明はあとで」と小声で伝えて教室に戻っていった。

放課後に、その絵について「最近クリアしたゲーム。服もかっこいいし、ストーリーがすごくいいんだよ」と、内容を説明してくれる。「でも、これじゃ真似だし、オリジナルじゃないとね。カウンセラーさんも何かアイディア出して!」と、何度も洋服を描き直す。ああでもない、こうでもないと言いながら休み時間と放課後をそれぞれ3回ほど使って、一緒にデザインを考えつづけた。

放課後に一人で来室するときには、絵を描きながらいろいろな話が出てきた。「こういうゲーム、友だちはあまり知らないみたい」「私、他の子と趣味がズレるんだ」などの話をきっかけに、「学校を休みはじめた3年生のときに女子にはグループができて、いちばん気が強い子が鉛筆をみんなでお揃いにしようって言い出して、私は自分で持っているのを気に入っていたし、お揃

図4：最初は服だけを描き、服を着ている人の顔や体は描かない。「この服の模様どうしよう、何か描いてみて」「翼をつけようと思う。翼ってどうやって描くの？」などとカウンセラーに聞きながら、最終的には自分で「こうやって描いたほうがかっこいいと思う」と決めて仕上げる。最後には洋服を着ている人の顔や体もつけ足し、全身像となって完成。

いとかあまり好きじゃなかったから『嫌だ』って言ったら、それから仲間外れみたいにされた」「お父さんとお母さんは『そんなことに負けてないで学校に行け』って言うし、兄ちゃんは『他の子と仲良くすれば？』とか言うし、姉ちゃんは『適当に合わせておけばいいじゃん』とか言って、わかってないんだよな」など、学校に行きづらくなった経緯を話してくれるようになった。

　2学期最後のカウンセラー出勤日の放課後、冒険の衣装を描き終えた（図4）。「出来た。貼っておいて」と満足そう。

　〈3学期はどうする？〉と聞くと、「う〜ん、どうしようかな。一応予約しておいて」と放課後の来室も継続することになった。

　担任から『A子さん、最近は毎日来ているんです。やはりクラスでは他の子に少し言われたことで動けなくなったりすることがあるので、ギリギリの状態でいろいろ我慢していることはあると思います。相談室に来ることは楽

しみにしているので、3学期もよろしくお願いします』と話があった。

・第4期（X＋1年1月〜3月）：他児とかかわりはじめる
　3学期が始まり、A子は休み時間と放課後の両方に来室した。放課後の相談では、「勉強が遅れているんだけど」「中学になったら毎日行けるのかな」など、卒業後の現実的な話をするようになった。そして、「あ〜、ここも卒業までなんだよね」と呟く。〈中学生になったら、その中学校にも相談室があり、その相談室はこことは雰囲気や利用の仕方は違うかもしれないが、ストレス発散のお手伝いをしてくれるところだから、何かあったらいつでも利用するといいよ〉ということを伝えた。
　休み時間は、これまで他児にあまり興味をもたず、絵を描きながらカウンセラーと話すことが主であったが、だんだん他児の雑談にも耳を傾けるようになった。下級生が「友だちの中に意地悪な命令口調の子がいて困ってる。喧嘩はしたくないし、どうしよう」という話題を出したときに、「私も昔あったよ。そういう子いるんだよ。そういうときは何ていうのかな〜、無視とかじゃなくてちょっと離れて気にしないようにするといいよ」とA子なりのアドバイスをするなど、成長が感じられた。卒業が近づき、同級生とは中学生になったらという話題が主になり、A子も会話に参加していた。
　カウンセラー最後の出勤日には、A子は自分が描いて掲示コーナーに貼った絵を眺め、「いろいろ描いたなあ」と呟く。〈いろいろなこと、話してくれるようにもなったよね〉と伝えると、「うん。最初はこういうところに来て話すって、学校に全然来られない子とか、弱い子とかいうイメージがあって、ちょっとなあと思ってた。でも、クラスでは結構うまくやっているような友達も来てたし、そういう子でもいろいろ悩みごとはあるんだなってわかった。ここ来て話すって普通にしていいんだ、って思った」「これから、中学で一緒になった子に、自分の思っていることとか話せるかどうかはわからないけど。でも、何とかなると思う」としっかりした口調で話し、「ありがとうございました」と相談室をあとにした。

3　自由来室のメリット

　A子は小3時の友人関係でのトラブルから、自分を主張することも他者の指摘を受け入れることもうまくいかず、傷つきを抱えながらかろうじて登校し、普通に、静かに過ごしたいと思っていた。一般にこの時期の子どもたちにとって、悩みを悩みとして自覚し言葉で自分を表現することはむずかしい。初めて置かれた相談室に自分の悩みを相談に行くのは、A子にとって非常に敷居が高いことであったと思われる。休み時間という限られた時間であるが、遊びに行くという感覚で自由に来室できるということで、かろうじて相談室につながった。

　最初は、一緒に来た友人とはほとんどかかわらなかったが、いろんなことを話す友人の様子を静かにうかがうことで、友人たちが自分を傷つけることはないということや、日常の何気ない悩みを相談室で話すことも大丈夫だということを確認できて、相談室につづけて来るようになった。評価をされず、安心していられる場の中で、描画の中で影のない幽霊に影を付け、みんなに気づいてもらえるようにし、旅の衣裳を調えるという一連の表現をすることができた。その後、放課後の定期的なかかわりで自己を語れるようになり、さらに他者と少しずつかかわるスキルを身に付けていったのではないだろうか。

　このケースでは、担任がA子の変則的な相談室利用にも協力的であったため、A子は徐々に相談室につながることが可能となった。学校によっては「自由来室のような利用の仕方では、生徒の溜まり場になり、非行の温床にならないか」などの心配が生じることがある。今回紹介したA子のケースをもとに、スクールカウンセラーが自由来室のメリットを知り、学校の理解を得ながら活動できることが望ましい。

［参考文献］
半田一郎（2000）：学校における開かれたグループによる援助―自由来室活動による子どもへの直接的援助　カウンセリング研究，33，pp.265-275．

半田一郎（2005）：ある公立中学校の2年生が持つスクールカウンセラーへのニーズ―開かれた相談室運営である「自由来室活動」と関連して　学校心理学研究，5，pp.3-14.

今田里佳・後藤正幸・吉川領一・石隈利紀（2001）：生徒支援における専門性を活かした役割分担と連携―学校心理学に基づくスクールカウンセラーの実践　信州大学教育学部付属教育実践総合センター紀要　教育実践研究，2，pp.1-12.

菅野純（1995）：教師のためのカウンセリングゼミナール　実務教育出版

坂本裕二（1998）：学校教育におけるスクールカウンセラーの必要性―生活指導とカウンセリングの相違点と相互理解　倉光修編　臨床心理士のスクールカウンセリング―2　その活動とネットワーク，pp.63-69.　誠心書房

（板橋　登子）

3-4　いじめへの対応

1　いじめの実態

(1)　いじめ体験

　——でもね、僕は思うんです。たとえ今こうして平穏無事に生活していても、もし何かが起こったら、もし何かひどく悪意のあるものがやってきてそういうものを根こそぎひっくりかえしてしまったら、たとえ自分が幸せな家庭やら良き友人やらに囲まれていたところで、この先何がどうなるかはわからないんだぞって。　　　　　　　　——（「沈黙」村上春樹）

　これは、この小説の主人公がいじめにあった経験を大人になってから回想したときの言葉である。読者にこの小説の一読をお薦めしたい。いじめを体験した主人公は、いま現在がどんなに幸せでも、過去に経験した人の悪意と無関心といういじめによって、心の奥底で絶えず強い不安に駆られて生きつづけていることを告白する。いじめという体験は、それを受けた者にとって、このような深刻な人間不信と心の傷をもたらし、その後の人生をも変えてしまう力をもっている。ある日突然、個人あるいは集団から不合理に、そして継続的に身体的・精神的暴力を受けつづけるということは、そのときのそれ自体の苦痛はもちろんのこと、その人の心が今後もちつづけていく他者および社会に対するイメージがダメージを受けることは容易に想像できるだろう。近年のいじめによるとされる自殺は、その最も悲劇的で、だれもが心痛める結末である。

　いじめについて論じるにあたって、いじめが人間の魂に対する重大な侵害であり、それが根絶の方向に向かって努力されなければならない事象であるということを共有しておきたい。

⑵　いじめ問題の要因と解決のむずかしさ

　しかし、そのような前提のもとで、いざ臨床の現場に立ってみると、いじめという言葉で表わされる事象は複雑で捉えにくく、また実際の解決がむずかしい問題であることがわかってくる。現場の相談の中でのいじめ問題のむずかしさを整理すると、以下の8点があげられるだろう。

　①指導による解決の限界——いじめている側にいじめをしないように指導や注意を行なっても、そのことによっていじめが大人から見えないように隠されて陰湿化し、場合によっては「チクった」とされてエスカレートする危険性もある。

　②個人の受け止め方の相違——「いじめられた」という体験は子どもの主観によるため、いじめられた当人にとっては傷つくいじめ体験であっても、いじめている側にはその自覚がない場合がある。

　③いじめの秘匿——いじめの体験は本人にとって自尊感情を傷つけるものであり、さらに親などに心配をかけたくないという気持ち、あるいはそれを話すことでさらにいじめられることを心配して隠そうとする傾向がある。

　④いじめ—いじめられ関係の流動性——グループ内でのいじめ—いじめられはそのターゲットが移り変わり、昨日いじめられていた子どもが今日はいじめる側にまわるというように、スケープゴートを探しつづけるという流動性が高い場合も多い。これは集団のもつ病理とみなすことができる。

　⑤観衆役割や傍観者役割の存在——いじめはその当人同士だけでなく、いじめを周囲で囃している"観衆役割"、見て見ぬふりをする"傍観者役割"が、いじめを意識・無意識に助長している。

　⑥いじめる子どもにもストレスがある——いじめという現象はさまざまなストレスが子どもたちに蓄積しており、その不満が集団の中で行動として現われていると考えられる。いじめる側の子どもにも、いじめを繰り返すことでストレスを発散したり、SOSを発したりしている場合がある。

　⑦発達課題としての側面——思春期の時期にそれぞれが個性を確立し、社会化していく過程において、仲間意識の確立やその対立などという問題がある程度必然的に起こってくることがある。このような発達課題がいじめの問

題と絡んでおり、深刻ないじめの問題が小学校高学年から中学生にかけてピークになっているのはそのような背景とも関係している。

⑧学校・学級の風土的要因——いじめは個人内の要因だけではなく、地域・学校・学級の雰囲気や風土（たとえば肯定的な関係か競争的な関係か）などとも密接な関係がある。

これらの理由から、「いじめは悪いことだからやめよう・やめさせよう」という直線的な考え方だけでは、実際の問題には対処しきれないことがわかる。スクールカウンセラーは、このような個人内の問題と集団の問題の相互作用、そして社会・文化的な背景などのさまざまな力が作用して起こってくるものと理解して、いじめの問題に向かい合うことが大切になる。

(3) いじめの分類と見立て

スクールカウンセラーが、このような複雑な背景をもついじめの問題に対処するときには、おきまりの対応策がないことがわかるだろう。スクールカウンセラーはそれぞれの事例において、個別で柔軟な対処が求められる。そのために、その個別のいじめの問題に対してのきめ細やかな見立て（アセスメント）の作業が必要になる。たとえば、深谷（1996）は、いじめを以下の3つに分類している。

①悪口やからかいに代表される、喧嘩や意地悪
②悪質な悪口や無視・仲間はずれ・物隠しに代表される"いじめ"
③カツアゲや暴力、使いパシリに代表される、いじめ非行

日本で多発しているのは②の"いじめ"であり、これは差別や嫉妬などの否定的感情に支えられたゲーム的行動であり、ターゲットが移動するタイプとされている。また、とくにいじめ自殺の多くは③のいじめ非行で、特定の一人が集中的・継続的に対象となるいじめを背景に起きているため、③のいじめ非行は個別対応のみではおさまらない深刻な問題と捉える必要がある。たとえば、2007年の国の教育再生会議は、このいじめ非行を繰り返す児童・生徒に対する出席停止措置などを含んだ対応の検討を行なうよう答申を出し、論議を呼んでいる。

このようないじめのタイプおよび深刻度（外的な事実・状況）の把握と、

そのいじめを個人が心理的にどのように受け止めているか（心的な事実・心理的資質）を総合的に見極め、対応を検討し、提案していくことが重要になる。

⑷　スクールカウンセラーのいじめへの対応

　スクールカウンセラーがいじめに対して、実際にどのような役割と対応をとるかを整理してみよう。
　①予防・発見的対応
　いじめが起こってからの対応だけではなく、いじめを防止する環境をつくるために学校の風土に対してスクールカウンセラーが介入する必要がある。差異や個性を尊重する姿勢、傍観せずに主張でき、思いやりをもった態度で支え合う健康度の高い学校集団を育成するために、エンカウンターグループなどのグループカウンセリングの視点やソーシャルスキルトレーニング、アサーティブトレーニングなどの視点を採り入れた実践を行なっている場合もある。また、いじめの相談を自ら行なうことのできる児童・生徒は一部であることから、教員と連携しながら、ふだんと様子が異なる児童・生徒や、注意すべき児童・生徒を発見し、早期に介入するという予防的対応も必要とされる。
　②窓口機能
　いじめには前述したように、本人のプライドやさらなる悪化を恐れる気持ちから、事態を明らかにすることを拒む傾向がみられる。スクールカウンセラーは、学校の集団とは一線を画す第三者的役割を担うため、いじめられている子にとっては、駆け込み寺機能を果たす場所になりうる。そのためカウンセラーは、児童・生徒にとっていじめを一人で抱え込まないための窓口機能を十分に果たすような相談室づくりへの配慮が必要となる。また、そのような窓口があることが、学校全体にとってもいざというときの安全弁となり、学校集団の健康に寄与するということも大切な視点である。たとえ相談が持ち込まれなくても、そのような場があり、人がいるという安全感・安心感が児童・生徒を支え、予防的な意味をもつ。したがって、スクールカウンセラーがいじめの相談を受け付けていることを周知することが重要である。

③問題解決に向けた指導・支援計画の作成

　実際にいじめの相談が、本人、保護者、教員などから持ち込まれたときには、その問題のアセスメントを経て、だれがキーパーソンになり、だれがだれに対応するのかをプランニングする。具体的には、いじめる側か、いじめられる側、あるいはその双方への個別対応をするのか、その対応をだれが担うのか、また、本人に許可を得て、教員や保護者に伝えるのかなどである。そして、カウンセラーは、問題が深刻であるほど、複数の教師・保護者・クラスメイトなどとの関係育成などの多面的な支援をコーディネートする役割を担う必要がある。いじめの問題を見極め、外界を整えたり調整する視点である。とくに、これらはいじめ自体の問題の解決をめざしていく重要なアプローチといえるだろう。

④内省的支援

　その一方で、スクールカウンセラーの重要な視点は、③の解決のみではなく、問題の背後にある心理的背景への配慮である。これは、いじめの問題はいじめる―いじめられる子ども双方の心理的危機や課題のサインであり、内省や成長の機会でもあるという臨床心理学的観点といえよう。いじめの早急な解決のみではなく、カウンセラーは子どもにとって信頼できる居場所となり、いじめの問題のつらさを受け止め、それを共に考えていく作業に寄り添っていく役割が求められる。それは、いじめによって傷ついた心を癒し、自分の問題や人とのかかわり方について考え、さらに成長していくことをめざす心理療法としての役割である。カウンセラーは、長期的な視点で将来への負の影響を軽減するという役割も担っているのである。

　スクールカウンセラーは、いじめそのものの解決・解消という課題と、それによって生じた心の傷への対処と、それぞれの成長促進という内省的な支援という心の内外へのバランスのとれた視点とが必要である。

2　事例の紹介

　それでは実際の事例をとおしてさまざまな性質をもったいじめを、どのように考え、取り組んでいくかを例示しよう。

事例は、すべてプライバシーに配慮して改変してある。

[事例1] からかいや悪口がその子の心の世界では著しく傷つけられる体験となる場合
・中学1年女子A
　おとなしいタイプで引っ込み思案のAは、入学後1カ月経ってもいくつかある女子のグループのどこにも属さず、休み時間などは一人でいることが多かった。
　6月のある日、髪を切ってきたAは、ある男子から「変な髪形」と言われた。また「ちび」「顔がすぐ赤くなる」というようなからかいや、女子のちょっとした悪口の一つ一つに傷ついてしまい、「クラスに入るのがつらい」といって7月ごろより保健室を何度も訪れるようになった。養護教諭は担任に報告したが、担任にはよくあるクラスメイト同士のおしゃべり・じゃれあいにしか映らなかった。それでも担任からはAに「考えすぎ」「みんなそんなつもりはないよ」と伝えたが、Aの保健室に来る頻度は増し、養護教諭が授業に戻るように促しても、「またいじめられる」「おなかが痛い」などといって、しだいに授業中も保健室で過ごすことが増えていった。この状況を心配した養護教諭からスクールカウンセラーに依頼があり、面接を開始した。

・対　応
　スクールカウンセラーは保健室でAに会った。下を向き、もじもじしてなかなか話し出さないAだったが、カウンセラーより、小学生のころの楽しかったことを尋ねると、堰を切ったように大好きだった担任の先生や、友達のことを話し出した。そして、中学に入ってからは、小学校でやっと仲良くなった友達とクラスが分かれて不安だったこと、そんなときに仲良くしたいと思ったクラスメイトから「Aちゃんって、しゃべらないから面白くないね」と冷たく言い放たれたことで、だれと何を話していいのかわからなくなったと話した。Aは「顔がすぐ真っ赤になるから、みんな私のことを面白がっていじめている。お母さんには言えない。教室には入りたくない」と力なく小声で話す。

カウンセラーは、放課後に定期的に相談室で会う約束をした。Aは毎週やってきてクラスでの出来事や様子をしだいに生き生きと話すようになった。
　一方で、カウンセラーは担任と話をする機会をもち、Aの状況を話したところ、担任は「そこまで思いつめているとは知らなかった」と驚き、今後のクラス運営の中でグループ分けなどに配慮することを約束してくれた。
　しだいに笑顔も見られるようになったAには、授業のグループ学習をきっかけに話が合う子ができ、休み時間や教室間の移動も一緒に行動するようになった。そして、ある日「メルアドを教えてもらった」とうれしそうに報告し、ちょうどそのころ文化祭の準備で忙しくなってきたのを機に相談は終了した。

・事例1のまとめ
　Aは新しい中学で仲間ができず、なじめるのかどうかと不安な心の状況の中で、ふだんなら何気ない悪口やからかいに敏感に反応し、それが"いじめ"として体験されていることが読みとれるだろう。カウンセラーはAの居場所を提供し、対話を通してAの不安を見極め、徐々に自信を取り戻していく手伝いを行なった。担任には状況を簡単に説明し、協力を求めた。このような場合、いじめを感じている子ども自身の内面の変化・成長を支えることによって、つらさや負の感情に耐えていく能力を養っていくことがカウンセラーの仕事となる。

[事例2] 部活動の中で起こるターゲットの移動するいじめの場合
・中学2年女子B
　練習熱心で上達も早いBは、2年生の夏に吹奏楽部のパートリーダーを任されるようになった。もともとまじめなBは責任感も強く、パート全体の上達をめざし、他の子の練習方法にも積極的に意見を出し、練習に来ない同級生や後輩に対しても部活に参加するよう熱心に誘うようになっていた。しかし、あるときから急に部活の同級生に口を利いてもらえなくなり、これまで頻繁だったメールがこなくなった。それはこれまでB自身が、練習に不真面目な他の子に対して他の部員と一緒にやっていたことだった。

この吹奏楽部では、各楽器のパートごとに上級生が下級生を指導する習わしがあり、各パート毎の結束は堅く、そのやり方に溶け込めない子に対して「あの子はだめだよね」「うざいね」といった一言で次の日から一斉にみんなが無視をする、練習を一緒にしないなどのいじめが行なわれており、それらのターゲットは次々に移動していた。顧問はそのことに気がついていたが、何もできずにいた。

　Bの場合はあまりにも熱心に指導していることを同級生からは煙たがられ、練習に参加している先輩からは「やりすぎ」「うざい」と思われていたようである。Bはしだいに元気がなくなり、その様子に気づいた母親が顧問に相談したことから問題が明らかになった。

・対　応

　カウンセラーは、以前から吹奏楽部の複数の生徒から、部活内の人間関係についての相談や練習のトラブルの相談を受けており、問題の根の深さを感じていた。そのため、B個人への対応のみではなく、部活全体の問題として取り組むチャンスとして捉え、顧問との相談もつづけた。

　Bの相談にのる一方で、顧問とは吹奏楽部の部としての問題点を一緒に考え、賞をとることだけをめざす部のあり方を変えること、練習を生徒だけに任せないようにすること、などの改善点を話し合った。その後、顧問の努力もあり、部活内での持ち回りのいじめは徐々に減少していった。

・事例2のまとめ

　この事例においては、B個人の問題のみならず、集団のもつ不健康さがいじめの引き金となっている面が大きい。楽器の上手・下手だけで評価される一面性や、指導者のいない野放し状態になっていた練習などによって集団のストレスは増大し、ゆとりのないものになっていた。いじめのターゲットを次々と定めることによって、そのストレスを発散し解消しようとする不健康なグループ力動への介入を行ない、集団の健康度を増してくことでいじめは解決の方向へ向かった。

[事例3] いじめ非行─解決をめざすことがとくに必要になる場合
・中学3年男子C
　比較的おとなしく無口なCは、いつも男子のグループで登下校していた。そのグループは一見仲良しのように見えるが、Cはそのグループ内で使い走りのように扱われているようだった。Cは2年生までは教師に対しては明るく接していたが、3年の夏休み明けごろから表情が暗くなり、思い詰めたような様子がうかがえた。心配した担任が、悩みがあるのではないかと話しかけるがCは否定し、「友達やグループのみんなとは仲良くしている」という返事であった。しかし、地域の住民からは、Cが他のグループメンバーの荷物を持って下校している姿がたびたび目撃され、いじめられているのではないかという報告があった。
　3年の秋ごろからCは学校を休みがちになり、学校に来なくなった。当初、担任に対しても黙したまま何も語ろうとはしなかったが、根気強く家庭訪問をつづけ、話をしてきた担任に対し、実は仲が良いと思われていたグループのメンバー数名から、先生が見ていないところで「死ね」「バカ」などと言われ、ときには足で蹴られ、学校外ではジュースやお菓子、ゲームソフトなどを買ってくるように強要されていたことを話し出した。話せなかったのは、このことを学校にバラしたらもっと恐ろしい目に遭わせると脅されていたからで、それはいまでもつづいている、とのことだった。そして、先生に話してしまった以上、グループのメンバーに会うのが怖くて学校には二度と行けない、と脅えるのだった。
　このことはCの両親も知ることになったが、両親は怒り、学校の責任だといって担任や校長に「受験を前にどうしてくれるのだ」と詰め寄り、いじめた側の生徒への厳重な指導と、Cが安心して学校に行けるような環境づくりと心のケアを強く求めた。

・対　応
　スクールカウンセラーへの依頼はCの心のケアのみだったが、それだけでは解決にならないと考えられた。これまでに粘り強くCと接してきた担任がCの窓口となることを提案し、カウンセラーは全体の見立てと援護射撃をす

ることを提案した。また、いじめている側の生徒たちは他の非行行為でも問題となっていたため、これを機に生徒指導のベテラン教師も含めて学年全体で取り組むことを確認した。いじめている側もいじめ非行というかたちのSOSを出しているのだ、という認識をみんなで共有し、注意や叱責などの指導のみではなく、進路への不安の対策など、きめ細かいかかわりをもつように心がけていった。

　C自身には、担任を中心として教師の保護の下での別室登校を併用し、登下校のさいにグループメンバーと直接会わないような配慮をしながら、無事卒業を迎えた。

・事例3のまとめ

　いじめ非行などの極端で、放っておくと凶悪化していく可能性を秘めた問題の場合は、カウンセラー一人の力ではどうにもならない。このような場合は、教員とチーム体制をつくり、具体的かつ強力な現実問題の解決をめざしたはたらきかけを行なっていく必要がある。この場合、いじめられた子どもの心のケアはもちろん大切であるが、いじめている側の子どもがいじめ非行というかたちで発している心のサインを受け止めずに、一方的に悪者に位置づけてしまうと、事態はより水面下に潜る危険があることに留意しなければならない。この事例のように、いじめている側にもきめ細やかで共感的な対応を心がけていくことが重要である。

3　今後の課題

　いじめの問題は、社会の変動や背景とも強く関係しているといわれる。現代は他人との関係を築く能力が不十分な子どもが増え、子ども集団全体の健康性が低下し、仲裁などの自浄作用がはたらきにくくなっており、その趨勢がいじめの陰湿化という現代的現象と関連している。また、いじめの問題は低年齢化していると同時に、会社でのいじめが報告されるなど、高年齢化すらしていることも取り沙汰されている。

　いじめは重大な人権侵害であるにもかかわらず、なかなかなくなることが

ないという事実を踏まえると、いじめ問題は処罰的観点や善悪論だけでは全体像を捉えることのできない、奥行きの深い現象であるといえよう。いじめというテーマは、人間にとって攻撃性や"悪"が一体どういった役割をもつのだろうか？　大人の世界で起こっている問題の反映として子どものいじめ現象が起こったり、深刻化したりしてはいないだろうか？　人間関係には、愛情のみではなく、憎しみや嫉妬などの感情も大きく影響しているのではないか？　さらに巨視的な視点では、"悪いこと"があるからこそ、その相対として"よい"心や善が育つのではないか？　などという問いかけなど、論議が尽きない。カウンセラーはそのような奥行きの深い視点も醸成してこの問題に取り組んでいかなければならない。

　また、近年では携帯電話・パソコンの普及に伴い、インターネットの掲示板やメールでの悪口の連鎖、メールアドレスを変えて特定の子にだけ教えないといったいじめなど、目に触れない地下に潜ったかたちでのいじめが増加している。これも時代の趨勢によって様変わりするいじめ問題であり、今後の対処や検討が必須になってくるだろう。

　いじめ問題に取り組むとき、時代背景への理解、および人間に対する深い理解や考察が必要であり、直線的な理解のみではこの問題の表面をなぞってしまうだけになるだろう。人の心と心の関係性の交差点に生じる機微に心を澄ませ、豊かな人間関係の経験を積み重ねていき、深い眼差しをもってこの問題に取り組んでほしい。

［引用・参考文献］
村上春樹（1993）：沈黙　全国学校図書館協議会
深谷和子（1996）：「いじめ」とそうでないもの―いじめの三分類　深谷和子編 「いじめの世界」の子どもたち―教室の深淵　金子書房
武藤安子・井上果子編著（2005）：子どもの心理臨床―関係性を育む　建帛社
臨床心理学（2007）：7（4）　いじめと学校臨床　金剛出版
下山晴彦編（2003）：よくわかる臨床心理学　ミネルヴァ書房
こころの科学（1996）：No.70　いじめ　日本評論社

（岩倉　拓）

第4章

保護者とのかかわり

4-1　保護者と会うときの心がまえ

1　基本的な姿勢

　スクールカウンセラーにとって、ふだん接する機会が少ない保護者と会うのは緊張することかもしれない。ここでは保護者と会うとき、面談を実りあるものにするためにカウンセラーが知っておくと好都合な心構えについて、具体的に示していくことにする。

(1)　**保護者を尊重すること**
　保護者とは、いうまでもなく子どもを育ててきた人で、いまも育てている人、そしてこれからもずっと育てていく人である。子どもが病気をすれば文字どおり寝食を忘れて看病し、また事故や病気など、何らかの事情で自立・自活できない状態になったときでも、見捨てることなくかかわりつづけるのは、この人たちである。子どもが万一何かの事件がおこせば、真っ先に注目されてかかわり方を詮索されるのもこの人たちである。一言でいえば、保護者とは子どもに一生かかわりつづける人であり、この人たちの子どもとの付き合いは、限られたあいだ付き合うスクールカウンセラーとは、時間的にも心理的・物理的にもまったくスケールが違う。

わかりきったことをこうして述べたのは、常日頃からこのことを忘れずにいると、自然に保護者に対して謙虚な態度が生まれ、問題が起こったときには保護者への労りの気持ちが生じると考えるからである。子どもに何らかの不都合が起こり、スクールカウンセラーが保護者に会う場合、心の専門家であるスクールカウンセラーには、子どもに同情すればするほど親のこれまでの養育態度の問題点が見え、つい批判的な目で見てしまうかもしれない。また、いま現在の対応についての修正や工夫を提案するとか、子どもへの理解や配慮を求めるという、指示的対応が必要になることもあるが、その場合も保護者を尊重する気持ちが心にあると、それが微妙に態度に表われ、穏やかであたたかい雰囲気の中で話し合いを進めていけるだろう。

(2) 保護者の心を理解しようとすること

　子どものもつ問題は、保護者の養育態度と切り離して考えることはできないが、養育態度にのみ目を向けるのは優しさが足りないように思われる。この人は子どもにどのように接してきたのだろうか、それはどうしてだろうか、この人自身のもつ心理的な特徴はどのようなものだろうかという、その人個人をみる視点がスクールカウンセラーには欠かせないだろう。保護者の人となりをある程度知り、子どもと保護者の心理的なつながり方、両者間の葛藤のあり方を理解しようとすると、より深い心理的レベルでの援助が可能になると思われる。

[事例] 泣き虫の泉ちゃん

　小学5年生の泉ちゃんは、些細なことですぐに泣く。気に入らないことがあると授業中でもトイレにこもって出てこない。最近では友達から敬遠されているようだ。授業中にトイレにこもられると先生も放っておけず、手を焼いてしまう。スクールカウンセラーが担任に頼まれて、泉ちゃんのお母さんに会ってみた。

　はじめお母さんは「泉によく言いきかせます」「うちでは普通です」と言っていた。しかし、カウンセラーが責めるふうもなく共感的に話を聴くうちに、お母さんは「私にも、あんなところがありましたから」と自分を振り返

る話をされた。お母さんの父親はお酒を飲むと大声で怒鳴る人だったので、お父さんがお酒を飲みはじめると子どものお母さんは泣きだしたこと、兄弟が多くて欲しいものをなかなか手に入れられなかったこと、そんなときは押入れに入って泣いていたことを思い出した。最近、子どもが成長してきて、泉ちゃんと中学1年の兄の喧嘩が始まると、その声に思わずカッとなり、ぷいっと外に出て行ってしまうという。お母さんは「私があの子たちの怒鳴り声を聞くと自分が抑えられなくなってしまうのはなぜなのでしょう？　それが泉のことと関係があるのでしょうか。遺伝なのでしょうか」と聞かれるのだった。

　この事例では、お母さんの生育史上の問題が子どもの問題とかかわっていることが推測できる。お母さんの父親との未解決の葛藤の存在もありそうだが、ここではお母さんの心理治療をするわけではないので、これは泉ちゃんの問題の背景として理解しておくだけでよい。カウンセラーがお母さんに対し、お母さんの語りを共感的に受け止め、このような話が出てくる態度を示したことで、お母さんは十分に報われただろう。それは、お母さんの不安に付き合うことであり、それがお母さんの泉ちゃんへの態度に影響を及ぼすからである。また、お母さんからの情報は泉ちゃんのより深いレベルでの問題解決に向けて用いることができるだろう。

2　保護者と会うときには

　スクールカウンセラーが保護者に会う目的は、大体において児童・生徒に何らかの問題があり、その問題を解決するために協働関係をつくるためである。そこで会う約束をしたら、漫然と保護者が現われるのを待つのではなく、会うための準備をして、本題から外れすぎずに面談を進める努力をしよう。漫然と会っていると、保護者の言い訳や抗議や、他の子どものこと、育児の苦労話などに引きずられ、それはそれで貴重な情報が得られることも多いが、本題が曖昧なままになることもある。また、面談が終わったあとにも、その協働関係がつづくように心がける。

⑴　面談の準備

　面談を有益にするための準備では、いまなぜこの保護者にカウンセラーが会うのか、会う目的を明確にしておく。そして、その目的にそって話が進むように情報を整理し、自分の理解を確認しておく。ケースによって臨機応変に考える柔軟さは必要であるが、少なくとも以下の6点を整理しておくとよいだろう。

　①事実関係の整理──問題となる出来事の客観的な事情を理解しておく。
　②問題点の整理──①を踏まえて問題点を明確にしておく。
　③学校・教師の見解──学校、教師、周囲の子どもたちはどのように問題を把握し、どんな見方や解決方法を考えているか。だれにとって何が問題なのか、立場による違いなど、多角的に捉えておく。
　④カウンセラーの理解──当事者の心の内を考える。どのような心理状態であったか。葛藤や不安はどんなものがあるのか。
　⑤保護者に聞きたいこと──子どもの内面を理解するために、知っておきたいこと。
　⑥この時点で提案できること。

　以上について自分なりの使いやすい様式をつくっておくと便利である。むろん、これは保護者に見せるものではなく、自分自身の準備であり、話が逸れた場合に、本題を思い出し、戻る手がかりとなる。表1にその具体例をあげてみた。

⑵　会うときには─まず人間的な関係をつくる努力をする

　心の問題を話し合うには、気持ちの通じ合う関係がとくに必要で、その関係をつくるための工夫が欠かせない。保護者とスクールカウンセラーの関係は、特殊な人間関係であることを踏まえて、関係をつくる工夫をしていく必要がある。

　この関係の特殊さとは、通常の人間関係と異なり、顔を合わせる前にカウンセラーの人物像は子どもを介して保護者たちに間接的に伝えられていることである。この間接性は無視できない。保護者にとって子どもの言葉は重く、実際に会う前にしばしば確固としたイメージを形成してしまう。上の事例の

表1 面談準備メモとその使用例

生徒の氏名	山田　太郎	3年4組	担任　木村先生	19年7月1日
問題	山田君の友人への暴力。			
事情と経過	7月1日、昼休み。山田君の上履きを林君が奪ったことから諍いになり、山田君が林君に怪我をさせた。本年4月から山田君の上履きが3回紛失。7月1日、3年の林君が山田君の上履きを焼却炉に入れるところを山田君自身が見、取り戻したが、この際山田君が林君の頭を殴り、突き飛ばして顔に怪我をさせた。怪我は額を2針縫う程度。骨には異常はなかった。			
本人の意見	すごく悔しい。3足も上履きをとられた。弁償してほしい。悪いことをしたとは思ってない。			
相手の意見	去年から山田君に何度も嫌なことを言われ、やめろ、と言ったのに止めないので悔しかった。仕返ししたかった。そのうえこんな怪我までさせられて悔しい。			
周囲の見方	2人は小学校から一緒。わりと仲がよかったようだ。よくけんかしていたが、ふざけあっているようにも見えた。 上履きがないとかっこ悪いし気の毒だった。 3回目をやられたとき、山田君はすごく怒っていた。			
先生の見方	以前は仲が良かったようだが、最近2人の関係が悪いほうにエスカレートしているようだ。 山田君は腕力があり、再度起こすかもしれない。山田君に暴力をやめるよう納得させ、早く関係修復をはかりたい。 受験も近いし、クラス全体が落ち着いて勉強できるようにしていきたい。			
スクールカウンセラーの理解	双方とも思春期になり、情緒の不安定さが親しい間での依存的な攻撃になっているのではないか。 2人の情緒の不安定さと関係に目を向けて、支援の方法を考えていきたい。			
保護者にきくこと	事件について保護者はどう思っているのか。 山田君の家での様子。事件についてなんと言っているのか。中学に入って性格は変わったか。 何か不安のようなものがあるのか。 暴力は家でもあるのか、など。			
提案	未定			
その他				

山田君が親に「スクールカウンセラーなんかと話してもしょうがない。あいつはヘラヘラして暴力をふるったというだけで×をつけるやつだ」と言うか、「わりと話のできるやつだよ。先生と違うことを言うかも」と言うのでは、印象はまるで違ってくる。保護者とよい関係をつくるためには、子どもに信頼されていることが大切である。そして、実際の面談に際しては、常識的な礼儀にかなった態度、細やかな対人配慮をすればよい。これらを7つの項目に分けて詳述する。

　①迎える、挨拶、自己紹介、労う
　約束の時間には約束の場に必ずいる。まちがっても校内放送で呼び出されるようなことはしてはならない。この場合、呼び出される自分は別に気にならないかもしれないが、不安と緊張を抱えて話しに来たお母さんはどんな気持ちで待っているだろうか。大切にされているという感じをもてるだろうか。約束した時間に「山田君のお母さんですね、スクールカウンセラーの木村です。お待ちしていました」と先に声をかけるくらいの気持ちがあってもいいのではなかろうか。

　柔らかく迎えられると、そのあとの話し合いが柔らかになるが、最初が緊張ではじまるとその緊張をほぐすのに時間も努力も必要になり、本題に入るのに手間どってしまうだろう。「わざわざお呼びたてしまして」「お忙しいところ来ていただきまして」など、来校を労う言葉をまずかけて、保護者の緊張を軽くするようにしたい。

　約束もないのに、突然、来校されることがあるかもしれない。その場合でも、来校を前向きに受け止める姿勢をみせるようにしよう。多忙なときでも迷惑そうな態度はみせないで、せめてきちんと挨拶をしてから、最初に話せる時間を決める。「せっかくいらっしゃったのですが、こういう用事があって30分しかお話できませんが」などである。話が長引きそうなときは、必ずあらためて会う日時を約束する。

　②面談の理由を明確にする
　自己紹介をしたら、「今日は太郎君と林君の諍いのことでいらっしゃったのですね」と面談の目的をはっきりさせる。そのさい、客観的で中立的な表現を心がけることが重要であるが、冷たい印象を与えないように気をつける。

「よい解決ができるように、お家の方とご相談したいと思ってお出でいただきました」といったように、当然であるが、どちらの肩ももたず、○×的評価は決してしないように十分に注意しよう。あくまでも目的は子どもたちのために家庭と学校が協力するための話し合いであることを印象づけるようにする。

③まず相手が知っていることを聞く

「このことについて、どんなふうに聞いていらっしゃいますか」と聞き、保護者が語ることは途中で訂正したりせず、十分に話してもらう。感情的になってもよい。ある程度感情が発散されれば、保護者の緊張も緩和されるだろう。カウンセラーは保護者の話を共感的に理解していくように努める。保護者の言い分を聴き、質問には誠実に丁寧に答える。

保護者の話をじっくり聴くと、これまで知らなかった情報が得られ、保護者の考え方も摑める。

また、質問に答えることで自然に相互の理解を深め、誤解や思い込みを正して協力体制をつくっていくことにつなげられる。

こうしているうちに、相手が何をいちばん問題にしているか、何を恐れているのか、憤っているのか、不安に思っているのかを考える。保護者の本音に近づく努力をするのである。たとえば、太郎君の暴力が表面的問題であるにしても、家庭にとっては、それよりも弟の中学受験のほうに関心が強く、子どもの喧嘩くらいで呼び出されて迷惑だと思っているかもしれない。

④こちらが知っていることを話す

事前の準備メモを活用して、客観的に事情を説明していく。ここでも誠実に、正確に、中立的に、を心がける。

⑤双方の情報と理解を付き合わせる

たがいの理解や認知のズレを明確にして、さまざまな角度から問題を眺められるようにし、問題の全体像に近づくようにしてみる。

⑥あらためて、何が問題なのかを考える

問題を整理する。聴いているうちに、わかったことを確認し、わからないことは質問する。問題は暴力をふるったことだろうか。そうであれば、保護者は「暴力はいけない、とよく言い聞かせます」と言うかもしれない。よく

言い聞かされた子はもう暴力をふるわないだろうか。保護者には、なぜ暴力をふるったのかを考えてもらわないと、太郎君の成長への一歩はむずかしいかもしれない。

　いうまでもなく、スクールカウンセラーがかかわっての事件の解決とは、暴力をふるったことを責め、あるいは上履きを奪ったことを叱ることではない。山田君と林君の中学3年生とも思えない子どもじみた態度に表われた情緒の不安定さ、不安が問題なのであること、そしてこれまで学校や家庭に彼らを救っていくような対応が十分になかったことが問題で、そこに目を向けられれば今後の対応を考えていけるだろう。

　⑦今後の対応を考える

　これまでの話し合いをもとに、いますぐにできそうなことを考える。いま子どものために何ができるか、これから何をめざせばよいか、具体的に考えるようにする。提案に際しては、「甘えさせてあげてください」のような抽象的な言い方はあまり役に立たないだろう。このような言い方は「私が甘えさせなかったのが悪かった」と母親の全面否定に聞こえ、親は落ち込んでしまう。より小さな具体的な提案、たとえば「目を見てお帰りなさいという」のような親として抵抗の少ないものを提案してみよう。また面談1回で解決することはありえないので、次につながるような話し方をしておくことも忘れてはならない。

　⑧別れの挨拶と労い

　とりあえず、保護者に「まあ来てよかった」「言いたいことは言えた」と思う気持ちをもって帰宅してもらうようにする。保護者が「まるで話にならなかった」「一方的に言われた」という不信感や責められた感じをもたず、家でも何とかしてみようという前向きな気持ちになるように締めくくる。そして、きちんと別れの挨拶をする。今後も話し合いが随時できるように連絡のとりかたなどを確認しておく。

(3)　面談後―関係を継続する努力をする

　①いつでも対応できるように面談メモを作っておく。

　②その子について経過を知っておく。

3 さまざまな家庭、さまざまな保護者の理解

　現代では昔のように学校が家庭の状況を詳しく把握することがむずかしくなった。しかも家庭のありさまが非常に多様化しており、"家庭とはこういうもの"という一律の認識ができない。そのために子どもの背景がわかりにくくなっている。子どもの背景としてどんな家庭が考えられるか、想像をたくましくし、そのような家庭にどのような配慮が必要か、あらかじめ知っておくと役に立つだろう。そのさい問題点のみを考えず、長所も同時に想像できるようにしたい。こうした想像力は、親とコミュニケーションをとるとき、自然に親に対する優しさを生み、それが親をリラックスさせ、その後の接触を実りあるものにしていくだろう。

(1) 保護者のスクールカウンセラーへの態度さまざま

　一般的にいって、客観的で前向きな保護者は少なくないが、以下のような防衛的な態度をとる保護者もまた決して少なくない。こうした態度に対しては、反論せずに、まず一応は受け入れることである。聞くに徹していると相手は話してくれる。話し合いが流れ出せば、言いたいこと、聞きたいこと、言うべきことなどが自然につながってくるものである。カウンセラーは保護者の言葉に耳を傾けながら、そのような態度をもたらす心の中を推測し、心理学的理解を試みてみよう。そこから親子関係がうかがえる。切り口としては、家庭が子どもの安全基地になっているかどうか、親子の関係である。以下によく見られる保護者の態度と具体的な応答例を示してみる（「　」は親、〈　〉はカウンセラーの言葉である）。

　①被害者意識を強くみせる人
　「何かあるといつもうちの子が問題にされるので困ります」「いつもうちの子が嫌な役を押しつけられてしまって損しています」〈（本当にそうなら）それは困りますね〉
　被害者意識が強い人とは、一般に不安の強い人であろう。いつも何か悪い

ことが降りかかってきそうで安心していられない人が多い。そして、何か起こったとき自力で対応できる自信をもてていない。なすこともできず"やられっぱなし"の体験の積み重ねが背後にあるかもしれない。無力感や自己肯定感が低いのかもしれない。

②上から見てくる

「まだ結婚もしていない先生にはわかりませんよ」〈ええ、わからないこともあります〉

"攻撃は最大の防御なり"なのだろうか。話し合いを拒否する防衛的な態度にみえる。優越感を示したいのかもしれない。優越感を示したい人は、強い劣等感がある場合が多い。劣等感を刺激しないように謙虚に対応することが関係をつくるのに役立つだろう。

③迎合的

「先生のおっしゃるとおりですよ。本当にあの子には手をやいていますの」

これも相手の口を封じて、これ以上攻撃させない防衛的な態度であろう。反省している相手をさらに鞭打つようなことはしないものであるから、こういえばこのままなんとかやりすごせる、そうしたいという態度にみえる。カウンセラーとしては、評価や攻撃をしているわけではないことをわかってもらうようにし、保護者が手を焼いているのはどんなことかを入口に、話に入っていくようにする。

④言い訳

「本当はいい子なんですけど」〈ええ。でも、いい子でも間違いはしますよ〉

いい子とは何だろうか。"いい子"なら何をしてもすべて許されるのだろうか。"本当はいい子"という単純な言い訳は、試行錯誤をして善悪を学び、自分の価値判断をしていくべき子どもを放任し、自分で判断できない子にしてしまう。その根本的な放任には挑戦しなければならない。人間性はよいとしても、行動はときとして誤りを犯し、悪いと見られることもしてしまうことを明確にしたい。

⑤否認

「そんなはずがない。何かの間違いではないですか」〈よく調べましたが〉

⑥責任転嫁
「友達に誘われたんです」〈そうですか。誘われて、やったのですね〉やったのは事実であることを確認する。
⑦批判
「先生がもう少し注意してくだされば」
あっさり謝る。ただし、引き下がらないこと。

(2) 子どもへの養育態度の問題

　養育態度に問題を示す保護者にはどう対応すればいいのだろうか。現代の養育態度の特徴としてよく指摘されるのは、以下のようなものである。それらについて安易な一般化はせず、個々の家庭、保護者の問題として、心理的・力動的な理解を進めていくようにしよう。
　①子どもの言いなり――「うちの子に限って」（猫かわいがり）
　②放任――「子どもの個性を大切にしています」（躾に自信がない）
　③過保護・過干渉――「苛められたら大変でしょ」（不安が強い）
　④厳格すぎる――「できて当たり前」（見栄、不安）
　⑤しつけに一貫性がない――「テレビで言っていましたから」（自信がない）

(3) 家庭の事情への配慮

　夫婦と子ども2人の"標準所帯"がいまなお標準であるかどうかわからないが、教育現場にいる者としては、家庭のもつさまざまな事情が、子どもの心に大きな影響を与えることを思い出して、以下に示したような、いまの時代によくある家庭の事情や子育ての状態についても理解しておきたい。
　①一人親の家庭――父子家庭と母子家庭の事情はまったく異なる。
　②虐待のある家庭――とくに目立たないが、心理的虐待が増えている。
　③経済的に破綻――親が多重債務を負っている、自己破産している、など。
　④特殊な価値観をもっている――暴力に対して肯定的である、など。
　⑤親が心身の病気をしている――とくに重い精神病であって、現実見当識に歪みがある、など。

保護者と協働する関係とは、子どもを飛び越えてできる関係では決してない。まず、学校での子どもとのかかわりをよいものにしていくことからはじめ、子どもを大切にすることの延長線上に保護者への配慮を入れることが実りある保護者との関係をつくるだろう。

［参考文献］
中井久夫（1991）：中井久夫著作集　第6巻　個人とその家族　岩崎学術出版社
岡元彩子（2008）：保護者家庭への支援　安藤嘉奈子ら編　教師のための学校教育相談　ナカニシヤ出版
沢崎俊之・中釜洋子・斉藤憲司・高田治（2002）：学校臨床―そして生きる場への援助　日本評論社

（岡元　彩子）

4-2　保護者との面接(1)—保護者と共に子どもをみる面接

1　保護者に会うときに心がけたいこと

　子どもは、自分の力ではどうしたらよいかわからない不安や葛藤を、問題行動や症状というかたちで表現し、私たち大人に伝えてくる。そのような子どもの心のサインに、保護者や学校、周囲の大人たちが気づかず、子どもの心の動きを理解できないままでいると、子どもは問題行動や症状をさらにエスカレートさせて、サインを送りつづけなければならなくなる。

　保護者と共に子どもをみる面接では、カウンセラーが通訳となり、子どもの行動から心のサインを読みとり、保護者にわかりやすく伝え、子どもの行動の意味や子どもへのかかわり方について、保護者と共に考え、歩んでいく。

　ここでは、保護者のことを、親を含む子どもの主たる養育者と定義する。文章の中で、保護者のことを親と表記している個所もあるが、同義と捉えていただきたい。

　はじめに、保護者と会うときに心がけたい、面接の枠組みについて考えておこう。

(1)　保護者と信頼関係を築くことからはじめる

　まず、主訴を丁寧に聴くことからはじめたい。丁寧に話を聴こうとするこちらの姿勢そのものが、信頼関係の第一歩につながるからである。

　次に、今回相談につながった経緯、このタイミングで相談しようと思った気持ち、そして、相談することでどのようになることを期待しているかについても、初回面接で聴いておきたい。

　初回面接で相談にまつわる気持ちを聴くのは、親子がどのようなことで困っているのか、また、その困りごとをどのように、どの程度解決したいと思

っているのか、相談への動機づけを知るためでもある。とくに、学校から勧められて来談した場合、本当は相談を求めていないが、言われたので仕方なく来たというケースも少なくない。動機づけの乏しいケースは相談につながりにくいと考えるのではなく、周囲は問題と捉えているのに、当事者はなぜ困っていないのか、または、困っていないように見えるのかということについて考えてみることが必要である。そこから、かかわるべき問題が見えてくることもあるからである。

(2) 保護者を労う気持ちをもって聴く

話を丁寧に聴く姿勢と共に、もうひとつ大切なことは、保護者のこれまでの努力や工夫を労う気持ちをもって聞くということである。

どのような保護者でも、子どもの問題が起きてから来談するまでのあいだに、子どもへのかかわりのなかで、何らかの努力やこれまでと異なる工夫をしてきているはずである。しかし、その努力や工夫が思うような結果につながっていなかったり、逆に、すれ違いを生んだりして、保護者も自分の子育てのせいで子どもに問題が起きているのではないかという罪悪感をもっていたり、自分のかかわり方を責められるのではないかという不安をもって来ているかもしれないということにも、思いをめぐらせつつ聴くことが大切である。

保護者の気持ちを労うなかで、保護者は子どもにとって最大のサポーターであり、保護者の協力が必要不可欠であることも伝えたい。そのさい、話を聴く側が、親子を共に支えるイメージをもってかかわっていくことが、相互の信頼関係を形成するうえで大切ではないかと思う。

(3) 家族の日常のやりとりを丁寧に聴く

家族の日常のやりとりを丁寧に聴くことも、信頼関係の形成につながる。

日常のやりとりのなかで、子どもの行動や気持ちについて、保護者が理解できないと思っているところ、受け入れがたいと感じているところを、保護者がなぜそう感じているのか、ということについて考えながら話を聴くようにする。保護者や子どもの気持ちに焦点を当て、丁寧に話を聴くことにより、

保護者が自分自身の気持ちや子どもの気持ちに気づいたり、子どもの気持ちを理解しようとするようになっていくプロセスに寄り添うイメージである。

　それでも、ただ話を聴くだけでは、自分の気持ちに目を向けたり、子どもの気持ちにまで思いをめぐらせることがむずかしい保護者もいるかもしれない。その場合には、〈もしかしたら……〉と保護者の気持ちを思いはかってみたり、子どもの気持ちを伝えてみるかかわりが必要になってくる。

(4)　子どもについて保護者と理解を共有し、共に歩む

　話を丁寧に聴いていくと、やがて、主訴に加えて、親子はどのように困っているかということが見えてくる。どのようなことで、どの程度困っているかは、親子で一致している場合も、一致していない場合も、もちろん両方ある。その一致度やズレ具合いを見立てつつ、子どもはどのようなことで困っていそうか、子どもの特徴や現在の問題を客観的に評価し、保護者に伝えることも必要になってくる。

　ときには、保護者から専門家としての評価や助言を求められることもあるが、基本的には、保護者と共に子どもを見て、保護者と共に考え、歩む姿勢が大切ではないかと思う。

　そのさい、スクールカウンセラーは、子どもの特徴や問題の見立てと共に、学校や教員の子どもを抱える力や校内の相談室で抱えられる限界についても考えておく必要がある。担任や専門機関と連携する必要があると考えられる場合には、保護者の希望や今後の見通しについても、保護者と話し合い、たがいに了承し合っておけるとよい。

2　保護者と共に子どもをみるということ

　最初に会い方の枠組みについて考えたので、次に保護者と共に子どもをみるということについて考えてみたい。

　先に、子どもの問題について保護者から話を聴くとき、保護者自身にも罪悪感や不安があるかもしれないことを考えつつ話を聴くことが大切であると述べた。また、保護者と信頼関係を築くには、保護者を労う気持ちをもって

話を丁寧に聞く姿勢が大切であるとも述べた。

　保護者と共に子どもをみるという視点においては、保護者の話をどのように、どこまで聴くか、親子や家族関係をどのように見立てるか、また、見立てと見通しをどのように伝え、了解し合い、保護者と協力関係を築いていくかということが大切になってくる。さらに、保護者と共に子どもをサポートするだけではなく、子どもを育てる親の機能も含めて、親子を共に抱え、支えていくことも大切になる。

　思春期のメンタルヘルスを促進する親ガイダンスと親へのサイコエデュケーションに関する研究では、親ガイダンスの助言を活用したり、活用しようと努力する親の子どもは、その80％以上が改善を示したと報告されている（中根・皆川他，2001）。

　すなわち、親と共に子どもについて考え、親も子も両方サポートしていくためには、まず何よりも、親が面接の中で得た気づきを日常生活にも生かしてみようと思うような信頼関係を築くことが大切ということになる。多くの時間を子どもと共に過ごし、子どもを相談や治療の場に連れて来てくれるのも、親の気持ちで決まるところが少なくないからである。

　ここで、親と共に子どもをみる面接の中心となる、親の話の聴き方について、もう一歩踏み込んで考えてみたい。

　親と共に、今起きている子どもの問題行動や症状を理解し、子どもとのかかわりについて考えることを中心とした親面接の一つのあり方に、親ガイダンスがある。

　皆川（1985）は、親ガイダンスは心理療法ではないことを強調している。親に心理療法を行なうと、親の興味が子どもではなく親自身に向いてしまうこともあるため、留意する必要があるとしている。すなわち、親ガイダンスでは、個人を対象とする心理療法とは異なり、基本的には、親自身の問題や葛藤には焦点を当てずに、子どもを理解し、子どもとのかかわりを考えることを共通の目的として面接を進めていく。

　基本的には、とあえて書いたのは、親自身の問題には焦点を当てないようにしていても、カウンセリングの場で目の前にいるクライエントは親であり、いまここで考えていることや感じていることを話しているのは親であること

が、親ガイダンスと心理療法を厳密には区別しがたいところでもあるからである。

　話の内容は子どものことでも、親の話を聴くと、どうしても親の考え方や感じ方、かかわり方の特徴が見えてくるだろうし、子どもの問題に親の問題が密接にかかわっていると感じられることもあるだろう。そのようなとき、親のせいだ、親さえ変われば子どもは救われるのに、という親に対する否定的な感情や子どもに同情する気持ちが、話を聴く側に湧き上がってくることも少なくない。

　もちろん、子どもの問題と共に親の問題も捉えておく多面的な視点も必要である。しかし、話を聴く側にも感情があるため、親子の間で中立でありつづけること、そのバランスがむずかしくなることもある。

3　保護者に会うときに生じる逆転移感情

　ここで、話を聴く側にも目を向けてみたい。

　最近では、子どもが好きだったり、学校が好きだったり、子どものときの自分の体験を生かしたいと思い、カウンセラーの仕事を選ぶ人が増えていると聞く。卒後まもなくカウンセラーになった人にとっては、保護者との面接はさまざまなむずかしさを感じる場面のひとつではないかと思う。

　たとえば、初対面の保護者から「先生おいくつですか？」と聞かれたり、「こういう気持ちは子育てをしたことのある人にしかわからないでしょう」と言われたりすることもある。話を聴く側も、専門家とはいえ、経験のない相談にきちんと対応できるかと不安を感じることがあるだろう。

　私自身、そういった経験が少なからずある。さまざまな親子との出会いのなかで、「子育てをしたことのある年配の人のほうがいい」と言われたこともあるし、「子育てをしたことのある人には、そんなこともできないのかと思われそうで怖い」と聞いたこともある。つまり、大切なのは、話を聴く側の経験よりも、受容と共感に基づいた信頼関係を築くことなのである。また、一見、不満のように聞こえることばのうしろに、どのような不安がありそうかということを考えてみることも大切である。

もうひとつ、若いカウンセラーや子どもが好きでこの仕事を選んだカウンセラーが心に留めておいたほうがよいことは、自分が子どもの立場からものを見やすいところにいるということである。
　面接過程で、話を聴く側に生まれる否定的感情は、陰性の逆転移感情といわれる。話を聴く側が、子どもに同一化し、親に対して否定的な感情をもっている自分に気づいていないと、親を過度に批判的にみるようになり、親と信頼関係をもちにくくなり、面接をつづけること自体が危うくなることもあるため、注意が必要である。
　また、逆のケースも考えられる。陽性の逆転移感情といわれるものである。たとえば、子どもが器質的な障害や難治性の疾患をもつ場合など、親の大変さに同情し、親を労う気持ちが強くなりやすい。もちろん、親を労うことは大切だが、話を聴いてもらってと親に感謝されるような表面的で自己愛的な同盟関係にいったん陥ると、親子の間にいま起きている問題を客観的に捉えることがむずかしくなるので、カウンセラーは自分の感情に気づいておくことが必要である。

4　見立てと見通しを共有すること

　最近、学校や周囲の保護者から「お子さんは発達障害ではないか」と言われて、相談に来る親子が増えている。学校や周囲から子どもの問題行動や親の対応の問題を指摘されることは、親にとっては受け入れがたいことであり、親も子どもも傷つき、周囲と協力し合えなくなり、孤立することも少なくない。子どもはもちろん、親も子どもにラベルを貼られたことに困惑し、怒り、嘆き、どのように理解して対応したらよいかわからず、サポートを必要としていることが多い。
　一方、カウンセリングの現場では、子どもの問題行動の背景には、子どもの特徴と共に、子どもが育った環境や家族にも特徴があると感じることが少なくない。親が「この子は発達障害だと思う」と診断を求めて子どもを連れて来るとき、子どもの行動に発達的な特徴があることは事実だが、ときに子どもの特徴を器質的な病気として理由づけすることで、親が自分のかかわり

方に潜む問題を否定し、子育てに対する罪悪感から解放されたいという無意識的な動きが、診断を求める背景に見え隠れすることがある。

　このように、子どもをとりまく親や家族の関係は、表に見えているものと裏に隠れているもの、両方が複雑に絡み合い、微妙なバランスの上に成り立っているものである。子どもをよりよくサポートするためには、子どもの見立てはもちろん、親・親子関係・親の夫婦関係をも含む、家族関係の特徴も見立てたうえで、慎重にかかわっていく視点が必要である。

　ここで、子どもの見立てと見通しを、親と共有するときのかかわり方やタイミングについて、あるケースをとおして考えてみたい。なお、ここで紹介するケースは、プライバシーに配慮し、筆者が経験したいくつかのケースから再構成された架空のケースであることを付記しておく。

[事例] 長年にわたるいじめを主訴に来談した中学生のケース

　中学1年生のA男は、13歳という年齢よりも幼く、物静かで引っ込み思案の男子生徒であった。クラスの中でも目立たない存在で、いつも教室の隅でおとなしい男子生徒とマンガを読んでいるような生徒だった。

　今回の来談の経緯は、中1の1学期、A男が風邪で1週間学校を休んだあと、登校を渋るようになったため、母親がA男に尋ねたところ、実は、男子生徒数名からいじめを受けていて、「学校に行きたくない」と言っていることがわかったことからはじまる。

　母親は、A男からいじめの話を聞いたあと、同級生の母親に相談し、同級生に学校の様子を教えてもらったり、担任の先生に相談し、A男をいじめから守ってもらえるよう、学校での対応をお願いしたりしていた。しかし、いじめの事実があるにもかかわらず、担任は思うように対応してくれないため、母親から繰り返しお願いしたところ、担任に「A男にもいじめられる理由があるのでは」と言われたとのことであった。母親は、担任の無理解に怒り、A男が安心して学校に通えるよう、いじめに対する学校の対応を求めて来談したのであった。

　A男に会って話を聴いてみると、たしかに男子生徒数名からからかわれたり叩かれたりすることが日常的にあり、また、そのようないじめは小学校の

ときからずっとつづいているということであった。

　しかし、そのような環境問題の一方で、A男の表情や話し方が幼く、また、いじめに対しても受身的で無力な様子から、A男自身の特徴として、発達的な偏りやそこからくる自信のなさがあり、それも登校渋りに関係しているのではないかと考えられた。

　スクールカウンセラーとしてA男に会った筆者は、A男について上記のような見立てをもちつつ、母親面接を数回重ねた。母親の話を聴いていくと、乳児期より、他の子どもに比べて発達が遅く、集団活動が苦手で、園や小学校の先生、周囲の保護者から、遅れについてたびたび指摘され、傷ついてきたことが語られるようになった。しかし、母親は周囲の指摘に傷つきながらも、A男は小さいころから引っ込み思案の性格であることを強調し、A男を抱え込み、密着した母子関係に留まろうとしている様子がうかがわれた。

　まずは、A男とは自由来室というかたちでかかわり、A男が安心していられる居場所を校内につくるとともに、A男が現状でできていることを評価し、自信をもてるようなかかわりをめざした。また、母親とは定期的に面接し、A男のサポートについて一緒に考えていくことにした。母親面接では、親子の傷つきに共感し、密着関係ではあるが、A男の発達的な偏りや自信のなさを補おうとする母親のサポート行動を支持し、親子と信頼関係を築くことを当面の目標とした。

　やがて、信頼関係ができ安定してくると、A男は登校したり休んだりしながらも、男子生徒のいじめや母親の過干渉に対し、「嫌だ」と自分の気持ちを主張できるようになっていった。このとき、母親は、A男が強くなってきたと成長による変化を肯定的に捉えていた。

　中2に進級すると、それまでは「勉強はできなくてもいい」と言い切っていた母親からもA男からも、これまでどんなに勉強しても成績が伸びなかったこと、これからどのように勉強していったらよいのかわからない不安があることが語られるようになった。

　担任からの情報では、A男の成績は学年でも下位でバラツキがあり、単純な計算や理科・社会の暗記は得意だが、数学の文章題や国語の読解は不得意とのことであった。

そこで、A男の特徴について理解し、A男が生活面や学習面で必要としているサポートをより具体的に知ることができる機会として、心理検査などの方法もあることを母親に伝えたところ、母親から真実を知ることへの葛藤が語られるようになった。
　このとき、カウンセラーは心理検査を無理に勧めず、母親の葛藤する気持ちを丁寧に聞き、寄り添うように心がけた。そこでは、A男の特徴について、明確な評価を知りたい気持ちの反面、真実を知ったところで、それを受け入れることができるのかという怖れや、それで何ができるのかという不安が繰り返し語られた。母親の真実を知ることへの葛藤や先行きの不安について、カウンセラーは受容・共感し、これからも心理面で親子をサポートしていくこと、さらに、生活面や学習面でのサポートを学校や専門機関と連携し、工夫していくこともできることを丁寧に返していった。
　しかし、母親の不安や抵抗感がやわらぐことはなく、面接場面で語られない何かがある様子はうかがわれたが、それが何かはわからないまま、母親面接は中断となった。
　しばらくして、中2から中3に進級する春休みに、母親から「お話ししたいことがある」と連絡を受けて面接したところ、これまで父親にはずっと秘密で来談していたこと、その理由として、かつて父方の家系に障害をもった人がおり、その人のことに触れること自体、家族の中ではタブーであったことが語られた。
　そのため、母親には、もし自分の子どもにも障害があるとわかったら、父親はどのように思うか、A男のことを受け入れられるのかという不安があった。しかし、受験の話が出たときに、母親から父親に、これまでの想いをすべて打ち明けたところ、父親もA男のことがずっと気になっていたと話しはじめた。両親は何日も話し合いを重ね、A男には無理に背伸びさせ頑張らせるよりも、A男らしく伸び伸びと自然体でいられる環境で、自信をもてるようになっていってほしいという想いに至ったということであった。
　そして、母親は、A男の特徴を「やっぱり親として知っておきたい」と語り、アセスメントを希望したため、中3の1学期に、アセスメントを含め、今後のサポートもしてくれる専門機関として地域の教育相談機関を紹介した。

その後、教育相談機関では、アセスメントの結果、Ａ男に発達的な偏りがあること、高校はＡ男の特徴やペースに合った通信制などを考えたほうがよいことが伝えられた。しばらくして来談した母親は、結果を聞いたときはショックだったが、これまで漠然と悩んでいたことがはっきりとつながってきた感じがすること、Ａ男に発達的な偏りがあっても、いままでどおり接していこうと両親で話し合っていることを、しっかりとした表情で語った。
　最終的に、Ａ男は希望のクラブがある通信制高校に進学を決めた。
　卒業前の最後の面接で、母親は「困ったときはこういうところに相談できることが子どもにもわかったと思うので、またいつかお世話になることもあるかもしれません」と話し、今後も必要に応じて相談機関を訪れようと思うことを述べて、サポートを受けることを肯定的に捉えている様子であった。

　このケースの母親は、当初、いじめに対応せず、子どもの問題を指摘する担任に怒り、子どもについて知ることへの怖れや先行きの不安を語っていたが、それは、どこかで自分の子どもにも問題があると感じ、また、それは家族内のタブーに触れるものであると感じていたからではないかと思う。母親にとっては、カウンセラーのかかわりも、家族内のタブーに触れ、家族の均衡を崩しかねないと感じられたかもしれない。高校進学という現実的な節目にカウンセラーも焦ってしまったところがあり、そのために一時中断となったが、母親の力が父親をよいかたちで巻き込み、両親で足並みを揃えてＡ男を支える流れができたことが、現実に向き合う力になったのではないかと思われる。
　ここでは、母親の現実に向き合う不安や葛藤に寄り添いつつも、いま目の前にある子どもの課題に対応していく必要があるため、母親とカウンセラーの間で、対応すべき課題を共有し、協力し合える関係を維持していくことが重要であったと思われる。
　ここに紹介したケースは、必ずしも順調な経過をたどったとはいえない。しかし、カウンセラーから見立てや見通しを伝えるときには、子どもや親、家族関係の特徴を踏まえ、子どもの特徴を親にどのようなかたちで伝えるとよいか、また、カウンセラーから伝えることが、家族にどのような動きを生

む可能性があるか、そして、子どもの特徴に合ったサポートをするために、親とどのように協力できるとよいかということまで見通しをもっておけるとよいと思う。

　田中（1993）は、クライエントは、前意識的あるいは無意識的に「自分がなぜこうなったのか」ということについて知っており、「いずれは受けとめなければならないけれども、今すぐには受け入れられないために、その"時"が来るまで、その答えの周囲をぐるぐると回っている」感じがすることがあるという。そこで、専門家は、①母親のその時点での受容能力がどの程度であるかを判断し、②その受容能力に見合ったぶんの助言をすることが効果的な助言のコツだとしている。

　すなわち、話を聴く専門家であるカウンセラーには、話を丁寧に聴くなかで、問題がどこにあるのか、その問題が家族関係の中でどのように動き、子どもの問題として現われているのかを見立てつつ、同時に、保護者がいまそれをどの程度理解し共有できる状態にあるのか、相手の受容能力とタイミングを見立てる力も必要になるということである。しかし、この問題と受容能力、タイミングの見立ては非常にむずかしいものである。

　また、校内の相談室では、現実的な限界として継続的な面接がむずかしく、見立てを共有し、サポートする時間が十分にとれないことも少なくない。そのようなときには、校内でできることの限界を伝え、そのケースを十分にサポートできる専門機関につなぐことも、見立てを踏まえて見通しを伝えるという意味において、専門家の大切な役割のひとつである。ここが、抱える力と抱えすぎないバランス感覚の大切なところでもある。

　ときに、不安の強い親の場合など、担任やカウンセラーとの間で、一方に対しては被害的に、他方に対しては依存的になったりして、関係が安定しにくく、校内の連携さえもむずかしくなることがある。そのようなときには、カウンセラーが親と担任の間に入り、緩衝材として柔軟に動く役割をとる必要がある。また、日常生活で接点の少ないカウンセラーが子どもの見立てや見通しを親に伝える役割を担い、担任は日常生活でサポートをする役割を担うなど、役割分担が必要になるときもある。

5　子どもを育てる親の機能を支える視点

　これまで、親と共に子どもをみることについて考えてきたが、最後に、子どもを育てる親の機能を支えることの重要性についても触れておきたい。

　親に問題があるから子どもに問題が出ているというように、原因と結果を直線的に結びつけるだけでは意味がなく、親にもそうせざるをえない複雑な事情や家族の中につづく歴史があるかもしれないと、円環的に考える視点が不可欠であることは、すでにお気づきのことと思う。

　子どもの治療で有名なイギリスの児童精神分析医ウィニコット（Winnicott, D.W.）は、ほどよく抱えること（holding）の重要性について繰り返し述べている。抱えることとは、母親が依存する子どもをその腕にだき抱え、これを一貫して支えることを、臨床場面に置き換え、クライエントの依存を引き受ける治療的な環境の存在と、支持的な対応を意味している（北山, 2002）。

　ほどよく抱えられた実感の乏しい親が、子どもをほどよく抱え、大切に育むことはむずかしいだろう。すなわち、親自身も、ほどよく抱えられる必要のある人であることに変わりはない。

　新宮（2006）は、最初から子育て困難と決めつけて、一方的に指導するのではなく、あたたかく holding された雰囲気の中で、親子の関係性や行動を観察しつつ、徐々に問題を一緒に振り返っていく作業が大切であり、この作業に寄り添っていく者が、ときに子育てのサポーターであり、ときに治療者になるとしている。

　田中（1993）も、子どもを抱える母親を支える援助においては、母親の育て方の問題は指摘せず、むしろ日常生活での具体的な対策を助言するようにし、非難したり、批判したりせず、じっと抱えていくと、あるとき、母親自身が自分なりの納得や理解をしていくようになることから、治療者とはクライエントが自分で変容を遂げていくための器や触媒でしかない、としている。

　すなわち、最終的には、親と子がもつ力を信じ、親も子も共に抱え、支えつづけていくことこそが、親子が成長し変化する力を生み出していくのでは

ないかと思う。このような視点も心理的援助には大切であろう。

[引用・参考文献]
北山修（2002）：抱えること　小此木啓吾・北山修（編）　精神分析事典，pp.61-62．岩崎学術出版社
新宮一夫（2006）：世代間伝達と子育て支援―親・乳幼児精神療法による分析　鈴鹿医療科学大学紀要，13，pp.61-72．
田中千穂子（1993）：母と子のこころの相談室―"関係"を育てる心理臨床，pp.2-87．医学書院
中根允文・皆川邦直他（2001）：青少年の精神・行動障害に関わる精神科医療プログラムの研究　厚生科学研究費補助金総合的プロジェクト研究分野障害保健福祉総合研究事業　総括研究報告書
皆川邦直（1985）：児童精神分析の発展その2　小此木啓吾・岩崎徹也・橋本雅雄・皆川邦直編　精神分析セミナーⅤ　発達とライフサイクルの観点，pp.109-140．岩崎学術出版社

（髙橋　由利子）

4-3 保護者との面接(2)—保護者自身をみる面接

1 保護者面接とは

　ここでは、保護者との面接の中でも、保護者自身の話題が多い面接について述べることにする。学校臨床において私たちは、児童・生徒の福祉のために臨床的に関与する。児童・生徒本人に直接的にかかわることはもちろん、本人をとりまく大人たちにかかわることも多い。

　学校臨床において中心に置かれるのは児童・生徒のケアと成熟への支援であるが、親から子どもへの影響も甚大である。それゆえ、保護者自身の問題を扱わなければならない事例も多くある。読者にとっては、保護者への面接、とくに保護者自身の話題が展開する面接は容易に想像しにくいかもしれない。ここでは事例を提示するなかで考察したい。なお、事例はプライバシーに配慮して改変した(「　」はクライエントの言葉、〈　〉はカウンセラーの言葉)。

2 事例1：母親の現在の葛藤が主題となった面接

(1) **事例の概要**
・クライエント：小学校4年男児の母親
・クライエントの主訴：子どもとのかかわり方、かかわるさいに障害になる自らの情緒的な不安定さ。
・家族構成：小学校4年男児、母親、父親
・来談経路：担任
・面接の構造：毎週・校内の相談室
・相談期間：半年

⑵ 面接の経過

　本事例は、担任教師の促しによって来談した母親への面接である。担任からの事前の情報によると、本児は他児童へのちょっかいや嫌がらせが多く、フラストレーションが高まっているのではないかということだった。以下、初回の面接を振り返ることにする。

　面接を始めてみると、母親は「(息子は) 家庭では問題なく過ごしているのだから、学校の対応が悪いのではないか？」と訴え、自ら主体的に相談をしようという意欲は、表面の言葉だけからは読みとれなかった。だが、周囲に友人や親類などがいない環境で子育てをしていることや教育関係の書籍をよく読みこんでいることなどの話題をカウンセラーが受け止めるなかで、母親は息子が家庭においても反抗的になるときもあると語り、何か問題があるのなら考えていきたいともいう。しかし、学校の対応に問題があるのではないか、という訴えとの間で気持ちは行きつ戻りつするようであった。そして、カウンセラーの言葉をすぐに肯定し、話を合わせるような態度をとる。カウンセラーが〈自分に問題があると言われるんじゃないかと怖くなって、すぐに話を合わせようとするけれど、自分の本来の気持ちとしては納得できないみたい。子育てはこうしなきゃいけないという建前はもっているけど、本心から感じるものではないみたいですね〉と指摘すると、母親は自分が息子に日頃からつまらなそうな顔を見せているから子どもは心配するのかもしれない、と子どもとの関係を振り返る。

　そして、カウンセラーにとっては意外な話題が母親から唐突に語られた。それは「男性との間では壁を感じるのです」という母親自身の抱える問題であった。夫との間でも子どもとの間でも、男性に対して本音で話せないという。さらに、母親は息子が抱きしめると嫌がることにも傷ついているという話だった。躾ける場面でも、必要以上に息子に怒っているという。

　この後、面接は4カ月ほどつづいた。自分の父親と母親との不和を目撃した子ども時代の回想をはさみながら、話題は現在の夫との関係に行き着く。自分の父母の関係も、自分と夫との関係も、愛情によって結びついているようには感じられないと述べる。子どもの問題で来室しているのに、夫のこと

を話している場違いさに戸惑う気持ちをみせながらも「これは子どもの問題ではなくて、私と主人の問題だと思うのです」と言う。これは自らの父親から派生する男性へのイメージが夫と子どもに向けられていたという気づきである。さらに母親は個人的な質問をカウンセラーに繰り返し、カウンセラーからなにかと「男性の本音」を引き出そうとするのだった。カウンセラーは本音をいう代わりに〈男性との間の壁を私との間でも見ているのですね〉と解釈した。「私は主人に対して、息子に対して、気持ちがあるなら言ってごらん、愛しているなら言いなさい！　と強く言ってたんですね、もしかしたら、私のそういうところが夫にとってよくなかったのかもしれないなって思うんですよね」というように、強く愛情を求めると「自分は愛されていないのではないか」という疑心が引き金となって、怒りをも同時に喚起されることが明らかとなった。そこで母親は、自分が望んでいる夫と息子の愛情を自らがかえって遠ざけていたことに思い至る。この後しだいに母親は、家族への素直な愛情を示すことができるようになっていった。

　このように母親が自らの悩みを見つめることと並行して、子どもへの無自覚な怒りは収まりがつき、本児童の学校場面での問題も消失した。

(3)　事例1の振り返り

　本事例においては男性とのかかわりに「壁を感じる」母親の心情が吐露された。自身の父母（本児童からみれば祖父母）の葛藤に満ちた関係を目の当たりにしていた母親は、現夫との関係においても不全感を募らせていたことだろう。そのような家庭生活の中で本児童は思春期に入り、母親との分離が課題として浮上してきた。年齢相応の母親への甘えと反発をする本児童との関係の中で、母親は男性との関係における葛藤を再体験していたのだろう。その葛藤は、カウンセラーへの転移をとおして「男性の本音がわからない、自分をどう思っているのだろうか」というかたちで顕在化していった。それに対しての解釈によって内面の葛藤がより自覚されたと推察される。

　父親に関する問題も濃厚にあったのだが、来談時の問題は夫との不和であった。その点が、改善されずとも明確に意識されることで、少なくとも子どもとの関係において母親が葛藤的になることは少なくなったといえよう。さ

らに、子どもへと向けられた「愛情を与えない拒絶する男性」という母親の投影と怒りが減り、子どもが年齢相応の母親との距離感を保てるようになった効果は大きかっただろう。

3 事例2：母親の過去の葛藤が主題となった面接

(1) 事例の概要
- 対象のクライエント：中学2年女児の母親
- 家族構成：中学2年女児、母親、父親、妹
- クライエントの主訴：子どもから暴言を吐かれるのがつらい。子どもといるのがつらい。
- 面接の構造：毎週・校内の相談室
- 相談期間：3ヵ月

(2) 面接の経過
　娘が自分に対して反抗的な態度をとる、現在は学校では大きな問題は起こしていないが友人間でわがままな振る舞いが目立つのが心配だ、と母親は訴える。娘は「わがまま」で自分の都合が悪くなると暴れてまで欲求を通そうとするし、「お母さんなんていなくなればいい！」と暴言を吐くという。カウンセラーは詳しく状況を聴いてみるが、いまひとつ摑みどころがない。子育てにあまり熱心ではなく、娘のことは「女の子だからわからない」という夫の発言に、母親は逃げ口上をいわれたように感じていた。
　「本人は（親から）やってもらったよりも、やってもらっていないという気持ちのほうが大きいようで、妹ばかり服を買うと（訴える）。妹のほうが愛情をかけてもらっていると思ってるみたい。妹の服を買ってきても隠して見えないようにしてるのに、そんなことを言う」〈やってもらわなかった、というのは？〉と質問すると「娘は物質的な意味で言ってるんでしょうけどね。何で自分には買ってくれないんだ、って。妹のTシャツを着ることもある。妹のものを使ってほしくないのだけど」と母親は答える。その表情からは嫌悪感がみてとれた。〈娘さんは自分が受け入れられていないと思ってい

るし、お母さんも受け入れきれないのでしょうね〉「そうだと思います。どっちもそうです」母親は娘の口調や人のことを棚にあげて話すところが嫌だという。話題には娘への嫌悪感が充満していた。「娘は親離れできていないんだと思います」と母親が子どもを突き放すように言うとき、カウンセラーは〈娘さんは親離れしたいんですかね？〉と疑問をさしはさむことはできたものの、子どもに向けられた母親の嫌悪感と怒りを聴きつづけることに終始していたように思う。その後、このような面接がしばらくつづく。母親からは、子どもとの関係を良好にしたいという熱意は感じられたが、子どもへの思いやりや罪悪感は表出されなかった。子どもの問題としか訴えない母親の切迫感は並大抵ではなかったし、母親の内面の混沌とした不安が想像できた。

　この後の面接で「先生（カウンセラー）に気持ちを受け止められて、考える空間が心の中にできてきた」と言いながら、娘が本当は自分に甘えたいのではないかと母親は気づきつつも、娘への苛立ちが容易に収まることはなかった。そして、自分の話へのカウンセラーの反応を過度に気にした態度であったので、カウンセラーはそれを何度か指摘した。しかし、そのような態度に変化はない。それでも娘との関係について洞察が少しずつ進みはじめた。「思い返すと、娘を受け入れるのがむずかしかった。自分の親がそうだった（娘である自分を受け入れなかった）し、そのように子どもを育てていた。自分は許容範囲が狭いんだと思う」と振り返る。子どもが思春期に入るころに母親は苛立ちを感じはじめたらしい。娘は思うとおりにわがままにしているが、母は「自分は逆で我慢して育ってきたことを頭のどこかで思い出したのだろう」という。わがままにみえる娘に対しては、母親は激昂して「いなくなればいい」「消えろ」と言うこともある、と戸惑いながら語りだした。ここまでの面接経過でやっとカウンセラーにも母子のやりとりの状況が摑めるようになってきた。

　そして、母親本人の育った家庭の話題がさらにつづく。父が酒乱で母親への暴力もあるような、常に緊張した環境の中で育ってきた。常に親の顔色をうかがって「わがままを言えなかった」という。一人っ子でありながら家庭の中で自分のことが話題にされず、トラブルのたびに自分が母親を庇うのみだった。そして、母親から自分が庇われた記憶はない。家庭外の生活でも自

分の家庭の苦境を語る相手はいないし、自ら「仮面を被ったような気持ち」で生活してきたという。このような振り返りのなかで、ようやく母は娘の「わがまま」を許せない自分を理解するに至る。この時期から娘へ不合理な怒りを直接ぶつけることは少なくなるのだが、母親自身の苦痛は増しているようにみえた。カウンセラーの前での緊張と母親自身の父母の前での緊張とを結びつけて解釈するなら、母親の退行が深まると思えた。カウンセラーは内心、この母親の個人的な問題は、学校という場では扱いきれないと判断せざるをえなかった。さりとて、これだけの話題が語れる関係ができたからには「母親の個人的な問題」と焦点化して、容易に中断や他機関の紹介をすることはできなかった。

　このような治療上の葛藤をカウンセラーが抱えるなか、やがて母親は「娘の気持ちに寄り添いたいと思えてきたんです。だけど、それがよくわからない。自分の心の中が空っぽで、何も感じなくなってしまって」と訴えはじめた。こうして問題の焦点が自分自身のこととなり、母親からの「自分のためのカウンセリングが受けたい」という要望が出たため、他機関を紹介したうえで終結に至った。

(3) 事例2の振り返り

　完全に問題を娘のこととして母親は来談したが、母親のパーソナリティの問題が色濃い事例であった。来談当初、カウンセラーには母子間の具体的なやりとりを想像することが非常にむずかしかった。が、母親の娘への嫌悪感と怒りは明確に伝わってきた。のちに母親自身が「暴言を吐く」様子が語られるようになるのだが、娘のせいで怒りが引き起こされるのではなく、自分の中から湧き起こる怒りであると認識するには、来談時の心の中に母親がのちに言うような「考える空間」が乏しかったのかもしれない。母親がいう「仮面を被った」生活をつづけるならば、情緒的な対人接触ができにくくなるであろうし、情緒的な成熟が阻止されたことだろう。それによって母子間のやりとりも阻害されたとも推測できる。この事例では、心理ガイダンス的なアドバイスの提供のみでは、この母子関係を変化させることはむずかしかっただろう。というのも、アドバイスを採り入れて現実的に対処する心の構

えを母親が維持することはできなかったと思われるからである。つまり、心理ガイダンスを適用できるだけの素地が母親の心には用意されていなかった。もしカウンセラーが執拗にアドバイスを与えれば、母親の罪悪感の否認を早急に切り崩すことになったり、カウンセラー自身の怒りの逆転移の表現としてしか作用せず、母親は迫害感にさいなまれることとなっただろう。母親に焦点を合わせざるをえない面接でありながら、あまりに早く母親の側の問題に焦点を合わせてしまえば、母親の精神的なバランスを収拾がつかなくなるほど揺さぶることになったであろう。

　相談の当初から、カウンセラーは母親の語る母子間の問題は母親の無意識的葛藤を反映したものであろう、と理解して傾聴しつづけた。母親の無意識の中に残る自らの両親への恐怖と怒りとが子どもへと向け代えられていたのだろうし、内的な迫害対象を娘に投影し、また自らも内的な迫害対象と同一化するなかで混沌とした母子の関係が形成されていたように思える。

　どのようなスタンス、または臨床場面でにしろ、来談した本人（この場合は母親）の主観的世界に参与し観察する態度は必須のものだと考える。単純に母親の問題だと割り切って見ていたら信頼関係は成立せず、面接は進展しなかったであろう。そして、母親の言語的な訴えに促されて直接的に子どもへ介入したならば、面接の内容が外的現実と母親の内的現実とが入り混じった混沌としたものになったのではないか、と思われる。はっきりしているのは「子どもといるのがつらい」と表現された母親の苦痛自体が面接の中に持ち込まれ、話題にされたということである。

4　事例3：子どもの支え手である母親個人を支える面接

(1)　事例の概要
・対象のクライエント：小学校5年女児の母親
・家族構成：小学校5年女児、母親、父親、兄、母方祖母
・クライエントの主訴：娘の心因性の視力低下
・来談経路：担任
・面接の構造：毎週・校内の相談室

・相談期間：1年半

(2) 面接の経過

　本児童は高校1年の兄を同胞にもち、父（無職）と母と母方の祖母との3世代同居の家族である。父親には前職のストレスによるうつ病の既往があった（来談時も抑うつ状態はつづいていたようだ）。初回の面接で本人に困ったことは何かを聴いてみると、本を読むときに視力がよくなったり悪くなったりするということであった。カウンセラーが〈漫画も？〉と問いかけると、もともと読まないとのことであった。学校では先天的に目が見えない子どもの世話をしなければならない立場にあるらしい。母親に聴いてみると、本人には自覚はないが、学校で意地悪されたりすると目が見えにくくなるのではないか、ということであったし、学校の担任にもそのように見えていた（眼科での精査では異常は見られなかった）。母親は自営業のためになかなか世話をしてあげられないと嘆き、娘への愛情を注ぎたいという思いがカウンセラーに強く感じられた。カウンセラーが母親に家族構成を聞くと、母親は娘に「外で待っているように」と指示を出してから語りだす。

　母親の父親（本人の祖父）は、母親が11歳のころに浮気相手と失踪したまま帰らないこと、高校1年の兄は夫と前妻の間の子であって産みの母親が違うこと、などが語られた。娘は目が見えにくい祖母の世話を焼くことが多いらしい。このような状況の中で本児童の主訴が形成されたのだろうと思われたので、カウンセラーは母親にさらに詳しい家族と娘の来歴を聴いた。「娘の背景とかを見る必要があるんでしょうか？」という疑問が母親から呈されたのだが、〈お母さんも、その背景が娘さんに影響していると感じている、と私には思えたのですが？〉と伝えると、母親は笑って「そうですね」と肯定した。この後の面接でカウンセラーは主に母親とかかわり、子どもとのかかわりは信頼関係ができていた養護教諭に任せることにした。

　母親自身の生育歴で特記すべきことは、祖母（母親の母）は夫が失踪したあとも夫の両親の世話を焼いて暮らしていたことである。10歳時の父の失踪は母親によって謎のままにされ、祖母から打ち明けられたのは成人してからのことだった。「父親のことを聞けない」という悩みは幼いながらに当時か

らあったらしい。母親は思春期・青年期に至っても恋愛に興味がもてず、「古語では世間のことを男女の仲というのですよね」と言いながら人との微妙なかかわりがわからない、というのだった。カウンセラーは初回の面接での母親の本児童への振る舞いと、母親自身の生育歴のエピソードが重なっていることに注目し、本児童にも「何かを見てはいけない」というメッセージが向けられていると解釈できたが、いくぶん荒唐無稽にも思えたので母親に伝えるのは当分差し控えることにした（むろん、初回で娘を退席させた振る舞いを、娘がどう受けとったかを尋ねはした）。そしてもう一点は、自分のやりたい仕事などを若いころは探した時期もあるが「母親の世話をしなければという無言のプレッシャーを感じて」諦めたことである。

　家族の問題は、過去のことだけではなかった。夫は家族の知らないところで女性と付き合い、借金をつくっていた。そのことを母親は「うすうす気づいてはいたのですが、言えなかった」らしい。〈うすうす気づいていても言いにくい。知るのが怖いってあるでしょうね〉と伝えると、「自分が子どものころは千夜一夜物語とかデカメロンは発売禁止だったんです」「見たかったり、見たくなかったりしたんだと思います」と連想を語った。そして、現在も母親には、自分が経済的な面でも情緒的な面でも夫や家族を「世話」しなければならないという強い想いがある。

　面接が進むにしたがって、彼女は「自分で自分の人生を生きたい」と強く望むようになる。だが、その生き方は未だ明確ではなく、「子どもや宗教もありうるけど、それを失ったら喪失感が大きいと思うんです」「人の下支えをすることが私の人生じゃないかと。しかし、自分の仕事はこれだ！　と言いたい。負け犬の遠吠えかもしれないけれど」と心境は揺れつづけていた。このころになると、母親から娘が「今日は嫌なことがあったから目が見えにくい」と笑いながら語るようになったと報告を受けた。視力低下という症状もだいぶ軽減され、実際によく本を読めるようになったらしい。母親はこの変化を不思議がりながら、「娘は目に障害がある子どもの世話を任されることがあって、最初はかわいそうだと思ったみたいですけど、やはり重荷になっていたようです。その子は"何もしなくてずるい！"って娘が言ってましたね」「祖母が落とした小さいものを目の代わりになって拾ってあげてたん

ですが、最近はそれほど緊張しながら祖母の様子を見ている感じではなくて、"おばあちゃんから裁縫を教わった"と喜んでいました」と報告する。ここでカウンセラーは〈おばあちゃんのこと好きだから助けたいけど負担にもなる。目が見えないなら"ずる"をすることもできる〉と以前からの理解を伝えることができた。「たしかにそうなりますね、目が見えなければやらなくてもよかったわけですよね。何で自分ばかりしないといけないんだ、と思っていたでしょうね。気配りしてもいつも感謝されるわけでもないし」という。この段階で初回の面接から半年ほど経過していた。

　この後も母親の面接はつづく。娘の視力低下という症状は、本も読めるようになって、だいぶ軽減されていたのだが、未だに娘が学校の友人関係で気を使って疲れることも多かったので、面接は継続することになった。このように目標が設定されたが、母親の語る内容は母親個人の問題とも母子間の問題とも家族の問題とも割り切れない状態であったし、カウンセラーには、この母親には精神的なサポートが必要だが、経済的に苦しいから自分のために他機関での費用を捻出できないだろう、という気持ちがあった。曖昧な目標のまま面接はつづいた。

　目の前から居なくなった父親への憧憬・失望と怒りが語られた次の面接で、母親は眠気に襲われる。カウンセラーのコメントや解釈に対して眠くなるということもあった。〈私の言ってることがしっくりこない、言葉が入っていかない感じですか？〉「ええ、いつも考えていて、悪いほうに考えたり、あっけらかんと考えたり。でも、できるのはただひたすら働くことで」眠気、考えること、働くこと、の中に退避する構えをカウンセラーは適宜解釈した。そうしたなかで夫への怒りや女性としての傷つきが実感をもって語られるようになった。本児童が中学へ進学するまで面接は継続され、その間に学校で目立つ問題は現われなかった。

(3) 事例3の振り返り

　家族の中で表立って語ることができない問題が多くあった。しかし、情緒的な雰囲気や振る舞いによって、家族の中に「秘密がある」「見てはいけないことがある」ことは確かに伝わっていたのではないだろうか。もちろん、

多くの家庭には子どもに知らせたくない問題があるだろうし、世代間境界を守るという意味では「秘密がある」のは望ましいことでもある（もちろん、子どもの側にも秘密はある）。この事例の家族においては「秘密」そのものではなくて、「見てはいけない」というメッセージが問題である。自らの欲求を断念しつづけてまで、老いたもの・障害のあるものを「下支え」しなければならないという役割に祖母や母は同一化していた。本児童の症状はそういった役割への同一化と、それへの反感とが妥協形成されたものだったのだろう。

　この事例においては、母親が「自分の人生を生きたい」という願いを抱きはじめるのと時期を同じくして子どもも症状を手放しはじめる。「見てはいけない」「見たい」「見たくない」などの想いは、母親にとって謎になっている父や夫の行動の理由と自分への気持ちの周囲に集中していた。「見なければならない」という想いが面接をつづけさせたのかもしれないし、「自分の人生を生きる」ために必要だと感じられたのかもしれない。

　この事例の終結は、カウンセラーの勤務期間が終了するまでという外的な制約の中で行なわれた。それに甘えて面接内容から導きだされる目標をぼやけたままにしていたことは否定できない。カウンセラーの心にも「下支え」をしなければという想いが移ってきていたのだろう。期せずして母親と同じような役割をとることになったともいえる。

　カウンセラーは、父親への無意識的な葛藤をさらに扱うべきだっただろう。父親は自分のことをどう思っているのか、という疑問と大事に思ってくれていないのだろうという怒りとが強くあったと思える。それは不倫をしていた夫へも向けられていたことだろう。父親への怒りを表出したあとに眠気に落ち、カウンセラーのコメントや解釈に対しても眠気で反応したことを振り返ると、父親に向けられていた感情がカウンセラーにも転移されていたのかもしれない、と想像することもできる。だが、探索できないままになった。おそらくこの点を十分に扱うことができれば面接の内容がさらに進展したことだろう。

5　母親の投影から自由になることが子どもを成長させる

　どの事例にしても母親自身の内面から発するニーズを察知することが面接の流れを大きく変える分岐点となった。精神分析的な志向をもつカウンセラーとしては、母親の訴えに耳を傾ければ、最初に持ち込まれる言葉どおりの主訴だけを扱うことはできなかった、というのが正直なところだろう。ただし、母親への面接で母親の個人心理だけを探求するのであれば、母親としての役割を遂行できなくなるような退行が発生するかもしれないし、もともとの子どものためという目的からズレることになるので、面接の方向性が混乱してしまうだろう。面接の目的がズレることは母親の病理に起因する投影によって母子関係が歪んでしまうのと同様に、倒錯的であるともいえよう。常に子どもの状態と母親の主観的世界との絡み合いを考察することが重要である（だが、かならずしも直接的に子どもを観察する必要はない。母親担当者が子どもと接することは、個人としての母親と子どもそれぞれに与えるインパクトに配慮して慎重であるべきである）。

　母親の内的対象関係が反復されるのは、原家族の父母との間・配偶者との間・子どもとの間・教員との間・カウンセラーとの間などの幾多の関係においてである。母親面接の枠内で母親の個人的な問題を扱うに際して、どの関係性に向けて解釈をするかにバランス感覚が必要とされるようである。いまだ筆者には考察しきれない部分であるが、おそらく治療抵抗としての転移への解釈は必須であろう。

　たとえば、事例1におけるカウンセラーのコメントに対する知性化抵抗への解釈は話題を進展させたし、事例3では、「下支え」の役割という同一化に頼る防衛が治療中の抵抗解釈をとおして緩くなり、本来の情緒が回復されるきっかけとなった。私たちに向けられた転移を解釈するか、それとも家族の中での関係性を解釈するかは時機を見て選択する必要があるし、そこを私たちが認識できれば逆に治療中のコメントを選ぶ自由度が増すだろう（もっとも、人間の心の動き方そのものが多重決定されているのだから、個人治療においてもどういう側面に対する理解をクライエントに返すかということが

私たちの課題となる)。

　どの事例にも共通するのは、事例3の母親がいうように「自分の人生を生きたい」という願望であろう。母親自身が自分のことを見つめることができるようになると、子どもたちは自らの成長を開始するようである。事例1で顕著なように、母親の投影から子どもが自由になること自体が、子どもの成長を促進させる。

　事例2のように、母親自身のパーソナリティの問題が大きい場合、私たちは母親の内面に容易に踏み込めないが、踏み込まなければ好転しないという葛藤の中に置かれる。指針の一つでしかないが、母親の語る主訴だけではなく、母親の内面から発する無意識的ニーズを受けとりながら、意識的な子どものためにという目標を共有することで、母親の問題と子どもの問題を分離させることができるのではないかと、私は考える。

[参考文献]
馬場謙一（1988）：精神分析的立場からの家族療法　現代のエスプリ　No.242　至文堂
チェシック, M. 斎藤久美子監訳（1999）：子どもの心理療法―サイコダイナミクスを学ぶ　創元社
モード・マノーニ　松本雅彦・山口敏郎・西田稔訳（1984）：母と子の精神分析　人文書院
渡辺久美子（2000）：母子臨床と世代間伝達　金剛出版
吉田弘道（2005）：母子並行面接における精神分析の貢献と問題点　臨床心理学, 5(5), pp.628-635.

（小西　健）

第5章

教員との連携・研修会

5-1　教員へのコンサルテーション

1　子どもとのかかわり方

　教員がスクールカウンセラーに相談する問題には、大きく分けて3つの側面が考えられる。まず子どもとのかかわり方、次いで保護者への対応、そして教員自身の個人的な問題である。ここでは、この3つの側面を順に述べることにする。

(1)　先生方から受ける相談
　ここ数年間に、筆者が小・中学校の先生方から受けた相談の主なものを紹介しよう。
・不登校の子ども、とくに子どもと接触できない場合にどうしたらよいだろうか。
・非行をしている卒業生の先輩に、何かと誘われている小学生や中学生への対応は？
・いじめをしている、いわゆる加害児をどう指導したらよいか。
・子どもが以前とはすっかり変わって、思いやりに欠ける、すぐキレる、すぐ泣く、落ち着きがない、べたべたしてくる子が多くなり、対応に困る。

・集団指導ができない。全体に話すと耳に届かず、一人一人に話さないと通じない。
・子どもにメールやインターネットの扱い方をどう指導するか。とくにイジメに関しては。
・小学生への性の指導がむずかしい。女性教員への身体的接触は甘えだけなのか、性器を露出して歩く小学4年の男の子は、ただ幼稚なだけなのだろうか。
・盗み、無言電話など、行為者が明白ではないが、特定の子が疑われる場合はどうするか。
・慢性身体病のある子、精神的に異常があるように思われる子への対応は。
・親と話し合いたいが連絡がつかない、家に電話がない、拒否的である、家庭訪問も拒否されたが、どう接すればよいのか。

　こうした先生方の悩みや戸惑いの大きな部分を占めるのは、子どもも家庭も以前と変わったうえ、とりまく環境も変わったために、従来の枠組みでは理解も対応もできないということのようである。学校をとりまく状況の変化から、教員が批判を受けることが増え、防衛的にならざるをえない点もある。また、教員自身が環境の変化から一昔前の人たちのような豊富な自然体験や人間的関係をもっていないことも解決能力に影響を与えている。
　スクールカウンセラーは、こうした相談を受けて万能的に解決してみせることなど決してできることではない。自分にできることとできないこと、自分の力量と立場をよく知っておかなければならない。たとえば、上記のインターネットやパソコンの使い方などは、組織ぐるみで考えなければならない問題である。
　スクールカウンセラーが心の専門家といえるのは、心の内外からモノを見るという視点をもち、心の動き方について考える知識をもっているからである。社会状況が変化し、子どもの言動がどのように変わろうとも、心の発達と、刺激に反応して動くそのときどきの心の中のさま、そしてまたその結果として外に現われる行動は、心理学的にはある程度理解可能である。それらの理解ができてこそスクールカウンセラーは心の専門家と自認してよいので

あろう。

　スクールカウンセラーは教員とは異なる視点で、子どもの心の中を理解することにより、援助の方法を教員と共に探り、提案していくしかないのではないだろうか。

　さて、先にあげた相談事例をまとめてみると、教員が対応に苦労するのは以下の3点に要約される。

①子どもを理解できない。
②子どもが未熟、強情、反抗的であって「指導に従わない」。
③子どもの親と協力できないために子どもへの対応がうまくいかない。

　そこで、ここでは、まず教員の子ども理解とカウンセラーの子ども理解として①②について述べ、保護者とのかかわり方で③について論じることにする。

⑵　教員の子ども理解とスクールカウンセラーの子ども理解

　教員にとって、問題のある子、ない子とはどんな子だろうか。それに答えるには、基本的に教員は学級集団をスムーズに運営しなければならないことを思い出すとよい。教員は学校という集団生活ができるまでに成長しているはずの子ども（第1部第2章2-2を参照）を対象にして、集団生活能力と知的能力を高め、個人の潜在的能力を磨いていくことを目標にしているはずである。

　ところで、子どものほうの発達は、生まれてから社会への適応と自己の発揮とを繰り返しながら進んでいく。社会に適応するように社会的な決まりを採り入れて、それに沿うように考え行動するのが社会化であり、自分本来の潜在能力を発揮するために固有の欲求を表現して、自分らしさをつくっていくのが自己の発揮・自己実現である。そうした動きと連動して、子どもはつねに依存と自立の葛藤を抱えている。

　学級をうまく運営していくという仕事を担う先生には、集団の規範に合わせてわがままを抑える社会化がどの程度できているかという視点から、子どもを理解する傾向がある。教員にとって問題のない子とは、社会化が進んでいる子どもで、かつ自立している子どもであろう。そういう子は学校の規則

を守り、課題や勉強にも熱心に取り組み、友達に迷惑をかけない。反対に自己実現に傾いている子は、集団活動に従うより自分の好奇心から言動し、抑えられれば理屈をこね、授業の進行を遅らせたり、方向を変えたり、禁止を無視したりしているように見えて、「指導が入らない」、一筋縄ではいかない「問題な」子なのである。

　社会化と自己実現の両側面は、生涯発達の過程として、誕生後から年齢に即してバランスをとりつつ進行する（第1部第2章2-2を参照）。暦年齢に相応の社会化と自己実現をしていれば、すなわち年齢相応に適応的に自分の欲求を表現していれば、先生には理解しやすい。たとえば中学生が少々逸脱行動をしても、彼も反抗期に入ったか、と理解することができる。だが、社会化がその暦年齢に相応して達成されていないとか、何らかの不安や葛藤のために退行した表現になると、周囲は理解に戸惑うのである。それが甘えん坊や泣き虫程度のかたちで出ればさほど問題にならないが、逸脱行動や手に余る情緒の不安定さとして現われると、周囲は扱いに困り、問題視されることになる。昨今では家庭環境が多様化して、発達速度も、発達の現われ方も多様になり、先生の目には「子どもが変わった」「子どもとコミュニケーションがとれない」ということになる場合もあるだろう。とくに暦年齢よりも幼く表現され、行動化が激しい場合には、手を焼くかもしれない。

[事例1] 暴力をふるう小学校4年の男児・耀ちゃん
　耀ちゃんは気にいらないことを言われると、暴力をふるう。とくに、あだ名で呼ばれたり、からかわれたりするとカッとなる。そのときは興奮して手がつけられない。
　耀ちゃんは　朝からイライラしている。朝食をとらずに登校する。些細なことですぐに相手に手を出し、手加減なく攻撃しつづける。相手が背を向けてうずくまっていても殴る蹴るをやめない。担任は「止めなさい」と言い、身体をつかんで相手から引き離すが、耀ちゃんは、わあわあと大声をあげ、手足をバタバタさせて暴れる。先生は話し合うことの大切さを教えようとするが、本人は「許さない」「話し合ってもわからない」の一点張りで聞こうとしない。あまり騒ぎが大きくなったときは、母親に来てもらい、同席で話

し合うようにしている。

　家では母親はしつけとして体罰をしている。家でもキレると手がつけられないので、そうなると母親は静かになるまで放っておくという。父親は怖いようだが、父親は家にいないことが多く、母親が耀ちゃんのことを伝えても「男の子はそんなものだ」ととりあわないようで、母親もそういうものかな、と思っている。

　耀ちゃんのことで相談されたスクールカウンセラーは、次のように対応していった。

　①先生の困っていることは何かを明確にする

　先生の問題は耀ちゃんの暴力で、それを止めさせるにはどうしたらいいだろう、ということである。社会化の側面からのみ理解すれば、行動によって欲求不満を処理しようとする態度は年齢不相応に幼いし、他の子どもに迷惑である。他の子が怪我でもしたら大変なことになる。そこで先生方は、行動（欲求）を抑えるよう言い聞かせるという教育的対応をし、家庭にも教育（しつけ）を求めてきたが、効果はなかったという。

　②カウンセラーの立場から理解する

　キレることにいちばん困っているのは、実は耀ちゃん本人ではないか、という視点をカウンセラーはもってみた。そして、心理療法でクライエントを見立てるように、耀ちゃんの問題行動を考えた。耀ちゃんの激しい怒りとその行動による表現はどこから来ているのだろうか。

　第一に、何らかの病気ということはないか。脳に何らかの問題はないのだろうか。身体に問題があって、それで気が悪いのではないか。カウンセラーは一応小児科病院での検査を提案してみた。

　次に、心理的・力動的な理解を試みた。耀ちゃんはあだ名で呼ばれること、からかわれることに非常に敏感であるという。これは自尊心と関連しているのではないか。健康な自己愛が育っているのだろうか。「話し合ってもわからない」と思い込んでいるのはなぜだろうか。気持ちを聴いてもらって満足した経験はどのくらいあるのだろうか。言葉の発達は年齢相応だろうか。無力感があるのか。朝からイライラしているのは、家庭に何らかの欲求不満があるのではないか。朝食を食べないのはなぜか。それはいつからだろう。朝

食はゆっくりとれる時間までに用意されているだろうか。寝不足ということはないか。家でもキレるというのはどういう状況のときだろうか。父母の子どもの扱い方はどんなものか。きょうだいはいるのだろうか。もしいるならきょうだい関係と父母のきょうだいの扱い方はどうか。キレると放っておくというが、そういうときの耀ちゃんの気持ちはどんなだろう。耀ちゃんの心は寄る辺なくただエネルギーのきれるまで動く自動人形のようになっているのではないか。それとも、かまってもらえない寂しさや孤独感がいっそう暴力を呼んでいるのだろうか。暴力的にならない状況はあるのだろうか。それはどんなときだろうか。

こうした事柄を想像してみると、カウンセラーには知りたいことがいくつも浮かんできた。これらについて知らなければ、軽々しく意見はいえないと思い、カウンセラーはこうした疑問を抱えて耀ちゃんの気持ちを理解しょうとしていた。

③先生への対応

②のように耀ちゃんの心を想像していくと、疑問が溢れてすぐには助言が出てこない。カウンセラーは溢れてきた疑問を一つ一つ先生に尋ね、一緒に考えていった。そうしているうちに、自然に先生の中に集団への適応の側面からだけでなく、耀ちゃんの心の状態、耀ちゃんは何を求めているのかという側面から見ていく態度と、それに基づいて試してみる方策がいくつか出てきた。とりあえずキレたときは、腕をつかんで抑えるのではなく、抱っこでかかえてみることになった。幸い耀ちゃんは小柄で、担任の先生にも抱っこできそうであった。

⑶ 教員を支えるとは

教員とのコンサルテーションで大切なのは、共に考えるという進め方である。スクールカウンセラーが種々の疑問を湧かせると、当の問題とされる子だけでなく、その子を入口として他の隠れている問題が見えてくることも多い。

たとえば、耀ちゃんの騒ぎに気を奪われて、置き去りにされている子はいないだろうか。教員の目を引かないおとなしい子・優しい子、忘れられてい

る子たちがいないだろうか。こうした子はあまり問題視されないので、コンサルテーションの話題に出ることは少ないが、話の流れの中でよくアンテナを張っていると、ふと気になる子が出てきたりする。あまりにおとなしすぎる子や、よい子についても聴いてみるとよい。そういう子の中に寂しさや悲しみ、抑うつを抱え、本当に援助が必要な子どもがいることもあるからである。

　カウンセラーは学校という集団を対象とする教育機関の中で、個を見る人であるが、集団の幸せか個の自由かという昔からある二者択一的な論議はさておいて、カウンセラーは個の集まりとしての集団を考えたいものである。カウンセラーが個々の子どもの心を支えるようはたらき、そのことで個々の子どもが自信をもち、欲求の表現力や欲求不満耐性を育てられるなら、そしてその状況を心地よく感じられるなら、結果的に集団がよい方向に向かう手助けをしたことになる。それが教員を本当に支援することになるだろう。

2　保護者への対応

　教員は保護者との連携の必要が生じた場合に、対応に困難を感じることもある。たとえば、筆者は保護者について次のような事例の相談を受けたことがある。
・親が警察官、生活指導担当教員、その他権威的な立場の人で、そこから発言してくる。
・家庭内の人間関係が複雑で、祖父母、父、母、おばなど、意見が異なる。
・一人親、多忙な親など、親の負担が大きく子どもの世話が大変。
・親が精神的に異常。
・子どもの問題を否定する親、表面的に愛想よく聞くだけの親、または怒る親。
　事例をあげてみよう。

[事例2]　欠席が多い三郎君の担任、20代の女性教員からの相談
　中学2年生の三郎君は小学校のころから発熱など身体症状があり、小学校

時代も高学年から欠席が多かった。中学校では1年次は欠席日数が38日もあった。2年生の9月では、いまのところ28日。病院での検査ではとくに異常はないが、アレルギー体質があるようである。三郎君はおおらかで陽気で人なつこい性格にみえるが、とくに親しい友人がいるようにもみえない。イジメがあるとも思えない。成績は悪くない。父親が勉強をみているらしい。

　三郎君の父親は他校の中学教員で、生徒指導のベテランである。担任は父親に不登校ではないか、と聞いてみたが、言下に否定された。

　相手が専門家なので遠慮があり、三郎君に欠席が多く、不登校が懸念されることを率直に話し合えない。母親は欠席することに理解があるらしく、「行けないときは無理しなくていいのよ」と言っているので、本人は家にいることに葛藤がないようである。また、母親は教育者としての父親を信頼しており、担任の意見には表面的に合わせているだけのように思える。このまま両親に任せておいていいのだろうか。父親が家庭で指導的立場にいるので、担任は動きにくい。

　担任が家庭訪問すると、本人は一応出てきて愛想はよいが、登校について話すと嫌な顔をし、答えない。「体調が悪いの」と聞くと「まあまあ」、「学校に不満があるの」と聞くと「別に」と答える。

　最近は父親が煙たくなってきたようにも見えるが、反抗することはないらしい。

　担任の先生は、どうにも手の施しようがない、と困っていた。三郎君のことがわからなくて心配しているが、父親が自分より経験の豊かな生徒指導のベテランなのだから、と任せてしまいたい気もする。だが、それでいいのだろうか。何もしないで放っておくと、周りの目も気になる。スクールカウンセラーは、この相談に次のような2段階での対応をしていった。

(1) 教員とスクールカウンセラーの直接の話し合い

　スクールカウンセラーは担任の先生から相談を受けて、相談者はなぜこの父親に対してむずかしさを感じているのだろうかを考えた。相手の見識に対して卑小感を抱いているのだろうか。先生のこの気持ちを扱わないと根本的な解決にはならないかもしれないが、それはカウンセラーの仕事の範囲を超

えるだろうと思う。そこで、そうした先生のやりにくさに対する心理的・力動的な理解は、カウンセラーの心の中でだけ行ない、先生に対しては、やりにくい相手に呑み込まれないように支持するようにした。具体的にいえば、カウンセラーは先生が三郎君をより理解し、彼の気持ちがわかる、という自信をもち、彼を支援する方策を見つけられるように共に考えていったのである。

　カウンセラーはまず担任のカタルシスをはかることから始めた。おそらくこれまでの経緯で先生の中に不全感や不満が溜まっていると思われたからである。カウンセラーはカタルシスのための傾聴を十分に行ないながら、言いっ放し、聞きっ放しにならないように、話の辻褄の合わないところ、曖昧な点は聞き返して、カウンセラー自身がケースを理解していけるようにしていった。

　そのあとで、担任と父親の見方を、①学校現場での様子をもとにした担任としての意見、②親としての父親の考え、③ベテラン教員としての父親の見解、の三つに分けて整理しながら、三郎君の問題を焦点化していった。最後に、三郎君の問題について、心理学的に理解するための疑問をはさみながら話し合ってみた。三郎君の葛藤は何だろうか、これまでの友人関係や学習態度からみて発達的にはどんな状態だろうか、父親との葛藤はあるのだろうか、発熱や身体症状の意味は何だろう、などを話し合い、三郎君の欠席が多いという状態に心理的・力動的な理解を試みた。

⑵　スクールカウンセラーの心の中での作業

　⑴の話し合いをしながら、カウンセラーはこの先生の困惑について考えてみた。むろん彼女自身の気持ちを直接言葉にして解釈することは必要ない（かえって有害）ので行なわなかったが、そこがこの人の相談の中心であり、今後また同様の相談があることも考えられ、一応の理解をしておいたほうがよい、と考えたのである。

　カウンセラーは、相談者がこの相手にやりにくさを感じるのはどういう点で、それはなぜかを推測した。年長の先輩への普通の配慮だけか。自分の力量を判断される怖さはないか。あるいは、この先生は虚勢をはっていないか。

もしかしたら、父親的な人に対する萎縮があるのかもしれない。カウンセラーはこのような疑問を、先生への配慮として生かし、(1)の共に考える態度の中に込めた。そうするうちに、先生は「三郎君の学校生活をお父さんは知りませんよね。私が学校で見ている三郎君のことをきちんと話してみます」とホッとしたように言われたのだった。

3　教員の個人的な問題

　教員自身が個人的に悩んでいることも少なくない。それは、自分自身の生き方であったり、心の病気であったり、家庭のことであったり、あるいは職場の問題であったりするが、人間であるのだからさまざまな悩みを抱えているのは当然であろう。教員を個人的に支えることも大切である。

[事例3]　休職後にうつ的になった青木先生
　青木先生（女性、40歳代）は、交通事故で1カ月ほど休職して先ごろ復帰してきた。ときどき廊下で会うと、「先生（カウンセラー）にカウンセリングしてほしいわ」と冗談のように明るく言うので、カウンセラーは「どうぞ、いつでもいらしてください」と軽く応じていた。先生は話す声は大きいが、怪我の痛みがまだあるらしく、以前のようにキビキビ動いていないようにみえた。そうしたことが数回あって、あるとき本当に青木先生が相談室に現われた。「休んだせいか調子が出ないの」とのことである。
　どんなふうに調子が出ないのかと思って聴いていると、だんだんに「休んでいるあいだに生徒との関係が遠くなった気がするのよ。いつもよく相談していた先輩は転任になったでしょ。相談する人がいなくなっちゃった。仲良くしていた小林先生は他の先生と親しくなったみたいで、気軽に話す機会がないの。人間関係まで変わって、なんだか孤立している感じなのよ。確かに忙しい時期に休んじゃって、迷惑かけてしまったけど。でも、交通事故ではなくて本当は病気で静養していたんだとか、そんな噂まで出ていたりして、びっくりよ」ということであった。もともと責任感が強く、生徒の面倒見がよかった青木先生が、休んだぶんを取り戻そうと頑張り、健康であることを

示そうと、空回りしているような印象であった。

　まず見えるのは、カウンセラーに相談するまでの青木先生のためらいである。冗談のようにカウンセリングしてほしいと何度も言ってからやっと来談している。カウンセラーは先生のこの抵抗感を十分に受け止めたいと思った。青木先生が何度かのやりとりのあと来談したのは、その間に悩みが大きくなったことと、その間のカウンセラーの対応に期待がもてたからであろう。カウンセラーのふだんの対応が、なんとなく話せる、信頼できる雰囲気を伝えていたのであろう。

　カウンセラーにはふだんの関係づくりが重要である。話しやすい、穏やかな人、口は堅そうだ、という印象を与えるように努力する必要がある。それは、決してむずかしいことではない。このカウンセラーはふだんから、自分から挨拶をする、学校内を"ヒマそうに"歩いて姿と顔を見慣れてもらう、「今日は空がきれいですね」という程度のちょっとした立ち話をする、心理学の専門用語を使わない、といったことを心がけていた。相手からすれば、よく見かける話しやすそうな人と思われていたのではないだろうか。心理の専門家という、偉そうな外見をみせていたら、むしろ壁をつくっていたかもしれない。

　カウンセラーには、青木先生が不安と罪責感を感じているように見えた。身体的にダメージを受けるとうつ的になりやすく、また現実に苦痛が残る。そうした状態はマイナス思考を生みやすく、被害的にもなりやすいものなのだ。それに、もともと青木先生は真面目な人だった。

　こうした理解をもって、共感的に支持的に聴いていくと、しだいに先生の不安や罪責感がうすれ、観察自我がはたらきはじめて、自信がよみがえってきたようである。この間、カウンセラーがとくに気をつけたのは、同じ学校の中での人間関係が絡んでいる以上、青木先生に秘密の保持への疑いや、中立性への疑念が出ることへの用心であった。カウンセラーはそれらを防ぐために、安易に相槌を打たないようにし、同僚への怒りや不満が出ても、終始聴いておくにとどめ、決して「それはひどい」などの評価をしないように気をつけていた。やがて青木先生は、身体的な痛みの軽減と共に、仕事を無理なくこなせるようになり、自信を取り戻していった。

ここでは、先生の内的な力動に目を向ける必要はないだろう。カウンセラーが彼女の不安感に付き合って、観察自我を強化していくように、支持的に対応することで十分であった。

　以上、教員とのかかわりについて述べた。教員は本来教えること、指導することに慣れており、教わることには慣れていない人たちである。スクールカウンセラーに相談するのは、大げさにいえば立場の逆転でもある。それを越えて信頼に応えるには、カウンセラーが謙虚に関係をつくる努力を日常的にしておかなければならない。日常の言動の中に中立であることと、誠実であること、そして教員とは異なる専門性をもっていることを示していくことが求められるであろう。そして、あくまでも共に考えるという姿勢を保つことが、実りあるコンサルテーションを生むと思われる。

［参考文献］
馬場謙一編著（2002）：学校臨床心理学　放送大学教育振興会
馬場謙一編（2004）：スタートライン臨床心理学　弘文堂
福岡県臨床心理士会編（2005）：学校コミュニティへの緊急支援の手引き　金剛出版
尾木直樹（1999）：「学級崩壊」をどうみるか　日本放送出版会
全国情緒障害児短期治療施設協議会（2001）：心をはぐくむⅡ―相談Q&A

（岡元　彩子）

5-2　担任・養護教諭との連携

1　学校現場のカウンセリング

　心の専門家として専門性を有する一方で、教師などと異なる立場にあるスクールカウンセラーは、その多くが非常勤である。私は週1回の勤務であるが、1週間のあいだに、児童・生徒自身や児童・生徒をとりまく状況が一変していて戸惑うことも少なくない。

　学校現場は、児童・生徒と教師が1日の大半の時間を共に過ごす生活の場である。始業式にはじまって、健康診断、合唱コンクール、文化祭、体育大会、修学旅行、中間・期末のテストなど、年間のスケジュールが次々とこなされていく。それは、あたかも1年というタイムスパンのベルトコンベアに乗ってしまったような錯覚を覚えるほどで、時間感覚が止まることはなく、常に動いているレアな現場である。

　一方、医療現場にあっては、週1回のカウンセリングという条件は変わらないが、日常生活から切り離された空間と、静止したような時間感覚の中で、患者と治療者が治療関係という一本の糸を紡いでいく。時間の経過と共に、紡いだ糸は面となり、面と面がつながってやがて形ができあがると、治療関係は終結を迎える。

　医療現場の治療関係を編み物に譬えるなら、スクールカウンセリングは布と布を繋ぎ合わせるパッチワークに似ている。パッチワークは、模様や材質の違う布を繋ぎ合わせることによって、まったく別の雰囲気を醸しだす布となる。スクールカウンセリングという風合いの布を作り出すのは、手間ひまを惜しまない、担任、養護教諭、保護者、カウンセラーの連携力にほかならない。

　私が学内で最も連携を密にし、多くの協力を得ているのは養護教諭である。

「カウンセリングって何するところなの？」と児童・生徒に聞かれることがあるが、カウンセリング経験のない大多数の児童・生徒にとって、相談室はやや謎めいた場所のようである。相談室は少し垣根が高いと感じている児童・生徒であっても、保健室ならば「頭が痛い」とか「気分が悪い」といった理由で気軽に出入りできる。さながら保健室は垣根の低い駆け込み寺である。児童・生徒から見れば、常勤の養護教諭はカウンセラーより格段に身近な人であり、教師とは一味違う親近感を漂わせた頼れる存在である。

体の専門家である養護教諭はまた、心の問題をキャッチすることにも長けている。新学期の健康診断では、集中して全校生徒と触れ合うので、健康な児童・生徒に紛れた"ちょっと気になる児童・生徒"に気づきやすい。その後、ちょくちょく保健室に顔を出すようになった児童・生徒が内面的なことを話しはじめたころ、カウンセリングを受けてみることをさり気なく勧めてくれている。児童・生徒が抱えている問題の早期発見や予防的かかわりにおいて、養護教諭は大きな役割を担う大切な存在である。

一方、担任は、最も長い時間児童・生徒と生活の場を共にし、個としての児童・生徒と、集団の中の児童・生徒という二つの側面を、かかわりながら客観的に観察している。すなわち、児童・生徒個人の変化にいち早く気づくことができるだけでなく、同年齢のクラスメートと比べてどういう違いをもった子なのかを把握している。日々の学業だけでなく、進路の希望や友人関係、体調など、その児童・生徒の全体像を把握している担任は、学校での母親代理、あるいは父親代理という印象を受ける。

ここで紹介する事例は、母親への過度の恐怖心や葛藤から、自虐的に自傷行為を繰り返し、多彩な身体症状を呈した女子中学生の面接経過である。生徒の自傷行為を知った担任と養護教諭から依頼を受け、卒業までの半年間継続的に面接を行なった。生徒が抱えている現実的な問題は高校の外部受験であったが、それを契機に、これまで未解決なまま封じ込められていた母親との心理的葛藤が顕在化することとなった。母親に反発することができず、母親の勧める高校へ願書を提出したものの、受験日が近づくにつれてしだいに身体症状が激しくなり、危機的状況に追い込まれていった。

事例をとおして、担任、養護教諭、保護者、医療機関とどのように連携を

はかったのか、困難な点はどのようなことだったのかについて述べ、危機的状況に介入するときの留意点と、事態が収束し、問題が解決された要因について考えてみたい。なお、事例はプライバシー保護のため脚色してある。

2 事例：受験を控えて身体症状が激化したA子

(1) 事例の概要
- 生徒：A子、15歳、中学3年女子
- 主訴：「寝れない。お弁当をもどしてしまう。最近自分を傷つけてしまった」
- 生育歴：A子は、外資系企業で働く父親がマニラ勤務のときに誕生。両親は共働きで、主に現地のベビーシッターに育てられたA子が話せる日本語は挨拶程度だった。2歳半のとき父親が急逝したため、3歳からは日本で母親と二人暮らしとなる。母親は、早く日本語に慣れてほしいという願いから"英語禁止令"を出し、A子はもっぱらテレビを観て日本語を覚えたと述懐している。
- 養護教諭情報：リストカット
- 担任情報：外国から帰ってきた母子家庭で、中学入学は母親の意志。母親は大きな声で理論的に話すので、生徒は「怒られているような気がする」という。9月の三者面談で、初めて母親に反発した。リストカットと抜け毛が気になるので、クリニックへつなげたい（クリニック受診には保険証が必要となるため、母親にリストカットの事実を報告しなければならない。生徒は「親には知られたくない」という場合が多いが、クリニックへつなげるためには、生徒に、母親面接を了解してもらう必要がある）。

(2) 面接の経過
- 中学3年10月～卒業までの17回（「　」はA子の言葉、〈　〉はカウンセラーの言葉）
- #1～#4　「自分のことがわからない」と繰り返した時期
  養護教諭からリストカットの事実を知らされた担任は、すぐに面接枠を確

保して相談室へ行くことを勧めたが、「私には必要ない」と応じなかったため、実際にＡ子が来室したのは２週間後だった。担任にむりやり行かされたと感じているのではないかと危惧したカウンセラーが、〈今日ここへ来たのは、先生に行くように言われたから？〉と尋ねると、担任と養護の先生に行ってみたらと言われていて、「気づいたら入っていた」と言う。自分から話しはじめることはなく、カウンセラーの質問には礼儀正しい言葉遣いで答えるものの、〈どう思っているの？〉〈どう感じたの？〉など感情的なことに触れると、決まって「わからない」と繰り返した。話したくないことは話さなくてもよいこと、あなたの生命にかかわることは担任に伝えなければならないが、その場合は事前に了解をもらうことを伝えると、「不眠とお弁当の嘔吐」を訴えた。

　嘔吐は中３の１月からだが、不眠は小学校１年から抱えている症状であった。家族関係は希薄で、母親とは小３から話をしていないと言い、長い間一人で悩みを抱え込んだ末の自傷行為だと思われた。これまでだれにも相談しないで15年頑張ってきたことを支持すると、ポロポロと涙をこぼした。

　〈ここでは人に話す体験をしてほしい〉と伝えると、「話してもいいのかな〜」と慎重に切り出す。「こんなくだらない話、悩みの話じゃないし、重くなりそうだし」〈他の人にはくだらなくても、あなたにとっては重いのでは？〉「またお母さんの勧める学校へ行かされそう。お母さんの勧める高校を『受ける』と言ってしまったから受けなきゃいけない」〈お母さんの言うとおりにしなきゃいけないと思っているの？〉「わからない」

　「最近、自分を傷つけた」と言って左腕を示したので、切ったあとの気持ちを尋ねると「悲しくなる」と初めて自分の感情を言葉にした。リストカットのことは母親に知られたくないと強い口調で話し、「言葉がきついし、私のことをバカにしてる」と母親へのネガティブな感情を一気に吐き出した。カウンセラーは、〈一人で苦しまないでほしい。リストカットはあなたの生命にかかわることだから担任に話さなくてはならない〉と説明し、了解を得た。Ａ子は、すでにリストカットのことを、自分から養護教諭に話していたので、この時点で“担任・養護教諭・カウンセラーがあなたをサポートするよ”というメッセージを伝えることができたと思われる。

・#5～#10　幼少期のつらさと母親への怒りが表出した時期

　日本へ来てから「言葉、よくわからないから想像するしかなかった」「大変だった」と涙する。お母さんにはこれまで怒られてばかりで褒められたことはない。何か言ってもどうせわかってもらえないし、言わないほうが楽。手の甲の傷を問い糺すと、「お母さんに怒られてモヤモヤしてやった」と言う。母親の理不尽な叱り方が引き金となり、これまで封じ込めてきた内的な怒りが"お母さんをボコボコにする夢"のかたちとなって爆発する。さらに自室に掛けていたマフラーを知らないうちに巻きつけ、ハッと我に返って「何やってるんだろう」と思ったなど、解離反応も出現した。受験どころではないと感じ、〈内部進学をして、いまは頑張らないこと〉を提案したが、「ダメ、頑張らないとダメ」と頑なに拒んだ。

　「自分が行きたいのはA高校で、week endにも授業があるから、week dayにバイトができる。A高校のことは本で調べて、説明会にも一人で行ってきたが、お母さんには話していない。どうせ、言ってもわかってもらえない」「制服がブカブカになってきた、抜け毛も心配」と訴え、「病院へ行きたい」とクリニック受診を希望する。

・#11　「自分は必要ない」と気がかりな発言

　「お弁当をもどした。寝れない。胃が痛い。人の視線が気になる、監視されている気がする。勉強やってると手が震える」と訴え、明後日の受験を控えて身体症状が激化した。「お母さんにとって自分は必要ない」という発言が気になり、担任と話し合おうとしたが会議中であったため、気がかりな旨をメモで担任の机上に残した。

・危機介入

　翌日、担任がA子の手足の激しい震えとリストカットに気づき、『とても授業を受けられる状態ではないと思うから、保健室で休みなさい』とA子に告げ、保健室へ預けた。その後、カウンセラーの自宅へ電話を入れ、クリニックへ連れて行ったほうがいいかどうかの判断を求めた。カウンセラーは、

迅速な判断をして生徒を保健室へ預けた担任を支持し、いま生徒は学内でいちばん安全な保健室にいることを確認し合ったあと、以下の4点を提案した。
　①保健室で十分休養すること。
　②生徒の気持ち（明日の受験を回避したい）を受け止めること。
　③母親に連絡することを生徒に告げること。
　④生徒・母親・担任で十分に話し合うこと。
（放課後三者面談）
（A高校出願・受験）

・#12〜#16　A高校合格、手足の震え消失
　笑顔で来室すると、合格をいの一番に報告し、いまの気持ちを「嬉しい」と素直に言葉にした。母親をボコボコにしたい気持ちが減ってきて、以前を10だとするといまは6ぐらい。減った理由は「高校に受かったからだと思う」と自信をのぞかせた。
　家で飼っている犬はもうすぐ1歳になるが、初めのころ、「迷惑だ」「トットと寝て欲しい」と思っていた。〈迷惑って？〉吠えてうるさいけど、「口輪するのは可哀そう」だし、だからトットと寝て欲しい。〈ワンちゃんの口輪もA子さんの英語禁止も可哀そう。そのころの自分に何か言ってあげられる？〉「よく頑張ったと思います」
　〈あなたにとって、ここで話すことはどんな意味があった？〉「何かが変わった」〈何かって？〉「何って言えないけど、変わった。中学、本当は自分は〇〇中へ行きたかったけど、お母さんが決めたこの学校を受験した。でも3年間楽しかった」と中学生活を振り返り、ポジティブに受け止められるようになっていた。また、高校への期待と不安は5対5、「他の人も不安は一緒だと思うから」と言い切るA子の表情はとても明るかった。

・#17　最終面接
　お母さんと少し話せるようになった。〈怖い気持ちがなくなった？〉「とりあえず、いまは（笑）」〈最近、笑顔が多くなった気がする。自分のいいところはどんなところだと思う？〉「それを自分で言うと自慢みたいじゃないで

すか（笑）」〈カウンセラーが感じているあなたの強みは、いろいろなことに興味・関心をもっていること、もう一つは笑顔〉退室時に「お世話になりました」「ありがとうございました」と落ち着きのあるしっかりとした口調で挨拶する。〈元気でね〉「頑張ります」〈頑張りすぎないで〉と笑顔で見送った。

(3) 事例の検証

　本事例を一言で表現するなら、"三者面談にはじまって三者面談に終わったケース"といえるだろう。本来、頑張り屋でしっかり者のA子が、9月の三者面談で初めて母親に反発した場面がことの発端である。もし、外部受験をめぐるストレスが加わらなければ、幼児期からの母子関係の葛藤は潜在化したまま、青年期まで先送りされたかもしれない。しかし、思春期のこの時期の受験をきっかけに、それまで封じ込められていた幼児期からの積み残し課題が顕在化し、リストカット、その他の多彩な身体症状となって現われた。

　堤（1999）は「幼児期に親子の間で貧しい情緒交流が認められる思春期例にリストカットや解離反応を示すものがみられる」という。A子は、幼児期のアタッチメントの脆弱さが思春期まで未解決なままであった。気丈で頑張り屋の母親に同一化しようとして、弱い自己を肯定できず、自罰的に自傷行為を繰り返した。また、母親に甘えたい気持ちと、怒りや憎しみの両価的な感情を統合できず、「ボコボコにしてしまいそうで怖い」と不安感を訴えた。

　A子は、アタッチメント形成が不十分なだけではなく、幼少期から多くの喪失体験を重ねていた。2歳半で父親、3歳でベビーシッターと別れているが、米国の精神科医ホームズ（Holmes）によれば"親密な家族メンバーとの別れ"のストレス値はかなり高水準である。さらに、3歳のとき、マニラの文化や習慣・言語など、A子のアイデンティティの土台を失っている。植物に譬えるなら、ようやくマニラの土地に根を伸ばしはじめた苗木が根こそぎ抜きとられ、土壌の違う日本の地に移植されたようなものである。日本で根を張るまでのしばらくは、母親の支柱（母親の温もりや英語でのコミュニケーション）がほしかったと思うが、与えられたのはテレビから流れる日本語のシャワーと母親の厳しいしつけであった。母親にとっては、数年ぶりの

帰国であるが、Ａ子には自分の周りにあったすべての環境と別れての海外移住である。しかし、残念ながら、Ａ子が感じた強い根こぎ感は、母親には理解されていなかったように思う。多くの喪失体験が未整理なまま、思春期の発達課題（親からの自立）に直面しなければならなかったことが、Ａ子の自虐的思考と自傷行為に関与していたと考えられる。

　面接の中では、これまでだれにも言えず封印してきた幼少期の記憶が語られ、母親への怒りと憎しみが表出された。面接中に泣くセッションが数回つづいたあと、それまで認めたくなかった、母親に甘えたい気持ちや、頼りたい気持ちに気づくようになっていった。それまでの固さが緩み、表情が柔らかくなってきたころから、担任に対して、甘えと依存の感情を向けはじめた。母親に対する両価的な感情は、担任への甘えと相談室でのモーニングワークによって、しだいに統合されていったのではないだろうか。

　Ａ子にとって、受験という現実的なハードルを乗り越えることは、母親からの自立という心理的なハードルを越えることでもあった。不本意な受験を控えた前日、これまでにない激しい身体症状が出現し、担任、養護教諭、カウンセラーが連携して危機介入に当たり、放課後、現実の母親と対峙する局面を迎えることになった。この母子の壮絶な対峙場面を支えたのは、担任の力量の大きさにほかならない。あらためて、スクールカウンセリングの主役は生徒と担任であることを確認させられた場面である。

　危機介入にあたっては、以下の点について、速やかに読みとらなくてはならない。

①そのSOSは、だれに向けられたものなのか。
②なぜ、その人なのか。
③なぜ、いまなのか。
④そのSOSは、何を意味しているのか。
⑤そのSOSをどう受け止めれば、事態が収束するのか。
⑥だれが、そのSOSを受け止められるのか。

　担任から電話を受けた私は、まず①から⑥の内容について次のように整理した。

①このSOSは担任に向けられたものである。

②いま、A子がいちばん信頼しているのは担任である。
③明日は、母親が勧めた高校の受験日である。母親の言うことを聞かない（受験しない）私は価値がない人間だ。
④母親の勧める高校はどうしても受験したくない（もう、母親の言いなりになるのはごめんだ）。
⑤受験しなくてもいい。あなたの存在そのものが価値があるのだから、と伝える。
⑥まずは担任が受け止める。でもA子が本当に受け止めてほしいのは母親。
　上記のように読みとった私は、担任に前述の4点の提案を行なったのである。危機介入が功を奏するためには、その生徒にかかわる人たちが日頃からコミュニケーションをはかり、相互に信頼し合っていることが欠かせない。以下に、担任、養護教諭、保護者、医療機関とどのように連携したのか、また困難な点はどのようなことであったかを述べてみたい。

3　担任との連携

　担任とは、可能なかぎり放課後に話し合う時間をもち、A子への対応や保護者へのはたらきかけ、医療機関の情報などについて相談していた。担任は、A子の変貌ぶりに困惑し、受験を控えていたこともあって、リストカットに対して強い危機感を募らせていた。原則的には、担任が進路に関する教育的支援を行ない、カウンセラーは幼児期からの積み残し課題を傾聴し、心理的支援を行なった。しかし、徐々に身体症状が多彩になり、危機的状況が危ぶまれたため、母親面接で明らかになった生育歴や幼児期のエピソードについても、母親や本人の了解が得られた部分は担任へ伝えた。担任が把握している家庭内情報は、新学期に提出される調査書の範囲内であり、それ以上踏み込んだ内容に関して、担任は聞ける立場にないという。本事例の場合、カウンセラーからその部分の情報を得ていたので、生徒理解が深まったと述懐した。担任がA子の生い立ちや無理からぬ心情を理解し、共感していたことが、A子の甘えを受け入れ母親代理の役割を果たすことにつながったと思われる。
　担任との連携で困難なことは、話し合いの時間の確保だった。担任の授業

の空き時間は、カウンセラーが面接中であり、放課後のわずかな時間に話し合うことが多かった。しかし、学年会議や補習などで担任不在の場合には、報告メモを机上に残すしかなかった。

4　養護教諭との連携

　A子は、相談室へつながるまえに頻繁に保健室を利用していた。真っ先にリストカットに気づいたのは養護教諭である。朝食やお弁当を嘔吐し、徐々に体重が落ちていたため、養護教諭とは身体的・心理的情報を共有するよう心がけた。「少し痩せてきているが、肌の張りや色艶からみて心配はないと思う」という情報を得て、医療機関へつなぐタイミングなどについて話し合った。

　A子にとって、保健室は学内の貴重な安全基地であったと思われる。危機的状況のとき、担任が保健室へ預けると、それまでの睡眠不足を取り戻すかのように熟睡し、目覚めたあと、自分から子どものころのことをポツリポツリ話しはじめたという。保健室で十分休養できたことが、放課後の三者面談での自己主張を可能にしたのかも知れない。

　養護教諭との連携のむずかしさは、勤務時間中はおたがいに部屋を離れることができないことである。私は、朝と帰りに必ず保健室に立ち寄ることを心がけたが、スクールカウンセリングの鍵は養護教諭との信頼関係である、といっても過言ではないと感じている。

5　保護者との連携

　母親は、「高校は自分で考えて、自分で決めてほしい」と訴え、なかなか本音を言わないわが子にイライラ感を募らせていた。生育歴を聴取し、家庭内に英語禁止令が布かれたことが明らかになったが、「テレビを見せていたら驚くほど早く日本語を覚えた。子どもって早いなと思った」という母親の発言と、「言葉、よくわかんないから想像した、大変だった」と涙するA子の心情に大きなズレを感じた。また、リストカットについては「台所で、カ

ッターをカチャカチャやる音が聞こえている。私が知ってると思ってやっている」と言い、「リストカットのこと、お母さんは知らない」というA子の主張とすれ違っていた。カウンセラーは、母親の頑張りを労いつつ、幼いころの本人の頑張りを理解していただくよう努め、リストカットの一般的な心性について説明した。

保護者との連携のむずかしさは、カウンセラーが一人で生徒面接と保護者面接を担うことである。保護者の頑張りに共感する一方で、生徒のつらさを想像してしまうという葛藤があった。しかし、母親から生育歴を聴取できたことが本ケースの理解を深め、解決へ導いたことも事実である。

6　医療機関との連携

苫米地（2001）は「日頃から、いざと言うときのために、診察や入院を依頼できるようなクリニックや病院と連絡が取れているといい。また、家族と連絡を取るときには、本人の了解が必要だが、危機の時には『こうするよ』と告げる毅然とした態度が必要である」と、連携だけでなく、介入者の態度にも言及している。

リストカットに危機感を抱いていた担任は、当初からクリニックへつながってほしいと願っていたが、A子が自ら「病院へ行きたい」と訴えた時点で、担任を介して自宅沿線の思春期外来を紹介した。しかし、本人がクリニックへ電話を入れると、「新患予約は1カ月先」と言われてしまう。いま、つらいと感じている生徒にとって、1カ月ものあいだ、身体症状と不安を抱えながら学校生活をつづけることは容易ではない。受診のさいには、カウンセラーが事前にクリニックへ連絡を入れる配慮が必要だと知らされた。A子は、遠距離ではあったが、当日受診が可能なカウンセラーの勤務先クリニックへつながった。

この事例を解決へ導いたのは、学内外の連携（図1）もさることながら、生徒の個人内変化を見逃さず、素早く判断し行動に移した担任の力量に拠るところが大きい。また、担任と養護教諭の信頼と連携もそれを下支えしたと

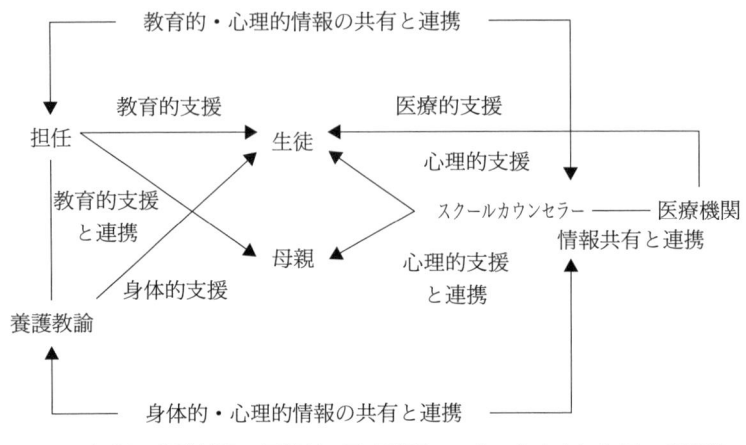

図1 担任・養護教諭・保護者・医療機関・スクールカウンセラーの連携

いえるだろう。最終場面では、生徒本人が、担任が見守っているという安心感の中で、怖くて大きな存在の母親と対峙することになる。放課後の三者面談は、手足を激しく震わせながら2時間余に及んだと聞いている。その結果、A子は自身が希望する高校を受験し、合格を手にしている。はからずも母親の願いどおり、「自分で考え、自分で決めて」道を切り拓いたといえるのではないだろうか。その後、あれほど激しかった手足の震えはすっかり消失し、その他の身体症状も徐々に軽減していったのである。

　スクールカウンセリングは、生徒だけ、あるいは保護者だけというように、一対一で会っているだけではなかなか解決しないケースも多く、担任や養護教諭との連携が欠かせない。カウンセラーは、個人情報に関する守秘義務の遵守を重視する傾向が強いが、教師は学内情報を共有することが日常的である。物理的にも心理的にも間仕切りのない職員室に、戸惑いと違和感を覚えるカウンセラーも少なくないであろう。とはいえ、このような心理畑と教育畑の感覚の違いを水と油のように錯覚し、わかりあえないパートナーと思い込んでしまっては、スクールカウンセリングは成り立たない。日頃から、教師とのコミュニケーションを大切にして信頼関係を築き、徐々に理解できる領域、分かち合える領域を増やしていく地道な努力が必要になる。そして、

個人情報に対してややオープンな教師と、ややクローズなカウンセラーが相互に歩み寄って、ケースにかかわる人だけが情報を共有する"チーム内守秘義務"のセンスを日々磨いていくことをめざさなくてはならないだろう。

[引用文献]

苫米地憲昭(2001):精神的危機にある学生への対応　国際基督教大学カウンセリングセンター活動報告　No.12.

堤　啓(1999):青年期に見られる乖離―自己存在をめぐる情緒発達　思春期青年精神医学,9(1),pp.2 11.

（池田なをみ）

5-3　教師への心理教育

1　コーディネーション行動とは

(1) そこにある環境の一部に参加していく

　苦しむ相手の心に寄り添い、痛みを分かち合い、これからのありようを共に探るという援助のあり方は、すべての心理学的援助に共通する基盤である。スクールカウンセリングにおいても、この前提は変わらない。しかし、その実践は「面接室」という日常と切り離された個室で行なわれるのではなく、学校という世間と密接につながった、日常との連続性の中で行なわれる。つまり、スクールカウンセラーは、子どもたちを内包している、すでにそこにある環境、そして今後も変わらずありつづける環境の一部に参加していくのだという事実を、決して忘れてはならない。

　木々が幼木から丈夫に成長し、葉を茂らせ、豊かな実りをもたらすには、肥料だけを、水だけをたくさん与えればいいというわけではない。ほどよく肥えた土、ほどよい太陽、ほどよい雨や風、そして昆虫たちといった木々をとりまく環境としてのシステムが、バランスよく関連しあい、刺激を与えるからこそ、木々は健やかに成長していくのである。

　このような考え方を「システム論」と呼ぶ。ベルタランフィー（Von Bertalanffy,1968）は、システムを「相互に作用しあう要素の集合」と定義し、地域社会、家族、学校、病院などのすべてがシステムとしての機能と構造をもつと述べている。つまり、システム論の考え方に立てば、学校も教育行政という大きなシステムの中にある一つのシステムであり、このシステムによって子どもたちは成長していくのである。しかし、システムの機能は、ときに混乱が出現し、円滑な各要素の相互作用が阻害されることがある。このシステムの中で各要素の相互作用をスムーズに促していくこと、その機能をサ

ポートしていくことが集団にかかわるさいの援助の本質となる。

⑵　学校現場に即した実践的な集団とのかかわり方

　これらシステム論の立場にたって臨床援助を考えた優れた研究がある。学校臨床における吉川の研究（1999）、また精神病院における入院治療のあり方を考察した狩野（1992）や相田（2006）の研究である。これらの研究の特徴は、何らかの問題が出現したときに、その原因を個体に求めないこと、つまり混乱下で往々にして陥りがちな"悪者探し"を防ごうという点にある。「あの人がちゃんとやっていないから」「この人が勝手だから」と、問題の発生をだれかのせいにするのではなく、各個人（各要素）の健全な相互作用が阻害されているから問題が発生しているのだと考える。集団を一つの生命体のように捉え、ダイナミックなエネルギーの循環（集団力動）を想定するのである。そして、相互作用の阻害が起きている部分にはたらきかけ、健全な協力関係や意思疎通が回復するよう介入するのである。

　集団の中で臨床実践を行なうためにそれぞれ非常に参考になる研究だが、ここではスクールカウンセリングの実践として学校心理学の立場から研究されている「コーディネーション行動」について紹介したい。直接システム論を用いて論じているわけではないが、学校現場に即した実践的な集団とのかかわり方が述べられている。

　学校心理学では一人一人の子どもの問題状況の解決や子どもの成長をめざす心理教育的援助サービスをチームで行なうことが強調されている（石隈，1999）。そして「学校内外の援助資源を調整しながらチームを形成し、援助チームおよびシステムレベルで、援助活動を調整するプロセス」をコーディネーションと定義している（瀬戸・石隈，2002）。実際のコーディネーション行動には、援助チームレベルのコーディネーションと、学校全体の援助サービスを支えるシステムのコーディネーションがあるという。大まかにいえば、前者は児童・生徒に何らかの具体的問題があり、実際の援助活動を求められる場合に用いられ、後者は日常的に構造にはたらきかけ、構築していく援助であるといえる。そして、学校の現状としては、教育相談担当教師や養護教諭、スクールカウンセラーなど、異なった専門性をもつ複数の人間がコーデ

ィネーターとして協力することでコーディネーションが成り立っていると指摘し、スクールカウンセラーは心理士としての専門性と非常勤という非日常性を活かして連携をとり、学校というシステムにはたらきかけていくことが示唆されている。

(3) とりまく環境にはたらきかけて変化を促す

　ここで、コンサルテーションとどのような違いがあるのか、という疑問が湧くであろう。簡単にいえば、コンサルテーションとは、教師や保護者の教育援助能力をより高め、役割を遂行するために役立つ心理的・発達的な視点に立った助言や提案を指す（今田，1998）。しかし、コーディネーションは、そのシステムそのものにはたらきかけ、そのチームやグループが元来備えている相互作用能力を回復させるための、直接・間接的な心理的介入であるといえる。

　個々の事例に個別的に対応していくのではなく、事例をとりまく環境にはたらきかけて変化を促すというこの集団アプローチの実践では、実際にはどのようなことが行なわれるのであろうか。集団へのコーディネーション行動にも、さまざまな切り口があろう。集団をどう見立て、どこに介入していくかの判断はスクールカウンセラー個人のバックグラウンドに拠るところが大きい。力動的立場に立つスクールカウンセラーが行なうコーディネーション行動の実際はどのようなものなのか。次に事例をとおして具体的に検討する。

　なお、この事例はプライバシーの関係上、私が経験した複数の事例をもとに創作した、架空の事例である。しかし、それぞれの事例が共有する普遍性は残してある。実際の臨床の本質を損なわないよう、またリアルさを失わないよう、内容について最大限工夫したことを付け加えておきたい。

2　事例の紹介

(1) Ａ君の問題行動とＢ先生のかかわり

　Ａ君は、ある地方都市に住む小学6年生の男子児童である。Ａ君の住む地域は古くから宿場として栄え、現在は工事現場などで働く出稼ぎ労働者や日

雇い労働者が多く住んでいる。Ａ君の通う小学校の保護者の半分は簡易宿泊所や水商売店を営む自営業者で、残りの半分はアジア系を中心とする一人親の外国人家庭か、仕事を求めて定住せず数カ月の単位で転居していく家庭であった。

　Ａ君に兄弟はいない。水商売をしていた母親は彼が幼稚園のときにお客と共に出奔し、その後行方が知れない。父親は日雇い労働者であるが不況で仕事が少なくなり、お酒を飲んでは小学校の校門まで来て卑猥な言葉を吐き、女子児童に嫌がられていた。しかし、仕事があれば一所懸命仕事に励み、Ａ君のことを非常に可愛がっていた。「Ａをどうにか高校に入れたい」というのが父親の口癖で、学校には協力的であった。

　Ａ君の問題行動が明るみに出たのは小学校２年生の冬である。息子が帰宅しないと言って血相を変えて学校に飛び込んできた父親と共に、担任とＡ君が放課後を過ごす児童館の職員で隈なく探したが見つからない。校長の判断で警察に捜索願を出した数日後、Ａ君は彼の地元から普通電車で約４時間かかる、ある駅の構内で保護された。

　すぐに地域の保健所と児童相談所が介入し、Ａ君は児童精神科医の診察を受けた。心配された乖離症状は認められず、「どこか遠くに行こうと思った」と言う。改札口をすり抜けて電車に乗り、駅のトイレで夜を明かし、売店のお菓子を万引きして数日過ごしていたという。Ａ君が家出したこの時期は、父親が泊りがけで短期の仕事に行っていたときだった。Ａ君を診察した児童精神科医は「母親の出奔を経験したＡ君が、父親までもいなくなってしまうのではと不安に思ったのではないか。電車に乗って、父や母を捜しに行こうとしたのではないか」と指摘した。それを聞いた父親は号泣し、「自分が情けないからだ」と自責の念を強め、さらにアルコールに溺れていった。

　彼らを支える社会的資源が必要だという児童相談所の判断で、これ以後Ａ君の家庭に定期的に保健師と民生委員が訪問するようになった。そして、父親の精神状態や仕事の状況によって、一時保護が行われた。学校側では民生委員・児童相談所担当職員・校医と連携がとれるように学期ごとに会議を設けた。Ａ君に対する直接的な援助としては、母親代わりの安定した関係を提供することと、父親が安心して気軽に相談してこられることを目的に、Ａ

君の1・2年の担任で指導能力に定評のあるベテラン女性教師B先生が、6年生まで一貫して担任として受け持つことが決まった。これは校長判断による特別な教育的配慮であった。

　しかしながら、これら周囲の熱心な対応とは裏腹に、A君の無銭乗車・無銭飲食は習慣化していった。A君は天才的ともいえる方法で新幹線や特急列車にまで乗り込み、彼の保護される場所は日本全国に広がっていった。同時に、万引きも問題化した。A君は欲しいものがあると手当たりしだいに懐に入れ、見つかってもふてぶてしい態度で舌打ちをする。店員の話では連絡を受けた父親や担任が迎えにくると、A君は急に媚びた様子で泣きはじめ、「寂しくて気がついたらやっていたの」と彼らに抱きつくのだという。父親は息子の不憫さと申し訳なさにより、彼のどんな行為に対しても叱ることができなかった。A君は地域の中で、万引き常習犯として有名になっていった。

　そんなA君に対して、B先生のかかわりは献身的であった。勉強が遅れがちであったA君に、放課後を使ってマンツーマンで学習指導を行なったり、テストでは彼だけの特別な試験問題を用意したりした。万引きの連絡を受けて迎えに行くことはもちろん、A君の洋服の繕いまで行ない、夜昼となく自宅にまでかかってくるA君の父親からの電話に、嫌な顔ひとつせず対応した。そして、A君がどんなに悪いことをしても「A君のよいところを見てあげてください」とかばい、決して怒らず、A君を受け入れつづけた。B先生は周囲から向けられる悪評に対して、文字どおりA君の防波堤となり、しだいに最初は協力的であった周囲と対立していった。

(2)　スクールカウンセラーの見立てとかかわり

　そんなA君とB先生にスクールカウンセラーが最初に会ったのは、A君が6年生に進級した春であった。赴任したばかりのカウンセラーは校長と養護教諭のC先生から要支援・要観察児童の申し送りを受け、最後にA君の話題が出された。これまでの記録を示しながら校長は彼の様子といままでの経過を簡単に話したあと、「まあ、彼はいいですよ。B先生が熱心にやってくださっていますから」と付け加えた。その言葉に皮肉と侮蔑が含まれていることを感じたカウンセラーが、びっくりして顔を上げると、校長は呆れたよう

な、バカにしたような表情で「まあまあ、すぐ卒業ですから」と言葉を濁した。

　大きな問題を抱えるＡ君だったが、彼をサポートしようとする意欲はすでに校内にはなかった。教師たちのあいだでは「わがまま病」「狡賢くて性格が歪んでいる」と噂され、そんなＡ君を抱え込んでいるＢ先生に対して、生徒に気に入られようと思って媚びている、贔屓をして叱ることもできない、他の生徒のことを考えていない、というネガティブな評価ばかりが先行していた。しかし、それが正面から取り上げられることもなかった。周囲が冷ややかになり、Ａ君とＢ先生のユニットが孤立すれば孤立するほど、逆に二人の「絆」は強まり、Ｂ先生はますます彼を抱え込み、対立を際立たせていく。カウンセラーからは、悪循環に陥っている彼らの様子が見てとれた。

　実際、警戒心と不信感を強めていたＢ先生は、Ａ君のことについてＣ先生ともカウンセラーとも相談することはなかった。カウンセラーは、Ａ君をとりまく状況をどうにか改善していく必要があること、Ｂ先生が孤立していることがいちばん大きな問題であることをＣ先生と話し合った。Ｃ先生もそのとおりだと思うと述べ、Ａ君の同級生や保護者からもＢ先生に対して不満が出ており、これ以上いくと学級運営自体が困難になるのではないかと心配していた。そこでまず、Ａ君とＢ先生に対する周囲の感情をＣ先生とカウンセラーで聞き取り、整理していくことになった。同時に、カウンセラーは授業観察や休み時間をとおして、Ａ君の心理面を理解するように努めた。

　数カ月かけてわかってきたことは、孤立を生み出している大きな要因が、彼らをとりまく周囲のＡ君に対する怒りと、Ｂ先生に対する嫉妬の感情だということがわかった。

　Ａ君に対して周囲の大人たちは、彼が低学年のころから、できるかぎりの援助と保護を行なってきた。彼の問題が顕在化したときの援助体制は、ある意味、理想的ともいうべきものであった。当初、周囲の大人たちは、現在のＢ先生のように熱心に彼にかかわろうとして、だれもが努力を惜しまなかった。その原動力となったのは、母親に置いていかれたＡ君への不憫さであり、児童精神科医が指摘した両親を求めて旅に出た彼の健気さであったようである。しかし、その後のＡ君は周囲の援助に応え落ち着いていくどころか、ま

るで"恩を仇で返す"ように非行を繰り返した。大人たちの無力感はいつのまにか怒りへと変わり、A君に対する敵意となっていったようだ。その敵意を敏感に感じとったA君は、自分を守るために父親やB先生に対して不憫で健気な自分を、さらに強調するようになる。周囲の敵意は徐々にB先生にも向かい、B先生自身それをしっかりと感じとるようになっていった。A君を前にしたB先生が、自分だけは彼の味方でいようと思ったであろうことは想像にかたくない。

　そんなB先生の熱心な対応とA君がみせるB先生への愛着は、周囲の人たちをさらに刺激した。クラスの他の子どもたちからは、A君が先生を独占しているように見え、"大好きな先生"を独り占めしているA君に対して無自覚なまま激しい嫉妬が生まれていた。同時に、二人の独特の一体感は、周囲の教師たちをも刺激していた。「子どもから慕われ、保護者と手を取り合って子どもの成長を支える」という教育の理想と、理想とは違う現実とのギャップに苦しんでいる他の教師たちから見ると、彼ら二人の姿は、心の本音の部分では羨望の対象となっていたようである。ある教師は独身のB先生に対して「気持ち悪い、少年愛の気があるんじゃないの」と侮蔑するように吐き捨てた。

　また、このころには、A君の父親はアルコール絡みのトラブルを頻繁に起こすようになり、仕事もうまくいかず生活保護を受けるようになっていた。そんな自分の姿を引け目に感じるからか、A君が家出や万引きを繰り返しても何も言わず、日常生活においても彼の言いなりになっていた。

(3)　改善のための関係づくり

　さて、このころのA君の様子だが、父親の放任もあってか生活習慣が乱れ、朝起きる時間も食事の時間も一定ではなくなっていた。規則正しい登校もままならない。給食を食べにふらっと学校に来たかと思うと、居なくなることもしばしばだった。B先生はそんなA君が学校に姿を現わせば「よく来たね、偉い」と手放しで褒め、ふらっといなくなると放課後町に探しに行くことを繰り返していた。彼は自分が特別扱いを受けていることを、十分承知しているようだった。そして、特別扱いをしない人たちに対して強い敵意を抱き、涙ながらにB先生に訴える。カウンセラーは、彼の行動が演技的であり、周

囲を動かそうという意図を明確にもった、ある種打算的なものであることに気づいていた。そして、彼の無銭乗車・無銭飲食と万引きが、小学校2年生のときとは異なり、強いスリルを感じさせる遊びとして、彼の快感になっていることを理解した。

　C先生とカウンセラーはこのような理解を、まず校長に伝えた。そして改善のために、B先生や周囲の先生たちにはたらきかけることの許可をもらった。まず、C先生からB先生に適時声かけをしてもらうことにした。最初は季節のこと、学校行事のこと、そのうち担任しているA君以外の児童のことで、B先生は少しずつC先生と話をするようになっていった。

　元来、熱心なB先生は、A君以外の児童への指導にも真剣に取り組んでいた。そのことによる疲労感は強く、しだいにC先生に自身の身体的不調や疲れを相談するようになっていった。C先生は、子どもたちへの対応方法を、カウンセラーに相談してはどうかと勧めてくれた。同時に「カウンセラーはある意味、外の人だから中立。へんに噂を流したり、他の先生に何か漏らすこともないわよ」と付け加えてくれたようだった。

　カウンセラーは同時期、B先生以外の6年生担任教師との関係づくりに力を入れた。協力体制が整ってくると、教師たちの本音も聞こえてくるようになった。B先生への批判、また自由気儘に振る舞うA君の存在によって、他の6年生への指導にやりにくさが生まれている不満などが語られたあと、A君とB先生のような強い結びつきがもてない現実に対する不全感が語られるようになった。

　その後、B先生は放課後ふらりとカウンセラーのいる校内相談室に顔を出すようになり、クラスで気になる子どもたちの話をするようになった。しばらくすると、A君の話も出るようになった。社会の中でだれからも受け入れてもらえない彼が、不憫で仕方がないという。人は信じられるのだとわかってくれるように、自分だけは何があっても彼を受け入れてあげようと思っているというB先生からは、悲壮な覚悟が伝わってきた。

　カウンセラーは、B先生を労いながらも、人が成長するためには、無条件で受け入れてもらえる体験と共に、悪いことをしたら叱ってくれるような、自分の行動を外的に規正してもらえる体験が必要であるというような内容を、

折りに触れ伝えていった。また、A君のことに限らず、心理学では子どもたちが成長するためには、いろいろな人がいろいろなかたちで子どもにかかわることが重要だとされていること、風通しのよい環境が望ましいことも伝えた。

B先生の行動が急に変わることはなかったが、以前のような頑なさはなくなっていった。それと並行して、B先生と6年生の担任たちの関係も、変化の兆しがみえはじめた。和解や協力とまではいかないが、感情的な露骨な反目は前面に出なくなっていった。

⑷　児童自立支援施設への入所

2学期も終わりに近づいたころ、A君はまたもや家出した。しかも今回は、嫌がる同級生をむりやり同行させた挙句、思いどおりにならない同級生を線路に突き落とし、人身事故寸前の大事件を引き起こした。そして、A君の盗みが現金に及んでいたことが発覚した。一連の出来事を重くみた警察は、A君を保護すると同時に、家庭裁判所への送致を決定した。これを聞いた父親は「Aを取られてしまう」と錯乱しながら来校し、彼を取り返してほしいと、B先生に訴えた。

家庭裁判所から彼の措置に関する学校側の意見を求められ、緊急の職員会議が開かれることになった。その前日の放課後、C先生が個別に6年生の担任たちの話し合いを計画し、カウンセラーも入った非公式の学年会議が開かれた。校長が確認したところ、家庭裁判所は児童自立支援施設への入所を検討しているとのことであった。しかし、卒業まで残すところ3学期のみという時期であること、親代わりともいえるB先生と切り離すことへの影響を考え、決定が延期されているという。これまでも、児童自立支援施設入所の話は何度もあったが、そのつどB先生が強行に反対してきた。

憔悴しきったB先生は、がっくり肩を落としながら、6年間通ったこの小学校で彼に卒業式を迎えさせてあげたいと泣いた。B先生の気持ちを否定することなく、話し合いはA君の長い人生にとって、いちばんよいのは何かという流れになった。

意見を求められたカウンセラーは、A君の反社会的行動が彼にスリルと快

感を与えていること、彼はそれによって自身の空虚感を打ち消そうとするが不毛であるため、問題行動を繰り返しているのではないかという見解を伝えた。そして、よい彼も悪い彼も含めて生活自体を抱えてくれる、安定した、しっかりとした枠組みのある児童自立支援施設は、彼の成長を支えてくれるだろうと述べ、彼自身入所したほうが精神的に安心できるであろうと伝えた。

最終的に学年会議では、彼が生活習慣を立て直し、善悪の判断をもう一度学び直すことが最も教育的であるとの判断に至った。そして、そのためには、施設への入所が望ましいという結論となった。B先生も反対することはなかった。

職員会議での審議を経て作成された意見書は、家庭裁判所に提出され、A君は児童自立支援施設への入所が決まった。A君の父親は絶望し、混乱が強まったが、児童福祉司の適切な援助によって落ち着きを取り戻し、A君との接し方を見つめ直す機会を得た。

A君は信じられなさと怖さが錯綜した様子で、周囲の大人たちに罵詈雑言の限りを尽くし、最後まで守ってくれなかったB先生への恨みを述べていたという。しかし、入所後半年ほど経つと小学校の楽しかった思い出を語り、B先生が繕ってくれたシャツがまだあるかどうかを、繰り返し確認していたという。

また、B先生はしばらくのあいだ落ち込んでいる様子で、C先生にA君の指導に対する後悔や自責の念、A君を失った喪失感を聞いてもらっていたようである。しかし、3学期が始まると卒業式に向けて熱心な学級運営を行ない、卒業制作をとおしてクラスの子どもたちや保護者と少しずつ和解していった。教師たちのあいだでも、いつのまにかギクシャクした雰囲気が弱まり、職員室でお茶を飲みながら、談笑するB先生の姿が見られるようになった。

3　カウンセラーの存在意義

(1) システムそのものがもつジレンマ

学校現場において教師同士の協働や、教師とカウンセラーの連携がとてもむずかしいことは、あまり公には語られない事実である。教師集団が疎結合

の組織であることから、インフォーマルなコミュニケーションに基づいた情緒的な派閥が成立しやすいのだと、教師集団の協働性のむずかしさを指摘する研究も存在する（淵上，1995）。

　しかしこれは、人間という無意識をもつ生き物が「集団」になった場合の、システムそのものがもつジレンマではないだろうか。学校にかぎらず、あらゆる「集団」では、意志決定においてインフォーマルな感情が実はとても重要な鍵となる。過去の多くの戦争・闘争がそれを証明している。

　これらのことを、イギリスの精神分析医であったビオン（Bion,W.R.）は「基底的想定集団」という概念を使って説明している。何らかの目的のために動いている集団であるにもかかわらず（学校ならば、子どもたちの成長を支えるという明確な目的のために集まった集団であるにもかかわらず）、その課題を遂行するために各人が自らの行動を選択するのではなく、だれかを排除するためであったり、相手を打ち負かすためであったり、特定のだれかと関係を密にしておくために、行動を選択する場合がある。

　ビオンは、ここに無意識の投影を想定しているが、われわれの日常的な実感に近い言葉を用いれば「本音と建前」ということである。われわれには複雑でしかも非常にパーソナルな、本人も気づいていないような本音があり、その本音に実は多くの場面で突き動かされている。そして、集団の構成員は知らず知らずのうちに相手の本音をうかがい、読みとって行動している。この事実を認めずに、コーディネーション行動やシステム論を展開しようとしても、絵に描いた餅である。どんなによいシステムがあっても、運用するのは人なのである。

　つまり、集団に介入していくということは、そのシステムとしての集団そのものをアセスメントし、理解していくと同時に、その集団を構成する各人（各要素）についての、どんな人なのか、どんな感情を起こしやすいのか、またどのような感情が交錯しているのかといった理解が、実はとても重要なのである。

　ビオンは、第二次世界大戦後に陸軍病院での経験から、これらの理論を構築していった。生命がかかった軍隊という集団でさえ、目的を遂行するための課題集団として純粋に機能することがむずかしかったのであろう。まして

や、教える側と教えられる側が存在し、職種や立場の違う人間が複数出入りする学校集団ではどうであろうか。

(2) スクールカウンセラーの貢献

　子どもたちのよりよい成長のために、学校を真の目的で機能させるために、スクールカウンセラーが貢献できることは多い。学校には優れた聴き手として子どもたちをサポートしている教師が多数存在する。また、ほとんどの教師は勉強熱心で、カウンセリングについての知識や研修の機会を得ている。だとしたら、われわれ心理士があえて学校に参加することの意義は何であろうか。そして、われわれ心理士以外にできないことは何であろうか。カウンセラーが専門的な知識と技術を発揮できるのは、いままで述べてきたような個人を理解しながら集団に介入していくという、コーディネーション行動においてであると考えられる。

　教師と児童・生徒、それをとりまく保護者や他の専門家が、プレイヤーとして十分それぞれの力を発揮できる舞台をつくること、そういう黒衣の役割を果たせることこそが、スクールカウンセラーの存在意義であるといえよう。

［引用文献・参考文献］
相田信夫（2006）：実践・精神分析的精神療法　個人療法そして集団療法　金剛出版
石隈利紀（1999）：学校心理学　誠信書房
今田里桂（1998）：効果的な援助のためのチームづくり　高野清純・渡辺弥生編著　スクールカウンセラーと学校心理学，pp.144-168．教育出版
狩野力八郎（1992）：個人からチームへ　思春期青年期精神医学，2(2)
瀬戸美奈子・石隈利紀（2002）：高校におけるチーム援助に関するコーディネーション行動とその能力および権限の研究　教育心理学研究，50，pp.204-214．
ベルタランフィー，V.　長野敬・太田邦昌訳（1973）：一般システム論　みすず書房　(Von Bertalanffy (1968)：General System Theory George Braziller New York)
ビオン，W.R.　池田数好訳（1973）：集団精神療法の基礎　岩崎学術出版（Bion, W.R. (1961)：Experiences in Group and Other Papers, Tavistock, London.）
渕上克義（1995）：学校が変わる心理学—学校改善のために　ナカニシヤ出版
吉川悟（1999）：システム論からみた学校臨床　金剛出版

（堀江　姿帆）

5-4 教員との研修会

1 研修会へのニーズの高まり

　みなさんが、これからスクールカウンセラーとして現場に就いたとき、狭義のスクールカウンセリング活動だけではなく、教員を対象とした研修会の企画・実施なども現場の要請として生まれてくるかもしれない。学校現場で多くの教員が児童・生徒をどう理解するか、どう対応するかに苦労しているという状況があるし、また教員のほうでも何とか状況を改善したいと願い、臨床心理学を含むさまざまな知見を学習しようというニーズをもつ人がいるからである。とりわけ養護教諭には、学校保健を預かる職務上、こうしたニーズが強い。

　私自身は都内の精神科クリニックに勤務しており、スクールカウンセリングや学校臨床といった活動の経験はない。しかし、近隣市区の小・中・高校の養護教諭を中心とした学校関係者対象の研修会を、年数回、実施してきた経験がある。そうした経験から、ここでは教員対象の研修会の実際について、私自身が行なってきた工夫も含めて紹介したい。

　まずは実践の実際を紹介したあと、一般的な注意点や工夫について振り返りながら話を進めようと思う。なお、いかにもレポート然とした紹介の仕方では伝わりにくい感触があろうかと思い、記述の仕方はこうした話題に不慣れな方にも馴染みやすいように砕いたものとさせていただいた。そして最後に、本書の特徴でもある力動的視点から、研修会というものについて振り返ってみたい。

2　研修会の実践例

　以下は、平成19年6月に行なった研修会についての紹介である。ここでは研修会の持ち方について理解してもらうことが目的なので、研修会の中で提供された事例そのものについては触れない。なお、一般的な事例紹介同様、プライバシー保護のため、一部を改変してあることをお断りしておく。

(1)　研修会の目的・対象・方法

　学校現場で、児童・生徒の理解や対応に苦慮している養護教諭や一般教員、さらにはスクールカウンセラーを対象として、精神医学および精神科心理臨床の視点から助言を行なうことを第一の目的としている。副次的に、各教員同士の相互交流によるピア・カウンセリング的な効果や、各教員と当院スタッフとの信頼関係醸成も視野に入れている。

　方法としては、当院を会場として、主に事例検討を行なっており、適宜当院医師が講師役となって、精神医学的な基礎知識のレクチャーなどを提供している。

(2)　研修会の設定とお知らせ

　まず最初に、日時の設定を行なった。学校行事などで教員が忙殺される時期には行なえないので、後述するような点も含めて、6月末開催という線が決まった。研修会のお知らせは毎回、往復はがきを用いているが、返信はがきのほうには参加の可否だけでなく、今後採り上げてほしいテーマや開催時期の要望などを書き込めるコメント欄を用意して発送した。発送に当たり、各学校の養護教諭に送付したいのであるが、公務員の場合、異動という問題があり、教員個人の名前での送付はむずかしい。そこで「養護ご担当先生」といった宛名書きで行なった。

　学校の住所はインターネットを用いれば容易に調べられる。ことに、時代的な流れで学校自体が統廃合を受けてなくなっている場合もあり、こうした情報もインターネットで調べてから送付を行なった。

⑶　事例提供者の選定

　今回の研修会は年度が変わってから初めての開催である。そのため、参加者の顔ぶれが新しくなることも予想された。心理臨床系の学生・院生にとっては、事例検討会の体験は珍しいものではなく、その報告の仕方、進め方も慣れているであろうが、養護教諭の場合、そうした機会に慣れてはいない人もいる。そこで、今回の事例提供者は、私と共同で研修会を担当している臨床心理士の知り合いである養護教諭にお願いした。

　当日までに、事例のまとめ方、報告の仕方など、共同担当の臨床心理士から適宜、助言してもらい準備を進めることができるからである。事例報告の形式を一度体験してもらえば、次回以降、養護教諭の方でもそれに合わせることができるので、今回はモデル提示の意味も含めた事例提供者の選定である。

⑷　当日の準備と進行

　ここでは当日の様子が伝わるように、時系列に即して記述してみたい。

　当日午後6時、私と共同担当の臨床心理士とで会場づくりを始めた。机を「口」の字に並べ、周囲に椅子を配する。私の役割は司会・進行である。少し緊張を感じていた。

　早い参加者は6時を少し回ったあたりから集まりはじめる。用意した参加者名簿に名前と連絡先を記入してもらう。参加者たちは、緊張をほぐすためか、研修会が始まるまでのあいだ、冗談を交えながら歓談していた。

　やがて開始時間に。しかし、事例提供者が少しばかり遅れてくるという連絡が入る。司会役として、場つなぎをと考え、研修会の目的や大雑把なタイムテーブルを説明して時間を稼ぐ。タイムテーブルをホワイトボードに書きながら話しているうちに事例提供者が到着した。

　事例提供者の気持ちの準備はできているだろうか。緊張と興奮が少しうかがえるが、始められそうにみえる。私は、改めて全員に向けて挨拶した。意識して、ゆっくりと落ち着いた声で話す。そのほうが、事例提供者が落ち着きを得られるように思えたからである。つづけて事例提供者に自己紹介を求

め、そのまま発表に移ってもらった（事例の詳細については省略する）。

　事例提供者と事前の打ち合わせができていないため、発表の中のどのタイミングで区切りを入れ、質問を募るかは司会の感覚で行なった。事例提供者も緊張しているが、司会も緊張している。それでも、できるだけ事例提供者が発表しやすいようにと、多くの参加者が目線をレジュメに落としているあいだも、私だけは顔を上げ、ときに事例提供者と目が合うと、うなずいたり微笑んだりしてノンバーバルにサポートをはかる。レジュメを目で追えないかわりに、耳で発表を追うことになる。同時にチラチラと参加者全員の雰囲気をうかがう。自分自身に注意を向けると、依然として緊張感がつづいているのは確かであるものの、少しずつそれが軽減されてきていることに気づく。かわりに上司の目や、「そつなくこなしたい」といった余計な欲がはたらいていることに気づく。「いけない」という気持ちが湧くが、「こうした気持ちに気づいていることが大事。抑え込もうとするのはよそう」と思い直して、ともかく事例提供者の発表のほうに注意を向けかえる。今回は幸いなことに、質問も回答も、司会のほうで焦点を絞り込むなどの介入を要しないで進めることができた。

　タイムテーブルに従い、中休憩を挟んだあと、再開。補足の質問などを踏まえてから、司会のほうから、再度、事例提供の目的を確認し、求めるフィードバックの焦点を明確にする。

　その後、まず当院医師によるコメントを求めた。この事例は摂食障害事例であったが、医療機関へのつなぎ方や連携の持ち方など、純医学的なコメントばかりでなく、関連トピック全般を含めたコメントが並ぶ。教員から伝わる感触としては、おおむね医師のコメントを示唆的なものとして受け入れている様子がうかがえた。

　つづけて、他の参加教員から、体験を踏まえたコメントなどを集めていく。似たような事例の体験をもつ教員からは共感的なコメントが返され、そのような体験のない教員からも事例提供者の労をねぎらうようなコメントがつづいた。最後に、参加者のコメントを受けての感想を事例提供者から述べてもらったが、研修会の場の支持的な雰囲気のなか、事例提供者も一応の満足を感じていただけた様子であった。

最後に、蛇足の感はあったが、守秘義務の確認をし、レジュメの回収を行なって、研修会を閉じた。

3　一般的な注意事項と工夫など

　私が実際に行なっている研修会の様子を、準備の段階から当日の様子まで、私の感じているところも含めて述べた。それは、こうした自分の内側での動きも視野に入れて全体を把握しようとする姿勢が、本書の掲げる力動的理解の特色であろうと思うからである。
　研修会で実際にやりとりされた内容を紹介できないのは、読者にとって少々、物足りなく感じられたかもしれないが、研修会の進行そのものについては大体のイメージを摑んでいただけたと思う。そこで、以下では紹介した実践例を踏まえながら、一般的な注意事項や私が有益と考えている工夫のいくつかを紹介したい。

(1)　研修会の目的について

　冒頭に、教員が置かれた状況という外的要請と、学習意欲という内的要請から、研修会のニーズが成り立っていることを述べた。したがって、何となく「研修会をしましょう」という動きになることもあるだろう。しかし、本来はできるだけ目的を明確にしておくことが望ましい。何のために、何についての研修会を行なうのかが把握できていると、研修会をどのように運営していくかに迷いを覚えたとき、自分が助かるからである。自分の中に拠って立つしっかりとした基盤があることで、迷いや揺れが少なくなるであろう。
　当院の研修会の目的を例にとって述べよう。そもそもの始まりはクリニックに勤務する別の臨床心理士が行なった教員対象の講演であった。そのとき、養護教諭の多くが対象児童・生徒をどう理解し、対応するかに不安や困難を抱えていることが痛感された。私たちは医療機関に勤務する者であるから、こうした養護教諭の抱える不安や困難に、精神科医療の視点から何かサポートできることはないか、という動機から研修会が企画されたのである。
　また、よく「社会資源」と一言でいうが、単にどういう施設がどこにある

のか、というだけでは生きた連携というのは成立しにくい。そこで働く人の顔・姿が脳裏に浮かんで、初めて信頼感に根付いた連携がはかられるといえるだろう。その意味で、この研修会は私たちと各校の教員をつなぐ場となっているし、さらにはまた学校の垣根を越えて、教員同士をつなぐ場としても貴重な機会を提供している。このようなコミュニケーション機能も、当初より研修会の副次的な目的として考えられてきた。

　このように、当初の目的は明確であったが、それでもしだいに別のものが入り込んでくることは避けられない。たとえば、私たちの思いとは別に、クリニックの経営を考える側の人間からは、ある種の宣伝活動を期待されること、あるいは回を重ねるうちに研修会を継続的に開くこと自体が目的化してしまうことなどである。幸い、いまのところそうした懸念は現実になっていないが、忘れてはならないことであろう。

　このように、目的は肥大化しやすく、これが行き過ぎれば研修会の方向が見えにくくなってしまう。そのさいに、もともとの目的が明確であれば軌道修正は容易となるであろう。これが目的を明確にすることをお勧めする理由である。

　同様の趣旨から、継続的な研修会をもつ場合、最初から期間や回数を限定してしまうというのも一つの工夫としてありうる。ブリーフ・セラピーの考え方と同じであり、期限を切ることでシャープな目的意識をもって会を維持することができるからである。参加者のほうも、「惰性で参加しているが意欲は低い」といったことを防ぐことができる。規定の期限がきて、なおも会の意味があると感じられるなら、さらに期限を更新すればいいのである。ブリーフ・セラピーの考え方を研修会に適用したものといってもいいし、心理療法における「治療契約」の考え方を研修会に適用したものといってもいいだろう。

(2)　研修会の設定とお知らせについて

　既述のように、研修会の日程をどこに設定するかを考えなければならない。教員を対象とする場合、当然ながら学校行事や業務の集中によって教員が忙殺される時期は避けなければならない。また、児童・生徒が何らかの問題行

動を現わしはじめる時期についても、ある程度の傾向性が認められる。"五月病"などという言葉もあったが、5月の連休明け、夏休みなどの長期の休み明けは、不登校が始まりやすい。したがって、教員の意識としてもこの時期に何らかの困った体験をもつことが多いので、研修会へのニーズが高まりやすいのである。学校行事や児童・生徒の問題行動などとは異なるが、養護教諭の場合、4〜6月は忙しいということも覚えておくとよい。この時期、養護教諭はインフルエンザなどの対応に追われやすいからである。

前述のように、私が6月末に研修会を設定することが多いのは、これらの理由からである。同様に、9月以降もニーズは高まりやすいが、10月前後に学校行事が集中していることが多いために、11月に研修会の設定をさせてもらうことが多い。

しかし、これらは実際にみなさんが現場に入れば、そこのスケジュールが把握できるわけだから、それに合わせればよいことである。ニーズの高まりも、現場の中にいれば、とくに意識することなく肌で感じるであろうから、あまりマニュアル的に受けとらないでほしいし、その必要もない。あくまで目安ということと、考え方として覚えておいていただければよい。

お知らせに関しては、既述のような方法で送付した。私は往復はがきを用いているが、できるなら電子メール（e-mail）を活用することが望ましい。あるいは、さらに便利なサービス（Mixiのような会員制のSNS、スケジュール調整のサービス・サイト「ちょー助」等々）もインターネット上にはある。可能であるなら、これらを活用したほうが費用的にも時間的にも優れている。

ただし、こうしたインターネットの活用に当たっては、それが先方に対して無理な要求であったり、あるいは、ときに失礼に当たらないか、よく吟味してから行なってほしい。こうしたものの利用に不快感を覚える人もいる。インターネットの活用は、基本的には「仲間内」の通信手段と思っておくのが無難であろう。

私は、宛名は「先生」を用いている。これは研修会の場でも通しており、呼称に当たっては「○○先生」とお呼びしている。しかし、宛名として既述の表記の仕方が適切であるかどうかは自信がない。一般常識を知らずに恥ず

かしいかぎりであるが、教員のみなさんの寛容さで、私の非礼をご容赦いただいている。

⑶ 事例提供者の選定について
　養護教諭の方々は、必ずしも事例報告のやり方に慣れているわけではない。読者のみなさんは恐らく、家族構成や生育歴、既往歴や現病歴などを区分けした表記の仕方に慣れているであろう。「他の職種の方々も、何も言わずとも同じようなまとめ方をしてくるだろう」と思い込んでいると、当日の進行に戸惑うことになる。どちらがいいというつもりはないが、もし見慣れたかたちに事例を整理して提示してほしいのであれば、私が実践例で示したように、モデル提示をしながら報告様式についての理解をはかっていくか、あるいは事例提供は教員の方々のやりやすい方法で行なってもらいつつ、適宜、ホワイトボードなどを使って要点を整理したり、情報を視覚化するのがよいだろう。

⑷ 当日の準備と進行
　研修会のような企画に不慣れな読者のことも想定して、実践例ではできるだけ具体的に当日の様子を描写したつもりである。当日の準備として補足しておくこととしては、名札やレジュメを用意しておくことであろう。
　名札を用意するのは、教員同士でも他校の職員のことは知らないことが多いからである。体につけるネームプレートのような小さなものより、離れた席の参加者でも確認できるように、机に立てるタイプのものを画用紙などで作成するとよいだろう。レジュメを用意すべきかどうかは研修会の一つの考え方であるが、用意する形式の研修会が多いため、参加者が戸惑わないで済むようにするには、用意しておいたほうが無難であろう。ただし、レジュメを用意しないで、事例提供者の発表を耳で追うという形式の研修会には優れた利点がある。この点については神田橋（1992）を参考にしてほしい。
　もし、読者がこうした司会進行の役に不慣れであるなら、事例提供者と事前の打ち合わせを行ない、発表の目的や、とくにフィードバックのさいに焦点を当ててほしい点などを確認しておくとよい。こうした役回りに慣れ、的

確に司会進行を務めることができるようになれば、読者にとって事前打ち合わせの必要はなくなる。何事もそうであろうが、不慣れなあいだは守るべき原理原則が多いが、習熟してくると自在に振る舞える感覚が増えてくるからである。あとは事例提供者にとっての必要性で判断すればよい。

　実践例でも示したように、実際に研修会を行なっていると事例提供者が遅れたり、あるいは何かの都合で急に休んだりといったハプニングがよく起こる。一つのプランだけだと、そのときに困ってしまう。私の場合は、念のため、プログラムの差し替えに対応できるよう、医師にレクチャーの講師役を準備してもらっている。

　次に、司会として質問やコメントを参加者に求めるさいの工夫を挙げておこう。まず、最初に発言してくれた参加者への対応は大切である。先に発言した人がどのように場の中で扱われるかをみて、他の参加者は安心して発言できるか、あるいは発言を控えたほうが無難であるのかを判断する。したがって、最初の発言者への対応は、できるだけ丁寧を心がけるのがよいのである。

　また、発言を求めてもなかなか自発的に出てこないときがある。沈黙のまま、いたずらに時間だけが流れていくのは、司会としても、参加者としても息苦しい。一方で、司会としては極力、指名によって発言を促すことは避けたいであろう。次善の策として、隣り同士で話し合ってもらい、その結果を発言してもらう、という会議の運営法がある。このほうが個人での発言よりは荷が軽くなるのは容易に想像できるであろう。

　こうしたやり方をとる時間的な余裕がない場合は、やむなく指名によって発言を求めることになるが、その場合も、参加者をよく観察してみてほしい。なかには、発言したい欲求は持ちつつも切り出せないでいる人がいる。そうした人を見つけるように注意して観察するのである。何か言いたげに司会のほうを見ていたり、落ち着かない様子であったり、しきりに首をかしげたり横に振ってみたり、あるいはちょっとした表情の変化の中に、そうしたサインを見てとる努力をするように心がけるとよい。なお、的外れな発言が出てきても、その発言の出てくる背景にある気持ちに注意を向けたり、抽象化してエッセンスを取り出すなどして、発言を無駄にしない姿勢を保ってほしい。

司会が示すこの姿勢は、前述のように他の参加者の発言意欲を高めるものだからである。

4　研修会の力動

　どのような場であれ、そこに「力動」というものを見てとることはできる。当然、研修会においても、その場にはたらく力動というものを見てとることができるのである。本書は力動的な立場を特色としているわけであるから、この点についても触れておくべきであろう。
　集団の力動については多くの研究があるし、本来ならそれらと照らし合わせてここでも書くべきなのであろう。ただ、残念ながら私にはそのような作業は荷が重い。結論からいえば、私がここで採り上げるのは、私の体験したかぎりの中で、どのようなことが研修会という場で生じていると感じたか、どのような考察をもっているかについてだけである。研修会の力動について関心のある方は、さらに類書を尋ねて学習を重ねていただければと思う。

(1)　「構造」という視点

　研修会の参加者は建前上、対等の立場にある。しかしながら、実際には、場の中でそれぞれの序列や役回りが生じる。そうした序列や役回りは、司会といったフォーマルな役割に拠ることもあれば、職種、性別、年齢、役職等々といった属性によって生まれることもある。また"よく発言する参加者"とか"おとなしい参加者"といった参加者の姿勢や、"以前から参加しつづけている参加者"と"新しい参加者"といった時間的な要素が関与する側面もあるであろう。したがって、どういう参加者がいるかは、研修会の性質やその場の雰囲気を大きく左右する。また、研修会がだれによって、だれのために企画され、実施の場所はどこに設置されるのか、時間や頻度はどれくらいか、といった部分も無視できない。
　つまり、一言でいえば、治療構造論と同じように「構造」という視点で研修会を点検してみることができる。私たちの研修会では、構成員として医師の存在が大きく、場所も精神科クリニックということで、あらかじめ事例を

精神科医療の視点から理解するという性質が色濃く打ち出されている。現場で、不安を抱えながら実務に取り組んでいる養護教諭にとって、精神医学的な見立てや援助に当たっての助言を得られることは心強いであろう。

しかし一方で、それは両刃の剣となることも考えられる。後述するように、場の中で序列や役割といったものを形成する一つの要因ともなっているであろうし、医療機関に依存する気構えをつくってしまうかもしれない。当院での研修会を開く頻度は年に数回と少ないが、もしも頻繁な頻度にしたなら、相互の関係は強化される反面、少しでも困難な事例については医療機関に依存しようとする姿勢を形成しやすいのではないかと思う。学びの多い研修会か否かとは別に、そうした「構造」がもたらす波及効果も視野に入れておくとよいだろう。

⑵ 場の中の序列と役割

実践例の記述の中では、参加している教員のほとんどが、医師のコメントを抵抗なく受け入れている様子を示した。一般に"医師"という職業は社会的に権威を認められていると考えてよいと思う。話されるコメントがあまりに見当違いであれば論外であるが、そうでなければ一応、「専門家からの意見」として尊重される傾向にある。教員に話を聞いてもらえるという意味ではありがたいことであるが、どうかすると教員が必要以上に自分を低く見積もってしまうことになりかねない。私が参加者のことを「○○先生」と呼称しているのは、教員の専門性をこちらが高く評価していることのサインとして、この呼称を用いる意味があると考えているからである。もちろん、これは教員への対応全般に滲むべき姿勢であって、単に呼称だけの問題ではない。

実践例の中では、私を含め、臨床心理士からの事例に対する助言はなかったので明確にできなかったが、医師と同様に、臨床心理士の言葉も「専門家からの意見」として受けとられる傾向がある。読者のみなさんが、将来、スクールカウンセラーとなって研修会の場に参加するときのことを想像してみてほしい。若輩の、それも学校現場のことを十分に理解しておらず、家庭人としても父親役割・母親役割を経験していない人間の言葉を、「専門家からの意見」ということで教員は受け入れようとしてくれるだろう。そこには、

教員の意識的な努力がある。

　こうした意識的努力が払われているときに、無意識の世界ではどのような補償作用がはたらきやすいかを想像してみることは、力動的理解の枠組みに馴染むだろう。たとえば、教員に対して何らかの変化を求めるような意見を出したときに、表面的には受け入れのよい態度を示しながら、実際は何も変わらない、ということが起こるかもしれない。そのようなときに、変わらない教員に不満を抱くかわりに、無意識ではたらいている補償作用について想像してみることは、有益なアイディアを与えてくれるように思う。

　実践例から一つ取り上げていえば、事例提供者が遅れてきたことをどう受けとるのか。私自身はこのときに余裕がなく、事例提供者の心の動きを想像することができなかったが、できることなら、初めて会う人たちの前で大切な事例を話すことへのためらいを想像し、事例提供者にとって研修会の場が十分に保護的で支持的な場として体験できるように配慮すべきであったと思う。私は思い至らなかったが、幸い、他の参加者は十分にそうした場をつくってくれた。

　このように研修会という場でも、その他の人間集団と同様に、意識的にせよ無意識的にせよ「序列」や「役割」というものが生じる。そして、それは単に解消をめざすべきものでもない。「序列」や「役割」に応じた動きを拒否することが、ときに集団の機能不全をもたらすことは、家族の中で「父親役割」や「母親役割」と呼ばれるものと、その放棄がもたらす事態を考えてみれば、理解していただけるであろう。力動的な視点に立つ深層心理学で共通する姿勢は、意識化に向けた不断の努力である。「序列」や「役割」についても、それは当てはまる。自分の中にある「序列」や「役割」を見つめること、そして参加者全員に利益となるように、必要に応じて「序列」や「役割」を解消する道や、活用する道を探すのがよいように思う。

　以上、教員を対象とする研修会について、その実践例、一般的注意事項、そして力動ということで私なりに感じるところ、考えているところを述べた。不十分なところは多々あるであろうが、読者のみなさんが現場に就いたさい、わずかでもお役に立つものが含まれていれば幸いである。

[参考文献]
神田橋條治（1992）：治療のこころ　巻一　花クリニック神田橋研究会

（福森　高洋）

第6章

外部機関への紹介と連携

6-1　医療機関との連携

1　医療機関につなげるために

　子どもの健康な成長と発達を支えるには、多方面から多角的な援助が採り入れられることが望ましい。そのためにもスクールカウンセリングにおいて、他機関や他職種との連携は重要な課題となる。
　スクールカウンセラーの仕事の一つに、児童・生徒や保護者を医療機関に紹介するなど、医師・教師・保護者という立場の違う人たちをつなぎ、援助チームのコーディネーターとして連携を支える仕事がある。心に痛みを抱える子どもたちの中には、教師による教育・指導やカウンセラーによる心理的サポートだけでは不十分な、医学的援助が必要な子どもも少なくない。医療機関との連携は、スクールカウンセリングの実践において、重要な仕事の一つである。

⑴　いつ、だれを、どのようなかたちで橋渡しするのか
　しかし、医療機関との連携には、特有のむずかしさがある。長尾（2000）が述べるように、保護者が医療機関への紹介に強い抵抗を感じ、受診に至らない場合もある。逆に医療機関につなげたことで、学校もカウンセラーもあ

る種の安心感と共に医療機関にすべてを委ねてしまい、学校内でのサポートがかえって手薄になることもある。また、教育現場とはまったく違う文化をもつ医療機関と連絡をとりあう困難もある。診療に忙殺される医師とのアポイントメントを確保し、おたがいの役割や連携を検討することは口でいうほど簡単ではない。つまり、医療機関との連携を有機的に行なうためには、受身であってはむずかしい。能動的な努力と工夫があって初めて成り立つことなのである。カウンセラーは、これらのむずかしさを踏まえたうえで、いつ、だれを、どのようなかたちで橋渡しするのか、そのポイントを熟知していなければならない。

　必ず医療機関につなげなければならない精神障害を、カウンセラーはよく理解しておかなければならない。統合失調症やうつ病は薬物療法が第一選択肢であり、適切な治療を受けることが児童・生徒の学校生活の破綻を防ぐ。また、身体的不調を繰り返し訴える子どもに対しても、医学的検査や治療を勧めるとよい。重大な身体疾患が隠れている危険もあるし、その訴えが何らかの精神疾患とつながることもある。

　服薬によって本人が少しは楽になれること、それにより余裕が生まれれば今後の手立てを考える力が生まれてくることを、カウンセラーが実感をもって保護者や教師、本人に伝えられるかどうかが連携のための重要な第一歩となる。中根（2007）は児童精神科医の立場から、保護者が受診を承諾するかどうかは、問題の解決に教師（カウンセラーも同様であろう）が努力し、何らかの成果があるときであると指摘し、ベテランの通級学級の教師が説得すると親は素直に受診を納得することを例にあげ、「困っているからでなく良くしてあげたいからという理由で受診を納得させてほしい」と述べている。

　このことは、私の臨床上の実感とも合致する。素人臭い話かもしれないが、この「熱意」というものが、とくに子どもの臨床をやるうえでは鍵となる。相手が自分のことを本当に思っているのか、やっかい者扱いをしているのかの違いを、藁にもすがる思いの保護者や本人は、敏感に感じとるのであろう。

(2)　広いネットワークをもつこと

　どこに紹介するかも重要な問題である。通いやすさを考えれば、地域の精

神科クリニックが妥当であろうが、とくに精神科受診の場合、当事者の気持ちを考えると、必ずしも近いほうがよいとはいえない。どんなに評判がよい精神科医であっても、「子どもは診察しない」という医師もいる。児童精神科を標榜しているか、児童から思春期までを得意とする医療機関に紹介するようにしたい。また、専門分野の違いもある。カウンセラーは児童・思春期を専門とする医師や医療系心理士とのネットワークをもっておくことが望ましい。そのためには、積極的に医療関連の勉強会や学会（児童や思春期を扱う集まりなら、スクールカウンセラーの立場でも興味がもてよう）にも参加すること、または非常勤で1日くらい医療機関に勤めてみるのもよい。

　医療と連携をとるうえで理想をいうなら、児童・思春期を専門とする友人の精神科医か心理士に直接電話して事情を話し、保護者にどんな先生かを伝えたうえで紹介する。そして、必要に応じて連絡をとりあい、顔を合わせたときに情報交換や方針確認を行なうとよい。

　懇意でない医療機関に紹介する場合は、どうしたらよいか。そのあとの連携をスムーズにするためには先方の文化をよく理解し、先方の文化に合わせた紹介が必要である。つまり、適切な紹介状を書くことである。

　医療機関にいると、非常に詳細な数枚にわたるカウンセラーの紹介状を目にする。しかし、外来は忙しい。ほとんどの医療機関では事前に紹介状を読んでおく時間はなく、診察の直前に渡されたカルテをざっと読むのが精一杯である。また、初診で当面の初期方針を立てなければならず、そのために必要な情報は限られる。紹介状には、主訴・家族構成・主訴の経過（現病歴）・学校での様子（生活歴）をＡ4紙1～2枚程度にコンパクトにまとめる。医療機関での予診のまとめ方を参考にするとよい。そして、紹介理由（学校としては何を求めているか）を記載する。医療機関からみても学校は異文化である。医師の指示が、学校現場では実現不可能なこともよくある。学校の中で何に困っていて、医療にどんなサポートを求めているのかを伝える。学校現場における資源と限界を相手に理解してもらうことも、大切なことである。

　では、実際の連携はどのようにして行なわれるのか。医療機関につなげるべき子どもと出会い、連携をとるまでの流れを事例をとおして考察していき

たい。なお、事例はプライバシーの関係上、過去に私が経験した複数事例をもとに作成した、フィクションの事例である。しかし、このフィクション事例が現実と離れすぎないよう、最大限の工夫を施している。

2　事例の紹介

(1)　印象の薄い中3のA君

　A君は郊外にある公立中学校に通う、中学3年生15歳の男子生徒である。髪型や服装に色めきたつ思春期真っ只中の同級生たちの中で、天然パーマを伸ばしたボサボサの髪と規定どおりの制服姿で、周囲からは目に見えて浮いていた。特定の友達はおらず、話をする相手も見つからないようだったが、学校には休みなく通学している。いつも上目遣いでボソボソと話し、勉強も運動も特別できるわけでもできないわけでもなく、印象の薄い生徒だった。担任は孤立しているのにつらそうでないA君の独特の雰囲気を不思議に思っていたが、「周囲とは違う世界に生きているのかもしれない。一人でいるのが好きなのだろう」と理解していたという。

　A君の家庭は会社員の父親、専業主婦の母親、2歳年下でA君と同じ中学校に在籍する中学1年生の妹の4人家族である。担任からの情報では、A君の家庭に特別な問題はみられず、妹は学業優秀で活発、社交的でクラスの中心的存在であり、A君とはまったく似ていないと職員室で話題になるくらいだという。A君をとりまく周囲は、A君の様子になんとなく違和感を覚えながらも、"大問題"がないA君に注意を向けることはなかった。

　そんなA君の不思議さにカウンセラーが気づきはじめたきっかけは、友人関係に悩み、単発でカウンセラーに相談に来たある女子生徒の一言だった。夏休みに入る直前の暑い日の午後、A君と同級生のB子は自分の相談が一息つくと、たわいないおしゃべりとしてクラスの様子を語りはじめた。その中で、A君がクラスの女子の間で「キモイ」と噂されていること、その理由は見た目や雰囲気の不気味さもあるが、話しかけても応答がない場合があること、A君がファンクラブに入っているある女性ボーカルについてB子たち数人の女子が話していると、いきなり近づいてきて「彼女をわからずそういう

ことをいうと、また彼女が泣いちゃうから止めて」と訳のわからないことを言ってきたからだ、ということが明らかになった。B子は「キモイっていうか怖い。みんな近づかないようにしている」と最後に付け加えた。

　これらのエピソードから、A君に思考障害や自我障害が現われているのではないかと疑ったカウンセラーは、B子から聞いた話を担任に伝え、A君の様子を聞いた。すると、担任は「確かに独特の雰囲気で」と前置きしながら、授業中に発言するよう指名しても、途中で話がピタッと止まってボーッとしてしまうことがあると話してくれた。成績を確認すると、昔は妹と同じく優秀だったが、中2の3学期にがくんと成績が下がった。不真面目というわけではない子なので不思議に思っていた、集中できていないのかもしれないと付け加えた。

　これらの話から、カウンセラーはA君が統合失調症を発症している可能性があると判断した。もしそうであるならば、なるべく早く医療機関につなげ治療を開始しなければならない。カウンセラーは担任に統合失調症という病気があり、思春期に発症しやすいこと、その場合は早期に精神科で治療を受け薬を飲む必要があること、また治療が遅れれば遅れるほど、A君の今後の社会適応が不利になることを伝えた。

(2) カウンセラーの面談

　カウンセラーと担任は相談し、まずA君とカウンセラーの面談を設定することにした。A君には「A君と話をする友人がいないようなので心配している。1回カウンセラーの先生と話し合ってみてほしい」と担任が伝えた。A君は特別な反応をみせず、淡々と了承したという。同時に母親と担任との二者面談を設定し、担任から家庭での状況を聞いてもらうことにした。そのさい、家での会話の様子や、行動の奇矯さがないかどうか、また歯磨きやお風呂など生活面での乱れがないかどうか、小さいときから変わったところがある子だったのか、中2の3学期ころから何か変わった様子はなかったかを具体的に聞いてもらえるよう、担任にお願いした。

　初めて会ったA君は、確かに独特の雰囲気であった。ぼんやりと浮遊しているようでもあり、なんとなく周囲を警戒しているような印象も受ける。髪

は男子学生としては長く、絡まって扇のように広がっていた。挨拶をして、来てくれたことを労うが、窓のほうを向いて顔を合わせない。いくつか質問すると、短く答えるが、ときに不自然に途切れ、また話が始まる。A君の警戒心も感じたカウンセラーは、彼の好きだという女性ボーカルの話題を出し、どんな曲が好きなのか、いつからファンなのかなど話題を向けると、しだいに打ち解け、楽しそうに話しはじめた。時間となり、終わりを告げると、今日は楽しかったと述べ、お礼にCDを貸してくれるという。「特別なCDなんだ。大変になるからみんなには内緒にしてほしいんだけど、このCDの曲は俺が送った手紙を元に彼女が作詞したんだよ。彼女の作詞を支えているのは俺なんだ。直接連絡をとったりはしないけど、自分たちだけにわかるように気持ちをやりとりできるんだ」と、100万枚の大ヒットを記録した中学生ならだれもが知っているその有名なアルバムを手渡しながら、彼はそっと教えてくれた。

　担任と母親との二者面談では、家でも呼びかけても応答がないこと、一人でブツブツ何かを言っていることがあり、中2の3学期頃から顕著になったことが判明した。中2に入ってから高校受験の準備をめぐって父親とA君の間で対立があり、その反発として返事をしなくなったり、勉強の成績が下がったのだと母親は理解していた。A君と「通じ合えなくなってしまった」母親は、A君と接するときは腫れ物に触るように気を使うという。少々変なことがあっても、いまは見守ろうと思い、何も言わないようにしてきた。「それではいけないというのですか」と、責められないように必死な様子だったという。担任がさらに詳しく聴いていくと、A君が2階にある自室のカーテンを閉め切り、「だれかに覗かれないようにガード」しているらしいこと、家族から見ると気にしすぎだと思えるほど、他人から見られているのではないかと気にしていることがわかった。

⑶　統合失調症の疑いが濃厚と判断
　カウンセラーが面談したA君の様子と、担任が母親から得た情報を総合して検討したところ、統合失調症の疑いが濃厚であろうとの結論に至った。学校長に報告し、学校長・担任・養護教諭・カウンセラーで緊急のミーティン

グをもち、保護者と本人に医療機関受診を勧めることが決まった。同時に、だれが、どのように伝えるか、そしてどんな医療機関を紹介をするのかという問題が浮かび上がった。担任が母親と面談したさいの印象では、子どもに問題が起こっていると考えたくない様子で、自分の育て方がまずかったと責められることを強く警戒していたという。学校から受診を勧めるとかえって反発するのではないかという意見が出された。

　もし、保護者が受診勧奨に不満や怒りをもった場合、それでも受診につなげるためには保護者の気持ちを受け止める役が必要であろうこと、今後の学校生活を考えると、学校と敵対して孤立しないように、保護者を支える役割は担任がよいだろうということになった。そこでまず保護者・担任・カウンセラーの三者面談を実施し、保護者と担任の二人に告げるかたちで、カウンセラーが受診勧奨を行なうことにした。本人に告げるのをどうするかは、面談が終わったあと、再度検討することになった。また保護者の不安が少しでも軽減できるよう、医療機関はやや遠方ではあるが、カウンセラーの知り合いの医師が勤める、都市部の単科精神科クリニックに紹介することになった。

　三者面談の当日、母親のみが担任に付き添われて校内の相談室にやってきた。入室したときからすでに、母親の顔はこわばり警戒心を露わにしていた。カウンセラーは母親と担任に向かって坐り、A君の様子で心配なところがあり、A君と面談を行なったこと、また担任から話を聞いたことを説明した。母親の顔は能面のように無表情となり、これから告げられるであろうカウンセラーの言葉に対する怖れがはっきりと見てとれた。カウンセラーは母親に「何か審判が下されるような怖さを、感じていらっしゃるかもしれません。しかしこれは、最後の審判ではありません。A君の健やかな成長を守るために、私たち周囲の大人が何をやらなければいけないかを、一緒に話し合いたいのです」と伝えた。母親の目にうっすら涙が溜まっていった。

　カウンセラーは、あまり感情的にならないよう気をつけながら、A君に精神の病いが疑われること、もし精神の病いだとしたら、彼は淡々としているがつらさを感じているだろうこと、なるべく早く医療機関を受診することが必要だということを伝えた。そして、治療を受けることがA君の今後の適応を支えることになるので、どうか受診してほしいという内容を伝えた。また

担任には、A君の学校生活への配慮を求めた。母親は黙ってこの話を聞き、「うすうす何かおかしいのではと思っていました。でもそう思いたくなくて」と言って声を上げて泣いた。担任が母親を労りながら「お母さん、一緒に頑張りましょう。僕たちも頑張りますから」と伝えると、母親は頷き、受診を受け入れた。

(4) 医療機関との連携

　その後、母親は担任に支えられながら、A君の状態をまったく認めない父親を説得し、不快感を露わにするA君に根気よくはたらきかけ、受診を納得させた。挫けそうになる母親を支えつづけた担任は、そのしんどさをカウンセラーとの話し合いでなんとか乗り切っていった。A君が受診を納得した時点で、A君と母親に向けてカウンセラーが医療機関の紹介を行なった。A君の治療をお願いしたC医師には、カウンセラーから事前にメールで連絡を入れ、診療をお願いした。そして、A君の症状、その症状の開始時期と現在の学校での様子、そして学校と家族との連携の状態、また校内のサポート体制などについてまとめた紹介状を用意した。

　A君とC医師の相性はまずまずで、当初しぶしぶ治療を受けていたA君も定期的に通院するようになった。A君の奇矯な言動は少なくなっていったが、やはり波があり、とくに意欲の低下が強くみられる時期と試験期間が重なると、不安が高まり、状態は一時的に悪化した。これら学校行事との関係やクラスでの様子を、カウンセラーは折りをみてC医師に報告した。C医師からも、A君のやる気の低下は症状の一つであること、調子が悪い時期は1日学校に行くだけでも大変な労力がいることなどの説明があり、成績や出席に関する教育的配慮を求める意見書などが提出された。また、担任はA君の学校での様子で気になることがあるとメモし、母親をとおしてC医師に渡した。診察室以外でのA君の様子、とくに同年代集団の中でのA君の様子を知ることができたことは、C医師にとっても治療を進めていくうえでとても参考になったという。

　A君は、クラスメイトと最後まで親密な関係はつくれず、父親の無理解がつづくなどの課題を残しながらも、母親・担任・カウンセラー・医師の連携

に抱えられながら無事中学を卒業し、サポート校に進学していった。その後、A君はC医師の許へ通院しながら、サポート校での生活に満足している様子だと聞いている。

3　教育と医療をつなぐカウンセラー

　A君の事例では、保護者と学校の連携がうまくいったことが、のちの医療機関との連携にもよい影響を与えている。担任の理解と協力によって母親が支えられ、母親の孤独や疲労は最小限に止められた。それにより母親は父親への説得、A君への説得という大仕事を乗り越えていった。母親は、担任に自分が抱えてもらえたことによって、A君を抱えることができたといえよう。A君がしぶしぶながら受診を承諾した理由は、ここにあるものと推測する。同時に忘れてはならないのは、担任自身もカウンセラーに抱えられることで機能できたという事実である。A君に直接かかわることの少なかったカウンセラーであるが、彼と直接接触をもつ人たちを支えることで、結果的にA君をサポートしたといえよう。

　A君を抱える環境がしっかり整ったうえでの医療機関との連携は、非常にスムーズに進んでいった。彼らをつなぐ橋渡しの役割をカウンセラーは担い、治療開始当初こそカウンセラーをとおしてのやりとりが主であったが、後半では保護者をとおして担任が医師と連携をとりはじめている。担任は医師からの指示や意見をもとにA君の学校生活の調整を行ない、C医師はA君の社会生活場面の情報を担任から得ることでA君の病状やその推移を立体的に把握でき、治療に役立てることができた。つまり、学校側・医療側双方にとって、この連携は有益なものあったと考えられよう。

　水田（2000）は、医師の立場から、連携には学校側・医療側双方に大きなメリットがあることを強調している。おたがいに理解を共有することで、児童・生徒の状態に応じた適切な対応が可能になると指摘する。連携にはある種の平等性が必要である。どちらか一方が利益を得て、一方が提供するだけの関係になると、必ず提供する側に不信感が生まれる。そして、連携は破綻していく。

A君の事例は、カウンセラーとC医師が知り合いであったこともあり、医療機関と学校との連携はわりとスムーズに進んでいった。しかし、先に述べたように、このような例は多くはない。長年児童精神科医として臨床に携わってきた医師たちの、連携に関する指摘は興味深い。中根（2007）は「教育と医学の連携にあたっては、それぞれが別の世界に住んでいる人同士であることを認識しておく必要がある。連携は相互に理解があればとか、体制が整えば可能であるという安易な考えではなく、別の世界の人間との連携は不可能であるという前提から出発し、先方の立場や理念を理解することから始めなければならない」と指摘する。

　異文化間交流でもある連携では、差異を認めたうえでの共感と、理解したいという動機づけが必要だという見解は、なるほど納得できる。しかし人間は、異質なものを排除したくなる動物でもある。教育と医療の双方が、たがいに異質さを認めても、歩み寄るための動機が生まれない場合はどうなるか。そのときこそ、教育と医療、この二つの異なる大きな世界の間に、臨床心理学という第三の世界が入ることの意味は計り知れない。なぜなら、われわれ心理士の命題は、意識と無意識、欲動と規範といった、二つに分かれた交流なき世界を「つなぐ」ことにあるからである。連携におけるカウンセラーの役割は、未知なる可能性を潜在させている。教育と医療、その双方をつなぐカウンセラーという第三の者が真に機能したとき、連携は豊かな実りを生み出すのである。

［引用文献・参考文献］
長尾博（2000）：教室で生かすカウンセリングマインド　日本評論社
中根晃（2007）：思春期精神医学臨床と学校精神保健支援　精神科臨床サービス，7(1)，pp.13-18．星和書店
水田一郎（2000）：学校との連携により卒業が可能になった分裂病の一例　井上洋一・清水将之編　思春期青年期ケース研究7　学校カウンセリング，pp.123-149．岩崎学術出版

（堀江　姿帆）

6-2　教育相談機関との連携

1　教育相談所とは

　教育委員会が設置条例によって設置している相談機関が教育相談機関である。文部科学省の報道発表「生徒指導上の諸問題の現状について」によると、平成17年度の都道府県・政令指定都市の教育委員会が所管する教育相談機関は193個所（相談員1,681人、総相談件数213,273件）、市町村（政令指定都市を除く）の教育委員会が所管する教育相談機関の数は1,498個所（相談員4,880人、総相談件数709,796人）である。教育相談機関のうち教員研修、専門的研究、教育相談などの活動を行なう総合的機関を「教育センター・教育研究所」、主として教育相談を行なう機関を「教育相談所・相談室」としている。

　教育相談所では、主に教職経験者や臨床心理士が相談を担当する。ほとんどの教育相談所には「来所相談」「電話相談」の機能があり、公的機関のため相談は無料である。それぞれの都道府県・市区町村に存在し、学校外の相談機関の中では比較的身近で、敷居の低い場所であると思われる。また、学校との連携をとりやすい機関でもある。

　教育相談の対象は、（原則として教育相談所が設置されている都道府県・市区町村内在住の）幼児、児童・生徒とその保護者および教師である。児童・生徒およびその保護者の来所経路に関しては、児童・生徒が自発的に来所することはほぼ皆無で、保護者が（市の広報や口コミで）独自に情報を得て来所するものもあるが、いちばん多いのは学校の紹介による来所である。

　相談活動の実際は各相談所によって異なるが、主なものを以下に説明する。

2 教育相談所での相談活動

(1) 児童・生徒の遊戯療法・カウンセリング

来談者が幼児〜小学生の場合、言語で自分の心情を表現するのは困難なので、プレイルームでの遊びを媒介として進められる遊戯療法を行なう。中学生以上で言語でのやりとりが十分可能な場合は、通常のカウンセリングを行なう。子どもの発達状況によって個人差はあるが、小学校高学年あたりから遊びに抵抗を感じる場合があるので、そのときはカウンセリング・箱庭療法・描画療法などを併用して進めることも可能である。

スクールカウンセリングでも同様の相談活動が行なわれることもあるが、週1回の勤務で相談が必要な児童・生徒全員の中から、特定の児童・生徒のカウンセリングを週1回定期的に行なうというのは大変むずかしい。不登校で学校の校舎に入れない場合、学校での面接そのものが不可能である。また、学内の相談室という日常と隣り合わせの場では、個人面接を深めていくこともむずかしく、ときに危険を伴う。

教育相談所では、日常と離れ、枠と自由を保障された場で、深い内的世界を扱っていける。

また、教育相談所を含め外部の相談機関では、二人の相談員により親子並行面接を行なうこともできる。教育相談所においても、親子並行面接を行なうことが多い。子どもの状態や接し方などについて一緒に考えることも、親自身のストレス発散やガス抜きの場所として利用することも可能であり、親自身の内的な葛藤について扱うこともある。

(2) 心理検査

多くの教育相談所には、児童・生徒のアセスメントに必要な各種心理検査が用意されている。

性格検査は「YG性格検査」や「TEG」などの質問紙、「SCT」や「PFスタディ」など自記式の投影法などを行なうことがある。

「田中ビネー知能検査Ⅴ」や「WISC Ⅲ」などの知能検査に関しては需要

が多いように思われる。知的な問題、発達の遅れや偏りが推測されるケースが多くなり、たとえば保護者から「うちの子はADHDかもしれない」という相談があることもあり、あるいは生育歴から発達の問題が推測されることもある。また、主訴・現われている状態像は不登校であるが、背景に知的障害や軽度発達障害があり、その二次障害として学校に行けなくなっている、というケースも少なくない。そのときに本人と保護者に検査目的をきちんと説明し、許可を得たうえで知能検査を行なうことがある。

　他に、教育相談所の臨床心理士が就学相談や通級指導教室（言語障害、情緒障害、弱視、難聴などのある児童・生徒を対象として週1〜3単位時間程度の指導を受けるための教室。知的な遅れがなく、通常の学級での学習に概ね参加できることが通級対象の条件）の入級判定に携わる場合、判定の資料として知能検査を行なう。

(3) 教師のコンサルテーション

　相談室に児童・生徒およびその保護者が来所した場合、来談者に許可を得て、学校と連携をとることができる。学校からの紹介であれば比較的了解を得やすく、学校をとおさず来所したケースではむずかしい。いずれの場合でも、連携をとってよいかどうかを確認し、どの部分を学校に伝えてよいかを慎重に話し合う必要がある。学校と連携がとれる体制が整えば、教員から対象児童・生徒の学校での様子をうかがい、こちらの見立てなどを伝えるという情報交換をしながら、必要に応じてコンサルテーションを行なう。

　学校臨床におけるコンサルテーションでは、「教育の専門家」である教員からの依頼により臨床心理士が「心理の専門家」という立場から教員の児童・生徒理解を促し、可能な範囲で具体的に取り組める対応策を明確化する。さらに必要に応じて地域社会の中にある専門機関を紹介し、問題解決をより効果的に促進するためのネットワークをつくる、という活動がなされる。

　公的機関の教育相談所では学校と緊密に連携をとりやすいが、それでもキーパーソンとなる教員とたがいに顔を知るなどのことがないとむずかしい。学校で気になっている児童・生徒の行動観察などで学校訪問をする（相談員がその学校に自分が担当している子どもがいるとむずかしい）、学校の校内

研究会に招いてもらう、教育委員会主催の会議に出席して顔を合わせる、など関係を築く機会もある。しかし、外部機関が学校全体とつながるには限度がある。紹介のさいに窓口になってくれた教員、主に担任までであることがほとんどである。

スクールカウンセラーは学校に直接入って活動するため、教員と話す機会を多くもつことができる。配慮が必要な児童・生徒について、学校全体に理解を促すことも可能である。そのため、スクールカウンセラーには個人面接よりも、むしろコンサルテーションの役割が期待されることが大きい。そして、他機関を紹介する役割を担うことや、そこで得られた所見を学校にわかりやすく伝えるなど、スクールカウンセラーが窓口になることでスムースにいく事例は多く、教育相談所でもスクールカウンセラーに期待するところが大きい。

(4) 他機関への紹介

教育相談所から他機関を紹介するというケースも、もちろん存在する。

まず一つは、同じ教育委員会が設置している適応指導教室である。適応指導教室とは、不登校の小中学生を対象に、学籍を置く学校とは別に公的な施設に教室を用意し、本籍校への復帰をめざして学習や社会性を育てるための支援を行なう学級であり、参加した日は在籍校での出席扱いになる。それぞれの市区町村で適応指導教室の特色は異なるが、明らかな非行傾向による長期欠席、知的障害が認められる場合、医師から許可が出ない精神疾患などの児童・生徒については、入室を認めない場合が多い。入級にあたって教育委員会で審査を行なうが、その判定に教育相談員がかかわるケースも少なくない。また、適応指導教室に在籍する児童・生徒のカウンセリングを教育相談所で行なうこともあり、そのときは適応指導教室のスタッフと連携をとりあう。

必要に応じて行なわれる外部の専門機関への紹介は、病院や診療所などの医療機関、児童相談所や子ども家庭支援センターなどの福祉関連の機関、警察など司法矯正の機関など、子どもが呈する症状や問題によって多岐にわたる。

服薬による治療が必要な精神疾患が疑われる場合は、医療機関への紹介が必要になる。あるいは作業療法や言語療法など、専門的な訓練や治療が必要な場合も、その施設を有する病院に紹介する。紹介した医療機関にカウンセリングがない場合など、担当医の所見により、通院をつづけながら教育相談所でカウンセリングを継続することが適切であると判断された場合は、医師と連携をとりながら慎重にフォローをつづける。

　虐待など保護者の養育に関する問題の場合は、児童相談所への紹介を行なう。児童の緊急な保護が必要になる場合や、行動観察が必要な場合に、一次保護、児童養護施設への入所などの措置をとる機能をもち、児童・生徒本人や保護者への指導を行なうことができる施設だからである。

　他機関に紹介する場合は、本人や親の意向を確認する必要があると同時に、プライバシーに配慮しながらも、紹介先にその子の主な問題や紹介までの経緯について、紹介状などをとおして的確に情報を伝えられるようなスキルも必要になる。

　スクールカウンセラーから直接医療機関などを紹介するケースもあるが、緊急ではなく、そして本人や保護者がいきなり病院では敷居が高いと感じるケースでは、最初に教育相談所を勧めて、様子をみながら教育相談所から医療機関を紹介する、という場合もある。

3　教育相談所とスクールカウンセリング

　教育相談所とスクールカウンセリングは同じ対象を扱っており、不登校、いじめ、発達の問題、心身の疾患など、小中学生に起こりうるさまざまな問題に対応する教育相談を行なうという点で共通している。しかし、相談活動の実際においては、両者は大きく異なっている。

　教育相談所は非日常の空間と安全な枠の守りを提供できる。スクールカウンセラーが学校で児童・生徒のアセスメントを行ない、長期にわたって継続的な相談、そして内面を深めていく治療が必要になると思われるケースでは、地元の教育相談所を利用するほうが向いている。また、発達障害が疑われるケースで、きちんとした判定や通級の利用などの対応が望まれる場合にも、

教育相談所で対応できる。学校にとっていちばん身近な専門機関なので、遠慮なく利用するのがよい。

同時に、学校の中にいて児童・生徒の日常にかかわるスクールカウンセリングにも、さまざまな役割が期待されている。教育相談所も学校との連携を密にすることを心がけるべきである。しかし、対象となる児童・生徒についての共通理解をはかり、学校でできる対応について考えることなどを、学校全体・全職員と連携をとりながらできるのは、学校の中にいるスクールカウンセラーならではの仕事であり、スクールカウンセラーには教員のコンサルテーションという活動に多く時間を使うことになるであろう。

スクールカウンセラーは、児童・生徒に対しても近づきやすい存在である。授業見学に行ったり、給食を一緒に食べたり、行事に一緒に参加するなどの機会もある。スクールカウンセラーが一クラスを対象に、構成的エンカウンター・グループや「心について」の講義を行なう機会があるなど、カウンセラーの存在を身近に知ってもらえるようなイベントも学校によってはある。子どもが相談室の利用の仕方を知り、自分の悩みを身近な大人に打ち明けて受け入れられるという経験を自然にできるのが、学校内の相談室のよさでもある。スクールカウンセラーと何回か話をしたり、面接をするなどをとおしてよい関係を築いた経験を経て教育相談所に来所した子どもには、教育相談所でも自由に自己表現ができることが多いようである。

ここで述べたことは一般的なものではあるが、あくまでも一つの例である。スクールカウンセラーも配属される学校によってニーズが異なり、教育相談員もそれぞれの教育相談所の方針はさまざまで、求められる相談活動も異なってくる。身近な機関であるからこそ、スクールカウンセラーと教育相談員がおたがいの機能をよく知り、必要に応じて情報交換や児童・生徒の紹介など、上手に連携をとっていくことが望まれる。

たとえば、スクールカウンセラーと教育相談員がうまく連携がとれていて、かつスクールカウンセラーが教員とも良好な関係がもてていると、教育相談所に向く児童・生徒がいたときに、スクールカウンセラーが「あの教育相談員さんなら安心して紹介できる」と思え、教員が「このスクールカウンセラーが勧めるところだから教育相談所も信頼できそうだ」と思えるであろう。

スクールカウンセラーには、教育相談所と学校との間に入って、たがいの連携がとりやすいように関係調整をして、両者をつなぐ役割を担うことも望まれるのである。

　スクールカウンセラーは「この子にこのような問題行動や症状が出ているようだから、こういう他機関への紹介が必要だ」という正確な見立てが必要になる。そのためには他の相談機関をはじめ、地域で利用できる資源を知り尽くしておくことが必要である。一方、児童期・思春期・青年期の発達上の特徴や精神疾患についての知識も必要である。

　そして、スクールカウンセラーがもつ知識が現場で生かされるには、児童・生徒とのあたたかい信頼関係はもちろんであるが、学校の職員や他機関のスタッフと連携をとるさいに、おたがいが「相手に理解されている」「信頼されている」と思えるような、やはり信頼関係が前提にあることがさらに必要になる。そしてこれは、どの専門機関と連携をとる場合にも共通していえることであろう。

（板橋　登子）

6-3 適応指導教室の意義—サナギとしての不登校

1 不登校の現状

(1) 不登校とは何だろうか？

　私は、主として子どものカウンセリングとその親の相談に打ち込んできた。その相談内容の85％くらいを不登校の問題が占めている。子どもの心のケアを考えるとき、《不登校》が今日的問題としての重要性をもっていることを実感している。

　不登校は、最初は恐怖症の一つの形態と考えられていた。たとえば、「ふだんは普通にしているけれど、学校の近くまでいくと強く緊張し、校門前では顔面蒼白になって脂汗が出てくる。そして、校門から一歩も踏み込めない」このようなケースは、学校恐怖症（school phobia）と呼ばれていた。このような古典的なケースが、いまでも存在している。しかし、「どうしたわけか学校にいけない。しかし、行けるときは普通に行って普通に過ごして帰ってくる」というようなケースもかなり存在していることが、徐々に明らかになった。そして、このような臨床像は、恐怖症という枠組みでは収めきれなくなったのである。

　登校拒否（school refusal）と呼ばれた時期もあった。ところが、不登校の子ども本人は、実は「学校に行きたい」と思っているのである。むしろ、「行こうと思っているのに、行くことができない」というところに、本人自身の苦しみがあることがだんだんに理解されるようになった。そして現在は、不登校（non-attendance at school）と呼ばれている。

　この不登校現象は、次の3点にまとめることができるだろう（河合, 1987）。①怠けているとか、学校が嫌いなのではない、②自分では登校したいと思っているのだが、どうしても行けない、③無理に登校しても頭痛や嘔

吐などの身体症状が出て、学校におれなくなるような状態である。ここでは、この3点を手がかりにして議論を展開していきたいと思う。

⑵　心の居場所

　不登校の具体的な形態はさまざまである。たとえば、①「教室に入れなくなってしまった。しかし、学校までは来ることができる」という場合がある。逆に、②「ずっと家に閉じこもっていた子が、学校まで出てこられた。しかし、どうしても教室の中にはまだ入れない」という場合もある。そういったときに、学校生活の中で受け皿となりやすいところが保健室である。そのため、不登校の子どもが保健室を居場所にする現象が生じるようになった。この《保健室登校》という現象は、学校までは来られるけれど、保健室で過ごして帰るかたちの登校である。

　一口に《保健室登校》といっても、さまざまな臨床像を呈する。1週間に一度保健室で過ごすことで精一杯の場合もある。また、一般生徒の登下校時間帯を避けて、遅れて登校し、早く帰宅する場合も多い。保健室で過ごすのは1時間が限界という状態もある。このような状態は、不登校現象の一部と考えてよいと思う。また、不登校の場合と同じように、朝起きられなくなったり、頭痛・腹痛・吐き気が起きたりして、登校を渋る。このような《保健室登校》の増大のため、1999年度の中央教育審議会答申において、保健室は「心の居場所としての保健室」と位置づけられた。

　今日、中学校へのスクールカウンセラー配置が制度化され、スクールカウンセリングの取り組みが国レベルで展開している。その結果、新たに《スクールカウンセラー室登校》というかたちで、スクールカウンセラー室を居場所とする不登校の子どもも出現するようになった。また、少子化によって生じた空き教室も、不登校の居場所として活用されている。このような《別室登校》の子どもに対して、スクールカウンセラーがアプローチすることも盛んに行なわれるようになっている。

　このような保健室・スクールカウンセラー室の活用などに代表される学校内の取り組みに対して、学校外に居場所をつくる取り組みも行なわれている。その中では、《適応指導教室》がとくに重要な役割を果たしている。《適応指

導教室》とは、不登校の子どもを集めた居場所である。

彼らが、適応指導教室に集まってくる道筋をたどってみよう。①学校に行けなくなってしまった子どもは、まずは家にいる。②当初の混乱状態が落ち着いてくると、少し動き出したくなる。家庭での対人交流は狭いものである。少し窮屈になる。だから、対人交流の幅を広げてみたい。しかし、まだ学校までは出られない。学校での対人交流は広すぎる。③そこで、「学校以外の子ども同士の交流できる場はないだろうか？」と探しはじめる。適応指導教室は、このような状況にいる子どもたちの受け皿なのである。

本節では、まず不登校の子どもたちの心理的世界について明らかにし、ついで適応指導教室の心理的意義について考察したいと思う。そして、適応指導教室の活用の留意点についても指摘したいと思う。

2 思春期心理と不登校

(1) 無気力型の不登校

中学生の不登校は、小学生と比較して圧倒的に数が多く、長期化もしやすい。そもそも文部科学省がスクールカウンセラーの配置をまず中学校から始めたことも、このような状況を背景にしている。また、適応指導教室を利用する子どもの大半は、中学生が占めている。そこで、不登校の中でも、とくに思春期型不登校の心理的世界について考察を深めたいと思う。

中学生の時期に入ると、《無気力型の不登校》というタイプの不登校が出現しはじめる。このタイプの不登校は、次のような状態を呈する。「なんとなく学校に行く気になれない。学校に行きたいわけでも、行きたくないわけでもない。本人自身は困っていない。しいて困っていることといえば、退屈であること。親や担任にあれこれ言われるのはうるさい。でも、とくに親や担任が嫌いなわけでもない」このような《無気力型不登校》は、不登校の中核群ではなく、亜型の不登校のようにみえる。なぜならば、不登校現象の特徴は「自分では登校したいと思っているのだが、どうしても行けない」というところにあるからである。このタイプの不登校を単純に考えれば、「怠けて学校に行っていないだけ」のように見えがちである。しかし、私は、この

タイプには《思春期の発達課題》が深くかかわっており、特別に重要な不登校のタイプであると思う。そこで、思春期の発達課題について論じたいと思う。

(2) 思春期内閉

　思春期の訪れの大切な指標は、《こもる感じ》の出現である。親や教師などの視点からみた場合、次のような特徴として具体的に現われてくる（河合, 2000）。①無愛想になる、②無口になる、③体の動きが重くなった感じがする。そして、親の主観的な感覚としては、④おたがいの間の気持ちの交流がないような感じがする。子どもがどこか他の世界に行ってしまったような感じを体験する親もいる。このような思春期の子どもの「こもる心性」は《思春期内閉》と呼ばれている（たとえば、山中，1978，1996）。

　思春期において、自分らしさを明確なかたちで把握することは、とくに大切な発達課題である。「自分自身とは何者か？」という問いは、われわれの毎日の生活の土台を問うている。これはたいへん重要な問いである。この土台が確かめられなければ、本来、毎日の生活の営みが成り立たなくなるはずである。思春期とは、この問いに素直に立ち向かう時期である。この課題に取り組むためには、たいへんな心理的エネルギーを消耗する。そのため、内にこもることによって、内側の仕事にエネルギーを集中する必要が出てくる。

　思春期の子どもは、内にこもることを必要としている。そのため、思春期には何らかのかたちで内閉状態が起きてくる。学校場面では、思春期の子どもたちは、授業であまり発言しなくなる。この現象も、こもる心性の表われである。小学生までは、教師が発問すると、競って「ハーイ」と手を挙げる。ところが、中学生になると白けた重い空気になる。少し学業成績が落ちる場合もある。この現象は、エネルギーが内的仕事に吸収されて、外的仕事に使えるぶんが相対的に減ってしまうために生じる。このような微妙なかたちのものは、まったくそれと気づかれずに経過していくことがほとんどである。ところが、文字どおりの閉じこもり状態に陥ってしまった場合が、不登校なのである。

　思春期の内界の仕事は、深い無意識の体験である。その深さは、言葉で明

確には捉えられえない水準である。無気力型の不登校のように、「なんとなく学校にいく気になれない」としかいえなくなるのである。したがって、無気力型の不登校こそ、実は「思春期型不登校の純粋型」といえるかもしれない。本人もよくわからないまま学校に行けなくなることが多いものの、何もわからないという事態ほど人間を不安にさせるものはない。そのため、本人も周囲の大人もなんらかの外的理由を見つけようとしがちなものである。

たとえば、①イジメられたから、②先生が嫌いだから、③勉強がわからないから、というような理由を挙げる場合が多い。しかし、本人の述べる《理由》は、いわゆる《原因》と区別されるべきだろう。中井・山口（2001）は、次のようなラクダの譬え話を紹介している。ラクダの背中にワラを一本ずつ載せていったとする。どこかの一本のワラを載せたときにラクダは倒れるだろう。ラクダが倒れたのは、この最後の一本のワラが《原因》ではない。しかし、ごく軽いワラ一本が大きな問題を引き起こす《引き金》となることはあるのだ。もちろん、本人の訴える《理由》は尊重する必要がある。本人と一緒に右往左往することで、親や担任教師が本人を大切に思っていることが伝わるかもしれない。しかし、この《理由》に振り回されないことも大切である。たとえば、「担任と合わないから学校に行かない」と本人が訴えたので、無理して担任教師を交代したとする。しかし、交代しても変化のないことが多い。《理由》を額面どおりに受けとりすぎると、足元をすくわれて腹を立てる羽目になるだろう。その結果、本人が針の筵に置かれた状態に陥り、おちおち家で休めなくなる。このような場合は、問題がこじれていくだろう。

(3) サナギの時期

思春期は《サナギ》に譬えられることがある。サナギとは、イモムシからチョウへと移行する中間段階である。思春期の子どもは、子どもから大人へと移行する中間段階にいる。そのため、河合（1992, 2000）は、思春期を《サナギの時期》と呼んでいる。サナギの内側では、イモムシからチョウへの変身という重要な作業がなされている。しかし、サナギの外側からはその活発な作業がみえない。思春期内閉状態も、その内側では活発な心理的作業が進められている。しかし、大人からみれば活動性が乏しくなったようにし

かみえない。思春期はサナギに似た状態なのである。

　一般的に、移行段階は不安定な時期である。外側からの圧力に弱くなる。譬えていえば、サナギ状態の思春期は家の大規模な改造工事をしているようなものである（河合，1970）。このような改造中に運悪く台風がくると、家が壊れやすい。サナギの殻は、この不安定な時期を保護するはたらきがある。思春期の内閉は、この殻としての意味をもっている。

　日常生活の視点からみた場合、思春期内閉は非生産的で病的状態と評価されがちである。しかし、それは移行段階の保護という重要な役割をもっている。いたずらにサナギをつついて変性状態のイモムシを殻からひっぱり出そうとするのではなく、サナギ状態を尊重する姿勢が必要なのである。思春期の不登校に対しては、まずその状態を尊重して待つことがとても大切である。時が熟するまえに学校に連れだそうとすることは、サナギの殻を破ることに等しい。ところが、この《待つ》ということは、実にむずかしい。

　そこで、専門家とのあたたかな信頼関係と見通しによる支えが必要になる。つまり、カウンセリングが必要となってくる。しかし、最初の相談相手は担任教師であることがほとんどである。したがって、不登校現象に直面した担任教師をバックアップすることはスクールカウンセラーの大きな仕事の一つである。

3　適応指導教室の実際

(1) オカズかご飯か

　サナギたちが適応指導教室でどのように過ごしているのかを展望し、その心理的意義について考えてみたい。適応指導教室の子どもたちは、勉強したり、遊んだりしている。たとえば、トランプをしたり、卓球をしたりする。ときには料理をしたり、サイクリングに出かけたり、バドミントンや野球（ゴムボールのレベルだが）をしたりする。適応指導教室での活動内容に何か特殊なことがあるわけではない。勉強すること、遊ぶことは、それ自体が目的ではない。それらは、すべて心と心を交流するための素材である。心と心の交流という土台の上に乗ってこそ、勉強することも遊ぶことも意味をも

つのである。それらはオカズのようなものである。大切なことは、ご飯をどうおいしく食べられるかという点にある。オカズに凝りすぎて、ご飯を食べるのを忘れてしまったら、本末転倒である。

　不登校の子どもにかかわる親や教師は、「学校に行けないのなら、少しでも学習が遅れないように適応指導教室に入れよう」あるいは「少しでも学校に類似した場所に通わせよう」と思いがちである。しかし、遅れた学習を補うために適応指導教室に入れようとすることは、本末転倒である。

　親の中には「学校を休むと、勉強がわからなくなってしまう。勉強がわからなければ、さらに学校に行きにくくなるかもしれない」というある種の《二次災害》を心配する人もいる。実際、このかたちの悪循環に陥ったようにみえるケースもある。しかし、多くの場合、登校できるようになったときは、勉強がわかろうがわかるまいが登校するという印象をもっている。学習の遅れを取り戻さなければ登校できないということはない。学習の遅れがないことは、登校できることの必要条件ではない。また、学力があることと、登校できることは無関係であるようだ。たとえば、学校には日頃まったく通っていないにもかかわらず、定期テストだけは参加して、常に学年トップクラスを維持している不登校の子どもすらいる。

(2)　カサブタの尊重

　適応指導教室に入った子どもは、まず世話してくれるスタッフとの交流からグループの対人関係をはじめる。しかし、スタッフとの交流すらできないこともしばしばある。適応指導教室に来ても、1〜2時間一人でマンガを読んで帰る子もいる。また、もっぱらテレビゲームをしていて、だれともしゃべらない子どももいる。あるいは、黙々と一人で学習をするというかたちで、他者を遮断している子どももいる。このような子どもにとっては、他者と交流する以前に、他者と空間を共有することが第一の課題なのである。マンガ、テレビゲーム、学習はカサブタのようなものであり、その子の傷つきやすい心を保護している。だから、それを不用意にひっぺがしてはならない。まずは、その子の居方を尊重してあげる必要がある。

　適応指導教室での対人交流は、スタッフとの交流から始まり、しだいに子

ども同士の交流へと発展していくことが多い。スタッフとの交流は、大人との交流である。子どもにとって、大人は自分を受け入れてくれる存在である。それに対して、子ども同士の交流は、対等な交流である。スタッフとの交流を《縦の関係》と考えるならば、子ども同士の関係は《横の関係》となる。適応指導教室で、ボランティアの学生を受け入れているところが多い。この大学生との関係には《縦》と《横》の中間的性質があり、《斜めの関係》と呼べるだろう。学生スタッフの存在意義は、縦から横へと展開していく対人関係を媒介するはたらきにある。

　いったん子ども同士のグループが形成されると、このグループは生き物のようなところがある。一度、グループに生命が宿ると、その後は制御することがなかなかむずかしい。グループの中では、楽しいことばかりが起きるわけではない。悲しいことや、つらいことも起きる。さまざまな体験を消化することで、その子の実になっていくのである。一度活性化したグループの影響力はとても強い。小グループの体験の中ですごく成長する子どももいるし、グループの展開についていけなくなる子もいる。

　グループの中にはさまざまな状態の子どもがいるので、どのような展開になるのかを読みきれないことが多い。そこで、グループを利用しつつ、一対一の面接相談の時間を組み合わせる工夫も行なわれている。一対一のカウンセリングにおいては、基本的に子ども自身のペースを尊重しやすいからである。

⑶　トンカツよりお粥

　適応指導教室では、その子の状態に合わせて、柔軟に対応している。そのため、適応指導教室では「子どもをただ遊ばせているだけではないのか？」あるいは適応指導教室は「ぬるま湯のようなものである」といった批判を受けることもある。利用者の親も、同じような疑問を抱いて不安を感じていることがある。たとえば、「楽な場所だから、一度、適応指導教室に入れたら、二度と出てこられなくなるのではないだろうか？」と心配になる。あるいは「適応指導教室に馴染んでしまうと、子どもが自発的にそこから出ようとしないのではないだろうか？」と恐れることもある。

私は、これらの批判や恐れに対して「適応指導教室はお粥のようなものです」と説明している。適応指導教室に集まってくる子どもたちは、病み上がりのような状態である。本人の消化機能は弱っているので、それに応じた薄味な対人関係でちょうどいいのである。本人が回復してくると、いつまでもお粥を食べていることはない。薄味すぎておいしく感じなくなってくる。したがって、「ぬるま湯」から出られなくなるということはありえない。本人が、適応指導教室の中にいることに物足りなくなったり、窮屈になったりしてくるのである。

　適応指導教室内での子どもの回復は、ゆったりしたペースである。このゆったりしたペースのアクセントとなるのが《行事》である。いちばん大きな行事は、キャンプだろう。キャンプへの参加を境としてグッと回復のピッチが速くなる感じがすることがある。一方、そこでの体験を消化できない場合は、キャンプのあとに調子を崩してしまうだろう。適応指導教室にもしばらく顔を出せなくなることもある。

　キャンプ参加が問題になる場合、二通りある（修学旅行などの行事もこれに準じる）。①一つ目は、本人がその気がないにもかかわらず、親や担任教師がなんとか参加させようとしている、あるいは参加してほしいと望んでいる場合である。②二つ目は、周囲が心配しているにもかかわらず、本人が参加を表明している場合である。

　①の場合、親や教師は「キャンプの参加が再登校のきっかけになるのではないだろうか？」あるいは「参加できたことが、本人の自信になるのではないだろうか？」と願っていることが多い。このような状況で相談を受けた場合、私は「キャンプはカロリーの高い食事のようなものです」と説明している。キャンプに参加する場合は、消化機能の弱っている状態でトンカツを食べようとすることと同じである。そこでの体験を消化できれば、実になる。しかし、消化できなければ下痢をしてしまうだろう。このようなかたちで、親や教師の願いに釘を刺したうえで、「はたして本人の現状で、目の前の体験を消化できるだろうか？」という点について話し合う。ここで、結果的にキャンプに参加することになるのか、ならないのかは重要でない。このような話し合いをとおして、本人の心理的世界（とくに、本人の担っている苦し

み）に対する親や教師の理解を促進させることがポイントである。

　一方、②の状況で、親や教師から相談を受けた場合、彼らは心配しつつも期待しているという複雑な心境にある。私の場合、本人の参加の意思を尊重しつつも、「現実に参加できるかは、当日の朝にならなければわかりませんから、ドタキャンされてもがっかりしないように」と見え隠れする彼らの期待感に釘を刺しておく。そのうえで、「当日、もし参加した場合のために、グループづくりなどの下ごしらえはできているでしょうか？（行事当日から逆算して、これから準備できるでしょうか？）」あるいは「途中でリタイアする可能性があるから、当日の急な呼び出しの連絡に対応できるでしょうか？」などの話題で、親と教師と話し合う。ここでも、これらの具体的問題を切り口にして、本人の現状をより深く理解しようとすることがポイントである。

4　サナギのおわり

　私は、思春期型不登校を《サナギ》のイメージから眺めてきた。サナギの殻を無理に破ろうとすれば、より深刻な症状を引き起こすことになる。そこで、サナギの状態を尊重し、自分の力で孵るまで《待つ》ことの大切さをとくに強調した。不登校の子どものほとんどは学校生活の中へと戻って行く。中学生の不登校は長期化しやすい傾向がある。そのため、不登校状態のまま卒業時期を迎えることも多い。私は、適応指導教室をコンスタントに利用できていたり、カウンセリングに継続的に通えたりしていた子どもは、高校入学を機会に復帰していくことが多いという印象を受けている。いずれ学校に戻るにせよ、どのような心理的環境でサナギ時代を生きたかは、その後の本人の状態に多くの影響を与えるだろう。

　たとえば、①「怠け者」として白眼視されて、針の筵のような家庭でその時期を通過したのか、あるいは②狭いながらもくつろげる心の居場所があり、サナギ時代があたたかく守られたのか、そして③自分でもよくわからないような深層心理についての理解者との出会いがあったのか。この３つの場合は、それぞれその後の状態が違うだろう。できるだけよい環境で《サナギ》を尊

重する必要がある。

　しかし、不登校の子どもを抱えた親は、必ず不安になる。担任も同じだろう。彼らを支えるあたたかな人間関係と専門的見通しが、スクールカウンセラーには期待されていることを重ねて強調したい。

[参考文献]
河合隼雄（1970）：カウンセリングの実際問題　誠信書房
河合隼雄（1987）：子どもの宇宙　岩波新書
河合隼雄（1992）：子どもと学校　岩波新書
河合隼雄（2000）：おはなしの知恵　朝日新聞社
中井久夫・山口直彦（2001）：看護のための精神医学　医学書院
山中康裕（1978）：少年期の心　中公新書
山中康裕（1996）：臨床ユング心理学入門　PHP新書

（篠原　道夫）

6-4 児童相談所との連携

1 虐待の増加とその取り組み

(1) 児童相談所とは

　児童相談所とは、児童福祉法に基づいて設置されている公的機関で、発達期（0歳〜18歳未満）の子どもとその家族に対する相談や援助を行なう機関である。児童福祉の理念である児童の生きていく権利、心身ともに健やかに育っていく権利、幸福な生活を享受する権利を守るため、戦後の戦災孤児救済にはじまり、時代に応じてさまざまな役割を担ってきた。

　現在では多くの場合、各都道府県をいくつかの管轄地域に分け、その地域のあらゆる生活上の問題を扱っている。所内には相談員・児童福祉司・保育士・看護師・心理判定員、また医師もおり、さまざまな職種の職員がチームで問題解決にあたる。

　他の相談機関にはない児童相談所の特徴は、ケースワークといわれる生活調査によって、必要であれば児童を保護することができる点にある。児童福祉施設等への入所措置や家庭裁判所送致といった処遇のほか、警察からの身柄付き通告への対応や、児童相談所長が行なう虐待事例における家庭裁判所への「親権喪失」の申立てなど、緊急時介入も求められている。近年は虐待の増加と若年非行の変容という社会情勢により、主に虐待と非行問題に取り組んでいるという（蓑和, 2007）。

　スクールカウンセラーが児童相談所とかかわることになる場合も、同じく虐待と非行が中心である。とくに虐待の場合には、児童・生徒の生活を守るために連携を検討する場合がほとんどであり、内容は深刻である。そして、悲しいことだが、カウンセラーをやっているかぎり虐待はもはや珍しい事例ではない。学校現場にいれば必ず出会う、ありふれた現象なのだという認識

を、われわれはしっかりともたなければならない。そこで、ここでは児童相談所との連携を、虐待との関連で考えていきたい。

(2) 虐待発見のむずかしさ

　平成12年に施行された児童虐待防止法では、児童虐待を受けた児童・生徒に関する地域の通告が義務づけられた。しかし、現実には「大事にしないほうがいいのではないか」「密告するようで気が引ける」「本当かどうかわからない」といった感情が動き、学校や地域からの連絡がなされないことが多い。スクールカウンセラーが学校現場において虐待事例とかかわるさいも、この"ためらい"が壁となり、思うように動けず、葛藤を抱えることもある。このように学校と他機関との連携の中でも、とくに虐待の問題による児童相談所との連携は、そこに至るまでに多大な労力を必要とする、非常に困難な道のりであるといわざるをえない。

　スクールカウンセラーが虐待とかかわるさいに行なう仕事は、①虐待の発見、②情報収集を含めた本人・周囲への介入、そして③外部との連携が必要な場合には外部機関への仲立ち、④連携後の「分担しながらの連携」に大別される（伊藤・大杉他, 2002）。

　虐待の発見には、子どもたちの様子に最も気づきやすい養護教諭・担任からの情報が大切になる。虐待発見のむずかしさは「虐待を受けている」と子どもが直接訴えることがないこと、つまり言動から間接的に理解しなければならないところにある。カウンセラーは「虚言が多い」「理由がはっきりしない遅刻や欠席が多い」「万引きなどの非行」など、さまざまに指摘されている虐待を受けている子ども、虐待をしている親の特徴を見過ごさないように、十分な知識をもつことが必要である（奥山・浅井, 1997）。

　そして、子どもの話を聴くときには、十分によい関係ができてから、子どもが安心できる状況で、侵襲的にならないように聴くことを心がける。また、たとえひどい虐待を受けていることが明白であっても、親を悪く言ってはならない。とくに年少であればあるほど、子どもは「お母さんが"悪い"お母さんになってしまったのは、自分が悪い子だからだ」と思っている。親が責められるほど、子どもは罪悪感を強め、いよいよ虐待の事実を隠していく。

⑶　役割分担をしながらサポートする

　虐待の問題が明らかになったとしても、学校内だけで解決することはむずかしい。民生委員や児童相談所など、家庭に直接はたらきかけることができる機関と連携をとって、役割分担をしながら子どもを支えていくことが必要である。児童相談所に通告されたあとは、緊急でない場合には児童福祉士などが家庭を訪問し、子どもを家庭から切り離さないようにしながら、親子関係の調整を行なう。これを「在宅指導」という。しかし、緊急の場合には、子どもを一時保護所に預かったうえで子どもをケアし、親の支援をする「一時保護」や、乳児院や養護施設などの児童福祉施設に入所させる「施設入所」の措置がとられる。

　いずれにしろ、これら一連の流れを一貫して支え見守ることができるという意味で、学校の果たす役割は重要である。スクールカウンセラーは、それぞれが協力して対応できる体制となるよう、各機関の橋渡しとして、主体的に根気よくかかわりつづけることが大切である。

　そして、もうひとつ重要なことは、子どもにかかわる教師など周囲への心理的サポートである。虐待にかかわるということは、人間の生々しさに触れるという行為でもある。自分の中に湧き起こる猛烈な怒り、やりきれなさ、何もできない自分に対する無力感や情けなさ、そして人間への不信感など、さまざまな感情に晒されつづける。この状況は、人の心を疲弊させていく。長期にわたる連携を支えていくためには、子どもを支える周囲の大人たちが、支えられ守られていなければならない。そして、虐待という事実と向き合いつづけていくためには、虐待とかかわる経験を、いわゆる「二次外傷」といった傷を負うものにしてはならないのである。

　このような周囲へのサポートを含めたうえでの、カウンセラーによる虐待事例へのかかわりを、事例を通して整理し、検討していきたい。なお、事例に関しては、プライバシーの関係上、本質を保持しながら大幅に変更したうえ、複数の事例をもとに創作したものあることを、お断りしておきたい。

2 事例の紹介

⑴ 長期不登校の中1のA子ちゃん

　A子ちゃんは公立中学1年生の女子生徒である。小学校低学年のころより不登校で、中学に進学したあとも一度も登校していない。小学校の担任たちは折りをみて保護者に連絡し、家庭訪問を提案したが、母親は自身のパート勤務を理由に遠回しに拒否しつづけていた。A子ちゃんが中学に入学する時点での小学校・中学校教師連絡会議では、A子ちゃんのことについて申し送りがなされたが、実際A子ちゃんがどんな女子生徒であるのかを知る教師は一人もおらず、彼女の風貌さえ、だれもわからなかった。

　A子ちゃんには父親がおらず、母親と3歳年下の弟の3人で生活していた。母親は30歳代半ばであったが、見るからに若づくりで、年齢不相応の派手な服装をしており、人目を引く。A子ちゃん一家が住む地域から離れた、大きなターミナル駅の駅ビルに入っている、10代から20代前半の女性向けに洋服を販売する洋品店で働いていた。父親は母親と高校の同級生であったというが、A子ちゃんが2歳のときに離婚してから音信不通という。母親は違う男性と再婚し、弟を出産するが、数年で離婚、その後も2～3年の周期で男性と付き合っては別れるということを繰り返し、安定しない。そのたびに自殺騒ぎを起こし、警察が介入していた。

　母親は、A子ちゃんの弟であるB君のことを溺愛していた。いつも雑誌から出てきたようなおしゃれな服装をさせ、二人連れ立って歩く姿もよく見かけた。B君は学校を休むことはなく、活発であるという。少々落ち着きがなく授業に集中できないこと、またときにあからさまな虚言があるが、小学校では特別問題視されていなかった。

　また、A子ちゃんには祖母がいたが、ほとんど行き来がないようであった。B君の担任の話によると、母親と祖母の折り合いが悪いようで、B君がリレーの選手に選ばれた運動会で、見に来た祖母と母親が保護者席で罵り合いの喧嘩をはじめ、教師が仲裁に入ったことがあったという。60歳代にはなっているのだろうが、派手なサングラスをかけ、ゴールドのアクセサリーと真っ

赤な爪をした祖母の姿も、母親に負けず劣らず人目を引くものだったという。

⑵　学校につなげることを最優先

　このような状態の中で、教育相談担当でもあったＡ子ちゃんの担任教諭は、学校で配布される資料やお知らせを添えて、彼女に手紙を書きはじめた。初めは自己紹介、そして中学校の紹介、学校がどんな様子か、学校生活がどのように進んでいるかを記したこの手紙を、担任は帰宅時に彼女の家に寄り、弟のＢ君がいれば彼に手渡し、いなければポストに入れることを定期的につづけた。母親は毎回不在だったという。

　いまから思えば、この担任の手紙こそが、外界から完全に閉鎖され他者と隔絶されたＡ子ちゃんの世界に、風穴を開けたのであった。あるとき、担任がいつもと同じように彼女の家のチャイムを押して待っていると、開いたドアの向こうに虚ろな表情で青白い少女が立っていた。どう見ても小学校３〜４年生にしか見えない小ささで、汚れた服を着て、鼻を突く異様な臭いを放っていたという。担任はその姿にあっけにとられ愕然としてしまったが、すぐに気を取り直して初めて会った彼女の名前を呼び、会えて嬉しいと伝えた。Ａ子ちゃんはぼんやりした様子で特別返答せず、封筒を受け取り、また部屋の奥に入ってしまったという。

　ネグレクト（養育の放棄）といわれる虐待は、明らかだった。担任は校長に報告し、スクールカウンセラーも入った緊急会議が開かれた。会議ではＡちゃんが単なる不登校ではないこと、何らかの介入が必要であることが確認され、今後の対応について話し合われた。世間を騒がせているような母親の暴力はなさそうなことや、弟のＢ君は「普通」であり、母親も「そんなにおかしな親ではない」ことから、危機介入を行なおうという意見は少数派であった。なかには「Ａ子が勝手にひきこもって、不潔にしているだけかもしれない。誤解して大事にしたら、親が怒って教育委員会に訴えるのではないか」という不安の声もあった。Ａ子ちゃんへの組織的介入を提案する担任とカウンセラーの意見とは裏腹に、学校は担任が継続してＡ子ちゃん宅に通い、様子を見守る方針を採用した。

　担任は学校の無理解に憤り、Ａ子ちゃんを救ってあげられない無力感に打

ちひしがれていた。スクールカウンセラーも同じく、心理士としての倫理と、学校組織の一員であることの葛藤に苦しむようになっていった。担任とカウンセラーは、A子ちゃんが彼女なりのSOSを出しはじめていることを解決への一歩と捉え、このサインを見逃さず自分たちでできることからやっていこうと、おたがい励ましあい支えあい、何とかこの時期を乗り切っていった。

　A子ちゃん宅への訪問を、担任は根気よくつづけた。この時期、担任とスクールカウンセラーはA子ちゃんを外界につなげることを当面の目標とし、まずは担任とカウンセラーを足場にして、どのようなかたちであれ学校につなげることを最優先とした。そして、十分関係が形成されたのちに、彼女自身に家での生活について聞くことにし、それまでは児童相談所への通告や学校組織としての対応は控えることにした。

　夏も終わりに近づき、虫の音が聞こえてくるようになったころから、A子ちゃんが戸口へ出てくる回数が増え、一言、二言の言葉も聞かれるようになった。ある日の訪問で、担任は思い切って彼女を放課後の職員室に誘ってみることにした。A子ちゃんは予想に反し嫌がることはなく、黙ってこくんと頷いた。

　翌日の放課後、担任がA子ちゃん宅に迎えにいくと、すでに帰宅していたB君が「学校なんかに行ったら、お母さんに怒られるぞ」と不機嫌に声をかけた。A子ちゃんは聞こえないかのように無表情でその横を通り過ぎ、黙って靴を履きはじめたという。学校に到着したA子ちゃんと担任は、カウンセラーが待つ相談室にやってきた。カウンセラーは初めて会ったA子ちゃんに挨拶し、担任と3人で1時間近く過ごした。A子ちゃんは他の教室と違い、絨毯が敷かれ遊具や画用紙が置いてある相談室の様子を、不思議そうに眺めていた。ふと気がつくと、彼女のお尻のあたりが不自然に汚れている。彼女の異臭が排泄物の乾いた臭いであることに気がついたのは、彼女が相談室を出て行ったあとだった。

　さて、登校したA子ちゃんの様子を見た他の教師たちは、ことの重大さに気づき、衝撃を受けたようだった。職員会議での報告を経て、再度A子ちゃんへの対応を検討した結果、児童相談所などの外部機関との連携を行なうことが決まり、教頭・学年主任・養護教諭・担任・カウンセラーによる定期的

な対策会議が開かれることになった。そして、校長による児童相談所通告のあとは、児童相談所相談員や民生委員も参加する拡大ケース会議を学校で行なうことになった。

⑶ 民生委員・保健師や学校のサポート

　児童相談所ではＡ子ちゃんの家庭を訪問し、まずは在宅指導が行なわれた。同時に夜も不在がちの母親をサポートする意味で、民生委員と保健師が家事の援助を行なうことになった。そこでわかったことは、Ａ子ちゃんは家の中の一室にほとんど放置されており、入浴の仕方はおろか、排泄訓練も十分済んでおらず、自律的な生活がほとんど送れていないということであった。14歳を迎えようとするＡ子ちゃんは、糞便がこびりつき漏れた尿が乾いた紙おむつを、週に１回取り替えるだけであったため、異様な臭いを発していたようである。

　民生委員や保健師のサポートにより、Ａ子ちゃんはお風呂の入り方やトイレの使い方を学んでいった。そして、洗濯機の使い方や洗濯物の干し方を学ぶと、自分でも清潔に気をつけるようになっていった。一方、母親はＡ子ちゃんの世話に対して、Ａ子ちゃんが赤ん坊であった時期に自分が非常に大変だったため、トイレのしつけなどができなかったこと、周囲の子どもと比べて明らかに育っていない彼女を前にすると「もう手遅れ」だと感じ、そのまま放置してしまったと後悔した。しかし、同時に「男の子は可愛いけど女はいや」と言い、「初めの旦那のせいで自分の人生は狂ってしまった、その旦那の血を引いているＡ子に愛情がわかない」と述べ、母親自身の未成熟さが露見した。

　そんな中、学校ではほとんど手付かずとなっているＡ子ちゃんの学習面の援助のために、放課後を使った学習支援が行なわれた。また、徐々に在校時間を増やせるように、保健室登校、相談室登校が認められた。

　相談室ではカウンセラーと二人で、お絵かきをすることが多かった。二人で物語をつくっては、紙芝居にする。Ａ子ちゃんにだんだんと表情が生まれ、カウンセラーの耳に口を近づけて彼女の考えた主人公の台詞を言ったり、物語の今後を話したりするようになった。Ａ子ちゃんはそのうち、カウンセラ

ーや担任にべったりとくっつき、ときに膝に乗ることもあった。彼女の中で凍結していた他者への愛着や愛情希求が、具象的な身体的温もりへの欲求として現われているのだと理解された。

　Ａ子ちゃんは、そんな密着した担任やカウンセラーとの時間に満足していたが、ときに他の生徒が相談室に入ってきたり、担任が他の生徒に話しかけているのを見かけたりすると、急激な激しい癇癪を起こすようにもなっていった。学校でどこまで、どのように彼女の内的世界にかかわっていくかが課題となり、児童相談所の担当者との話し合いでは、この点が検討課題となった。そして、彼女の心理的ケアを行なうために、学校以外の構造化された空間で行なわれる心理療法の導入や、精神科との連携もしばしば話題にあがるようになった。

　そんな中、母親から児童相談所に対して一時保護の要望が出された。母親はＡ子の面倒をみるのが苦痛だという。そして、自発性が出てきたＡ子にイライラし、このままだと暴力を振るってしまいそうで怖いと訴えた。児童相談所は現状を総合的に判断し、一時保護を受け入れ、さらに話し合いの結果、Ａ子ちゃんは施設へ入所することになった。

(4)　本格的な心理療法の導入

　その前後のＡ子ちゃんの相談室での様子は、当然であるが不安定であった。イライラして画用紙にただ殴り書きをするかと思えば、カウンセラーに対して非常に高圧的になり、「○○を書け」と命令する。それが自分の思うとおりでないと、地団太を踏んで怒るといったことを繰り返した。施設入所が決まった直後、Ａ子ちゃんは「先生、内緒のお話だよ」といって、次のようなエピソードを話してくれた。

　実は自分には、目に見えないお友達がいるのだという。その子はいつも自分を見守ってくれていて、嫌なことがあってもその子とおしゃべりをしていると楽しくなる。ただ学校には、その子は来ないという。学校に来る途中の公園で待っているから、家に帰る前に必ず公園に寄って、その子とおしゃべりをしながら遊んでから帰る。そして、小さいときからずっとその子と一緒だったので寂しくなかったこと、ただおしゃべりをしているところを母親に

見つかると「気色悪いガキ！」と言われるので、内緒なのだという。A子ちゃんが過酷な子ども時代の中で空想の友達を生み出し、自己の崩壊を防いでいたことが明らかになり、改めて彼女の心の傷の深さを認識させられた。そして、彼女の成長のために、彼女の心理的ケアが重要であることをカウンセラーは痛感した。

学校での心理的ケアには限界があり、本格的な心理療法の導入が必要と考えたカウンセラーは、次の関係者会議でこのエピソードを報告し、彼女への個人心理療法の導入を求めた。児童相談所の担当者と共に、教育相談所への通所や医療機関受診の可能性を協議した結果、入所が決定している施設に在籍する心理士に、個人面接を担当してもらうことになった。

カウンセラーは現在までの経過、A子ちゃんに対する見立てを含めた報告書を作成し、児童相談所担当者を介して、入所施設の心理士に渡した。後日、心理士から学校に電話があり、それぞれの役割分担が話し合われた。学校での対応は、まず大幅に遅れている勉強面の支援を継続して行なうこと、また同年代の子どもたちとの対人スキル獲得をサポートしていくことが確認された。またカウンセラーは、相談室というA子ちゃんにとって安心できる学校内での居場所を提供し、今後起こってくるであろう友人関係でのさまざまなストレスや問題に具体的に取り組んでいくための、自我補助的役割を担うことになった。

こうしてA子ちゃんは施設に入所していき、その後さまざまな問題にぶつかりながらも、無事中学を卒業していった。

3　援助する側のための「連携」も

A子ちゃんのケースでは、最終的に学校が介入に乗り出し、児童相談所を含めた他機関・他職種による連携が実現したため、危機的状況から脱することができた。しかし、この「他機関との連携」につなげる前の「校内での連携」を実現させるまでに、多大な時間を要した。それでも困難を乗り越え連携につなげていけたのは、ひとえに担任の誠実で粘り強い対応にあったといえる。

担任は教育相談担当であったこともあり、自分のなすべき役割をしっかり認識して対応にあたっていたが、その精神的・時間的負担はかなりのものであった。A子ちゃんの様子を実際に目にしたにもかかわらず、具体的に介入できない時期のやるせなさは、言葉にしがたいものであったろう。スクールカウンセラーは、具体的な方策を共に考えると同時に、担任が孤立しないよう気をつけ、気持ちを支えていった。そして、その過程はカウンセラー自身が逆に支えられる体験でもあった。実際にA子ちゃんの家庭への介入が行なわれたころには、担任とカウンセラーの間には、ある種同志のような信頼感と連帯感が生まれていた。

　虐待のように危機的で困難な場面にぶつかったとき、援助されるべき児童・生徒のために多くの人材がかかわり、「連携」をはかることが有益であることは、これまで指摘されてきたとおりである。同時に、援助する側のためにも「連携」は重要な支えとなるのではないだろうか。人を信じられなくなるような場面に出喰わしたとき、「この人は信じられる」と思える人がそばにいることが救いになる場合がある。カウンセラーと教師、そして学校と児童相談所との連携が、単なる協力関係を超えて、おたがいを信じられる強力なパートナーに成長していくことが、虐待問題を解決していくうえでの大切な要素となる。

[引用文献・参考文献]
伊藤美奈子・大杉紀美子・井野英江（2002）：児童虐待　村山正治・鵜飼美昭編　実践！スクールカウンセリング，pp.134-145．金剛出版
奥山真紀子・浅井春夫編（1997）：子ども虐待防止マニュアル　ひとなる書房
蓑和路子（2007）：児童相談所と学校との連携　精神科臨床サービス，7(1)，pp.61-64．星和書店

（堀江　姿帆）

6-5　大学における学生相談

1　「学校臨床」の具体化

　学校という教育機関の場に、相談業務を独立して行なう「学校臨床」が具体化したのは大学が最初である。その意味で、歴史はあるものの、大学の多くに設置されるようになったのはまだ最近のことといえる。各大学によってその位置づけやスタイルもさまざまであり、いまだ発展途上の一面もある。
　大まかではあるが、学生相談の実際について述べてみる。
　相談室というと、以前は「重篤な問題を抱えている人」「病気の人」が行くところと思われていた。小・中・高にスクールカウンセラーが配置されるようになってから、相談室は身近なものとなり、いよいよ困り果てて足を運ぶ場から、気軽に立ち寄ることのできる場へ変わってきているのが最近の状況といえる。そのことは、学生本人だけでなく保護者にとっても同様で、以前に比べて保護者からの相談もごく日常的なこととなりつつある。いままでは親からの相談というと、そのほとんどが母親からであったものが、父親からの相談件数も増えていて、日中の時間帯にもかかわらず父親からの電話相談を受けることもある。と同時に、保護者のみが来談するケース、しかも両親揃っての来室も珍しいことではなくなっている。
　さらに、家族への広がりだけでなく、教員や職員からの相談の場として相談室が活用されることも多くなっている。

2　どのような相談があるのか

　大学の学生相談では、相談の内容は多岐にわたる。大別すれば、学業や自己の成長に関しての悩みがメインテーマになるケースと、心理的・病理的背

景によって学生生活に不都合が生じ、心理的なケアや医療との連携が必要とされるケースがある。どちらの場合でも、学生本人にとってよりよい学生生活が送れることをめざして、個々に応じた援助を試みていくという点では同様である。

　相談の具体的な項目をあげてみる。
・希望していた学校ではないところへ入学して、将来の設計が狂ってしまった。
・受験という目標がなくなってから何をしたらよいかわからなくなり、勉強への意欲もなくなってしまった。
・何も考えずに、受かった学部に入ってみたが、内容にまったく興味がもてず、授業にもついていけない。
・いまの学部の勉強が将来にどうつながるのか、就職に有利なのか不利なのか気にかかる。
・ゼミでの人間関係がむずかしい。
・指導教員との関係がうまくいかず、研究が進まない。学校へ来ることが苦痛になっている。
・○○の資格をとりたいが、どのような準備を進めていけばよいかわからない。
・深夜までのアルバイトで生活のリズムが乱れ、朝起きられず、午前中の授業に出られなくなってしまった。
・サークル活動に熱中していて勉強ができなかった。留年になりそうだが、なんとか単位をもらえる方法はないか。
・人前では周りの人たちについ調子を合わせてしまうが、実はとても疲れてしまう。
・うまく話題をつくることができずに友達ができない。最近は一人でいることが多くなってしまった。
・家族から中・高生のころと同じように干渉されて、他の人たちと同じペースで行動できない。
・身に覚えのない商品購入による金銭トラブルがおきてしまった。
・自分の性格について知りたい。

・就職活動を始めてみたが、自分が何をしたいのか、何に向いているのかわからなくなってしまった。
・電車やバスに乗ると不安になるので、途中何度も降りながら通学している。そのため、授業に遅刻することも多く、困っている。
・小学生のころから授業中にじっとしていることがむずかしかった。大学で授業が90分になり、どうしても最後まで教室にいられない。先生になんと説明したらよいのか。
・太るのが嫌でダイエットしている。友達にはそう思われたくないので、昼食はみんなと同じように食べているが、本当はすぐに吐いてしまいたい。
・家族や友達の前ではイイ子になっているが、ときどきストレスを感じて面倒になる。そういうときにリストカットしてしまう。
・アパートの部屋に盗聴器が仕掛けてあるらしい。今朝のニュースで自分の悪い噂を言っていた。
・（保護者から）遠隔地なので家族と離れて一人暮らしをしている。順調な大学生活を送っていると思っていたが、実はほとんど学校に行っていないことがわかった。本人に聞いても事情を話さない。どういう対応をしたらいいのか。
・（保護者から）中学のときにアスペルガー障害という診断を受けた。高校は周囲のサポートにより、なんとか問題なく過ごせてきたが、大学では状況が違ってくるのではないかと心配している。

　このように、学業・学生生活に関する相談のほか、身体の病気・発達障害（ＡＤＨＤ；アスペルガー障害等）・不登校・引きこもり・パニック障害・摂食障害・うつ病などの相談も多い。
　大学では授業の出席や登校自体、学生の主体性に委ねられているので、大学生の不登校というのは存在しないのではないかという議論もあるが、存在するのが実態といえる。本人も行かなくてはと思いながら行けないことへのジレンマも大きく、家族（親）にしてみれば、せっかく入ったのにという思いや、望みを託した大学になんとか通わせたいという思いから焦る気持ちが募り、相談に訪れる保護者も少なくない。

投薬が必要と判断される事例の場合は、本人の不安を煽らない配慮をしながら、速やかに医療機関へ紹介していく必要がある。投薬が必須でない場合でも、重い摂食障害や自傷行為など身体への影響が顕著であれば、医療機関へつなぐことを念頭に置かなければならない。

　性同一性障害や依存症（アルコール・ギャンブルなど）の相談もあり、セクハラ・パワハラ・アカハラなどの問題が持ち込まれることもある。

　相談の内容にかかわらず、相談室が訪れやすいところであるかどうかという問題もある。敷居を低くするという点では、「東大式エゴグラム」などの簡単な心理テストをいつでも受けられるようにしておくことや、相談室にある心理学関連の図書の貸出しを行なうことは、相談室や心理学に関心をもつ学生も気楽に立ち寄ることができ、間口を広くすることに役立ってくれる。

3　学内外における連携の必要性

　これらさまざまな内容について、すべてカウンセラー一人で解決していこうとするのは、学生相談においては賢明な方法でない場合もある。必要に応じて適切な場へつなげることも大事な役割の一つである。

(1)　各学部教員との連携

　勉強の方向性や資格の取得、転部の希望などについては、専門分野の教員から直に話を聞くことで現実感のある検討が可能になる。ただ、学生にとっては、いきなりどこへだれを訪ねて行けばいいのかわからない場合が多いので、その道筋を提示するなり、状況によってはセッティングをすることもある。

　また、法学部などには弁護士資格をもっている教員もいるので、可能であれば、必要に応じて法律相談にのってもらえる体制を整えておくのも一案である。

(2)　各部署職員との連携

　単位修得や授業に関する問題は教務課、奨学金などは学生課、留学に関し

ては、就職に関しては……とそれぞれに専門的に相談にのってくれる部署はあるが、窓口は忙しく、常に他の学生が出入りしている状況にある。カウンセラーが若干のクッションの役割を果たしたり、事前にどのようなことが学生に伝えられる情報なのかを職員から学び、把握しておくことでフォローもしやすくなる。

⑶　保健室の医師との連携

　これはかなり重要な連携である。医師とのよい信頼関係がもてることは保健室・相談室相互のメリットに大きく影響を与えると考えられる。学生にとっては、窓口が別々になっていることで、身体の問題として、あるいは心理的な問題として、自分で窓口を選べる利点がある。とりあえずどちらかに行ってみたという学生の場合、医師の診断が必要な学生には、あまり心理的負担をかけずに医師を紹介をすることが可能であるし、医師が面接をしてカウンセリングが必要と判断した場合は、医師から相談室を紹介されることもある。

⑷　地域の医療機関との連携

　地域近隣の医療機関についても把握しておく必要があるだろう。できれば、どのクリニックにはどういう医師がいて、どのような診療を行なっているのかなどが了解できていれば、紹介する側としても安心である。可能であれば、ふだんからコンタクトを心がけておくのもよいだろう。
　その他、地域の公共機関・消費者センターなどの情報も把握しておくことが望ましい。

⑸　守秘義務とネットワークづくり

　これら各方面への連携が円滑に運ぶためには、日頃から連携に対する心がけが必要である。連携をとるということは、すべての情報を共有して進めていくということではない。むしろ、連携をとっていくためには、まず守秘義務の意味について正しい理解を得ていくことから始めなければならない。守秘義務の遂行は、周囲からの信頼がなければ成り立たない。守ることの意味

をおたがいに理解し合えていなければ、それは単に隠すことになってしまい、見えない不信感を募らせることにもなりかねない。

また、守るだけでなく、事柄の重要性や緊急性など、必要に応じては協力を惜しまないことも同時に伝えなくてはならない。

相談室という場をできるかぎり実際に「見て」もらい、何をどのように行なっているのかを「知って」もらい、「何ができて、どのように役に立てるか」を理解してもらうための積極的な努力が必要である。ふだんから各分野の職員・教員と顔を合わせる機会を多くもつようにしておくことは、大切なネットワークづくりの一環となる。

こういった連携は学生相談の重要な基盤となるものなので、地道に周囲の理解を得ていくという作業は不可欠であり、その素地づくりには時間と、ときに忍耐が必要となる。学生相談が学内において望ましい機能を発揮できるかどうかは、その場（カウンセラー）が、学内での信頼をどれだけ得られるかに拠るところが大きいといっても過言ではない。学生相談の場は大学内では独立した存在でありながら、決して孤立した場にならないことが大切である。

4　カウンセラーとしての専門性

大学内の学生相談であっても、基盤にある考え方・姿勢は心理臨床であることはいうまでもない。心理的治療にのみ重点が置かれるものではないが、表面にある問題を片付けていくことだけが必要なのでもない。さらに、本人が行なうべき事柄を肩代わりしていくことでもない。本人にとって必要な、なすべきことが実行できるよう、少しでも自分自身の力で問題解決に向かっていくことができるようサポートをしていくことである。

学生相談とはいえ、まったく枠をもたなくていいというものではない。状況に応じて個々の取り決めや約束ごとも必要になってくる。枠にこだわりすぎて現実の動きにそぐわなくなるようなことは本末転倒であるが、枠をもつことの意味を十分に理解したうえで、核となる部分は譲らず、柔軟な対応ができることが望まれる。核のぶれなさ・強さがあってこそ、幅の広さ・柔軟

さが意味をなすことを理解しておくべきであろう。

　カウンセラーが個々の得意とする手法・技法をもっていることに問題はないが、特定の理論や技法にのみ固執することは、学生相談においては避けるほうが賢明である。望ましいのは、広くさまざまな理論や方法を理解したうえで自分の手法をもっていることである。

　現実的な問題解決のためには、本人の努力の可能な範囲と、学校として許容できる枠の範囲との折り合いが検討されなければならない。際限なしに融通していくことがよいわけではない。現実を生きていくためには、可能なこと・不可能なこと、あきらめるべきこと・あきらめてはいけないことを知っておく必要がある。ときに、ままならぬ現実を受け入れていくことの手助けをしていかなくてはならないこともある。必要なのは、学生本人が自分自身の力でそれを判断していくための援助である。

　うつ病など、医師とのつながりや投薬が必須の状況では、医師につなぐことを第一にすべきであるが、うつ病でも登校が可能で相談室への来室を希望する場合、心がけるべき点は医師による治療の妨げにならないことである。医療機関にかかりながら相談室を訪れる学生に対しては、相談室は大学での学生生活をサポートすることに目的を置き、学生が二重のメッセージを受けて混乱するようなことは極力避けなければならない。

　また、卒業までの時間の中でできることの範囲についても留意する必要があるだろう。中途半端に傷口を広げたままになることがないようにしなければならない。個々にとって、よりよい学生生活になることを望むことから学生相談は始まるのである。

　最近の学生は「葛藤をもつこと」・「悩むこと」自体が年々むずかしくなってきているのではないか、という印象がある。考える前に方法や答えが用意されているような体験の積み重ねの中からは、自分自身で問題点を見つけて解決の方向性を探るという、自主的・主体的な展開は期待しにくいのかもしれない。

　自分自身で悩んだり、考えたりする前に「どうすればいいか」「何をすればいいか」という直接的な答えを求めに来室する学生も多い。

直接の答えを提示できることも大事ではあるが、そこに至る過程を共に考える場として機能できることがより大切であることはいうまでもない。
　相談の内容がどのようなものであっても、それをきっかけとして学生自身が主体となって問題の解決に向っていけるようにサポートすることが学生相談の役割ではないだろうか。

［参考文献］
河合隼雄・藤原勝紀編（1998）：心理臨床の実際　第3巻　学生相談と心理臨床　金子書房

（正田　節子）

あとがき

　スクールカウンセラーに限らず、カウンセラーと称する人の多くは、それぞれに師が存在する。あるいは、学んできた心理療法の立場がある。もちろん、カウンセラーとしての倫理、基礎的な理論や方法については、どのような立場であっても共有しているものがある。また、スクールカウンセラーとしての基本的な役割についても、それぞれの地域で研修がなされていることだろう。だが、学んできた立場によって人間理解が異なることもあり、クライエントへのアプローチもさまざまであるのがスクールカウンセリングの実状ではあるまいか。
　そこで、本書の執筆者の立場についてふれておきたい。
　編者の一人である馬場は、力動的な立場からの仕事が多く、他の執筆者たちも力動的な立場を学んできた。そのため、本書は、一般に「力動的」「精神分析的」と呼ばれる立場からの、スクールカウンセリングの基礎知識と、その経験についてまとめたものであるといえる。それが、本書の特徴の一つである。また、スクールカウンセラーによる事例集はすでにいくつか公刊されており、本書も事例を中心に編まれているが、同じ立場を学んできた仲間によって執筆されている点が、類書にはない本書のもう一つの特徴といえる。
　ところで、本書の読者は、その内容が必ずしも力動的な立場に偏っていないことに驚かれるかもしれない。それは、ひとえに馬場の人柄によるものである。弟子の勝手な印象ではあるが、先生には精神分析に対してほどよい距離があるように思う。
　かつて日本精神分析学会には、学会の体質を変えようとする大きな運動があったと聞いている。学会の動乱が、馬場にとっていかなる経験であったのか、本人はあまり多くを語ってくれないが、この動乱の体験が精神分析とのほどよい距離の保ち方と関係しているのではないかと推測する。一方で、このことは、私たちにとって幸いなことであったかもしれない。私たちは、精

神分析について教条主義的に指導されることがなかったからである。私たちは、馬場のもとで、のびのび育てていただき、現在に至っている。

　私たちは馬場のもとで共通して学んでいるものがある。それは、先生の「人間への誠実な姿勢」である。したがって、本書も「力動的立場」にあまりこだわらず、ただ自分の行なっている地道な活動を真摯に伝えることをめざした。

　本書の方針として、馬場から「スクールカウンセラーをめざす初心者にとって実際に役立つもの、むずかしい理屈を書かないこと、そして、学校現場にいかに取り組むか、熱情のあるもの」という基本方針が示された。そこで、それぞれの執筆者に、熱情をもって書き上げられるテーマを選んでもらった。つまり、体裁を気にせず、それぞれが大切に思っていることを書こう、という方針となった。その原案をもとに、編者が本書の構成をつくった。また、全体のバランスを考え、何人かの執筆者には、編者から新たなテーマをお願いすることもあった。幸い、みなさんが快く引き受けてくださった。最も苦心した点は、事例の記述についてであったが、各執筆者とも事例の本質は変わらないように留意しながらも、相当な改変を行ない、守秘義務に配慮した。

　本書は、むずかしい専門用語をなるべく使わず、わかりやすい記述を心がけたので、力動的立場ではない学派の人たちが読んでも、参考になるものがあるのではないかと期待している。本書のめざすものにその内容が適っているか、読者の方々からの率直なご意見をお聞かせいただきたいと思っている。

　次に、本書成立の経緯についてふれたい。

　私たちは、現在、ほぼ月に1回のペースで、馬場謙一先生を囲んで研究会を行なっている。メンバーはみな、略して「ババケン」と秘かに呼んでいる。本書の執筆者の一人である篠原道夫が1998年5月に配布した「馬場研究会の全貌」というレジュメによると、先生が群馬大学兼任教授として横浜国立大学に赴任された1990年から研究会はスタートしている。

　研究会では、専門書を読むこともあるが、事例検討が中心となっている。当初は、病院やクリニックでの個人心理療法の事例を検討することが多かった。その後、スクールカウンセリングに携わるメンバーも増えていき、学校

での事例を検討していくなかで、自然とスクールカウンセリングについての議論も増えてきた。

また、本書刊行の直接のきっかけは、2005年の忘年会のときに、本書の執筆者の一人である小西健が酔った勢いで、馬場先生に「今後、本を出されるご予定は」と質問したことにはじまる。私は、なんてことを……と思いつつ、どこかで、よくぞ聴いてくれたと思った。思いは小西と同じであった。その前年の、2004年、研究会のみんなで先生の古稀のお祝いをさせていただいた。そのあと、私だけかもしれないが、何か寂しさのようなものが残った。小西はその雰囲気を感じとってくれたのかもしれない。私も、今後の出版の可能性について、先生の発言に注目した。すると、先生は、意外にも研究会のみんなで出版しようと言ってくださったのである。ちょうど、スクールカウンセラーの初心者のための必読書をつくりたいから、とのことであった。

私は、先生のご厚意で共編者にしていただいた。それは、本書を企画した言い出しっぺのなかに私がいたこと、言い出しっぺのそれぞれが忙しくなったこと、そして、こういう仕事が好きな私が連絡係を引き受けたことによる。共編者にしていただき深く感謝している。

ここで、私事を述べさせていただくことをお許し願いたい。私は、修士課程のとき、「心の教室相談員」として中学校で生徒の相談業務に携わった。それが学校での心理臨床のスタートである。一方、大学の相談室で、個人心理療法の経験も積むことになった。個人心理療法での経験と、学校臨床での経験、それらは初心者の私にとって、まったく異質に思えた。とくに学校臨床では、時間や空間を一定に保つどころではなく、学んできた臨床心理学の知識では対応できず、工夫が必要であり、手探りであった。そのような初心者のために、本書はある。

私の場合、一人で悩むことが少なかったのが幸いであった。仲間がいたし、師がいてくださった。たまたま馬場先生のお宅と私のアパートの方向が近かったという幸運もあり、大学の帰途、車に乗せていただく機会がたびたびあった。横浜から東京まで、ラジオから流れるニュース、音楽、巨人軍の話、小説の話、山登りの話、そんな何気ないちょっとした時間であったが、そのなかで、私は、本当に安らいだ気持ちでいた。先生は、緊張しすぎて空回り

しやすい私をほぐしてくださったのかもしれない。ごくたまに、臨床の極意のようなものにふれることもあった。いまからすると、あれは、学生の私にとって、理想のスクールカウンセリングであったように思う。

　スクールカウンセラーとしての自らの活動を振り返ってみると、スクールカウンセリングの過程は、クライエントやクライエントを支えるみなさんとの団体旅行のようなものかもしれない、と思う。そのようなものだとすると、旅の道しるべとなるような"地図"をつくることが本書のめざすところであった。だが、完成してみると、本書は"地図"を示しただけでなく、それぞれの"旅行記"のようなものになったのかもしれない。"旅行記"には旅人の想いが込められている。スクールカウンセリングにかかわっているみなさんの、それぞれの旅路のなかで、ふと本書の記述がお役に立てば幸いである。

　また本書が、スクールカウンセラーをめざす学生の方々や、教員の方々はもちろん、悩みの渦中にあるクライエントやそのご家族の方々に、希望の灯りをともすものとなるならば、これ以上の喜びはない。

　最後に、日本評論社の遠藤俊夫氏には、たいへんお世話になりました。ベテラン編集者である氏の誠実で率直なご助言のおかげで、本書が実現したものと感謝しています。

2008年3月

松本　京介

● 執筆者一覧 (執筆順)

馬場謙一（ばば・けんいち）　　　　　はじめに、1-1担当
　放送大学客員教授

福森高洋（ふくもり・たかひろ）　　　1-2、5-4担当
　たかつきクリニック

松本京介（まつもと・きょうすけ）　　2-1、3-2、あとがき担当
　新潟医療福祉大学社会福祉学部

岡元彩子（おかもと・あやこ）　　　　2-2、4-1、5-1担当
　成城墨岡クリニック分院

板橋登子（いたばし・とうこ）　　　　2-3、3-3、6-2担当
　成城墨岡クリニック支援センター

鈴木朋子（すずき・ともこ）　　　　　2-4担当
　関西医科大学精神神経科学教室

三橋由佳（みつはし・ゆか）　　　　　2-5担当
　成城メンタルクリニック

北　良平（きた・りょうへい）　　　　コラム担当
　洗足クリニック

池田なをみ（いけだ・なをみ）　　　　3-1、5-2担当
　横浜国立大学大学院・支援センター

岩倉　拓（いわくら・たく）　　　　　3-4担当
　守屋クリニック

髙橋由利子（たかはし・ゆりこ）　　　4-2担当
　目白大学心理カウンセリングセンター

小西　健（こにし・たけし）　　　　　4-3担当
　帝京大学ちば総合医療センター

堀江姿帆（ほりえ・しほ）　　　　　　5-3、6-1、6-4担当
　東京成徳大学大学院心理学研究科

篠原道夫（しのはら・みちお）　　　　6-3担当
　東洋英和女学院大学人間科学部

正田節子（しょうだ・せつこ）　　　　6-5担当
　青山学院大学学生相談センター

●編者紹介

馬場 謙一（ばば　けんいち）
1934年、新潟県に生まれる。東京大学文学部独文科、慶應義塾大学医学部卒業。斎藤病院勤務、群馬大学・横浜国立大学・中部大学のそれぞれ教授を経て、現在、放送大学客員教授。著書に『精神科臨床と精神療法』（弘文堂）、訳書にドイッチュクローン著『黄色い星を背負って』（岩波書店）など多数。

松本 京介（まつもと　きょうすけ）
1974年、東京に生まれる。東京学芸大学大学院連合学校教育学研究科博士課程（配置大学：横浜国立大学）修了。教育学博士。現在、新潟医療福祉大学社会福祉学部専任講師。臨床心理士。

スクールカウンセリングの基礎と経験

2008年5月10日　第1版第1刷発行
2017年1月31日　第1版第2刷発行

編著者──馬場謙一・松本京介
発行者──串崎　浩
発行所──株式会社　日本評論社
　　　　〒170-8474　東京都豊島区南大塚 3-12-4
　　　　電話03-3987-8621（販売）-8598（編集）振替00100-3-16
印刷所──港北出版印刷株式会社
製本所──株式会社難波製本
装　幀──駒井佑二

検印省略　Ⓒ　2008　K.Baba & K.Matsumoto
ISBN 978-4-535-56257-8　Printed in Japan

JCOPY 〈(社)出版者著作権管理機構 委託出版物〉

本書の無断複写は著作権法上での例外を除き禁じられています。複写される場合は、そのつど事前に、(社)出版者著作権管理機構（電話 03-3513-6969、FAX 03-3513-6979、e-mail: info@jcopy.or.jp）の許諾を得てください。
また、本書を代行業者等の第三者に依頼してスキャニング等の行為によりデジタル化することは、個人の家庭内の利用であっても、一切認められておりません。

医療心理臨床の基礎と経験
馬場謙一［監修］　福森高洋・松本京介［編著］

心理士に求められる基礎知識と医療現場ではたらくためのノウハウを懇切丁寧に解説。付録「実習の手引き」は、身だしなみや言葉遣いといった基本マナーから専門用語、主要薬物一覧まで、病院実習のとき手元におきたいマニュアル。　■本体2,600円＋税　A5判　ISBN978-4-535-98322-9

子どものこころの理解と援助
──集団力動の視点から
馬場謙一・井上果子［監修］

小此木精神分析研究室の流れを汲む横浜国立大学臨床心理課程のメンバーらが、いじめや不登校など学校現場における諸問題を集団力動の視点から読み解く。　■本体3,000円＋税　A5判　ISBN978-4-535-56301-8

子どもの精神医学ハンドブック【第2版】
清水將之［著］

子ども臨床の知識に厚味を加える「胎児の成育」と、なにかと話題の子どものこころへの「薬物治療」について、新たに書き下ろしを加えた充実の第2版。
■本体1,900円＋税　A5判　ISBN978-4-535-98326-7

変わりゆく思春期の心理と病理
──物語れない・生き方がわからない若者たち
鍋田恭孝［著］

「失われた社会図式」「延長する幼児期」などのキーワードを駆使しながら、気鋭の精神科医が若者たちの不思議な揺れ動く心性を読み解く。
■本体2,500円＋税　A5判　ISBN978-4-535-56251-6

日本評論社
https://www.nippyo.co.jp/